天才数学者、ラスベガスとウォール街を制す

偶然を支配した男のギャンブルと投資の戦略 [上]

エドワード・O・ソープ
望月 衛［訳］

ダイヤモンド社

A MAN FOR ALL MARKETS

FROM LAS VEGAS TO WALL STREET, HOW I BEAT THE DEALER AND THE MARKET

JN135997

A MAN FOR ALL MARKETS
by
Edward O. Thorp
Copyright © 2017 by Edward O. Thorp

Japanese translation published by arrangement
with The Robbins Office, Inc. and Aitken Alexander Associates, Ltd.
through The English Agency (Japan) Ltd.

ヴィヴィアン、そして私たちの子どもとその家族に。ローン、ブライアン、そしてアヴァ。

カレン、リッチ、クレア、クリストファー、そしてエドワード。

ジェフ、リサ、カイリー、そしてトーマス。

天才数学者、ラスベガスとウォール街を制す

上巻目次

下巻目次

はじめに

ギャンブル、投資、人生で勝つためには

科学、ギャンブル、そして証券市場にまたがる探求の旅へようこそ。この本では、私がラスベガス、ウォール街、そして人生で、どうリスクを克服し、どう報われたかを語る。道中、皆さんはブラックジャックでカード・カウンティングをする人たちから投資の専門家、映画スターからノーベル記念賞受賞者まで、おもしろい人にたくさん出会うことになる。また、オプションその他のデリバティブやヘッジファンドについて学び、加えて、長期で見れば単純な投資戦略で専門家を含むほとんどの投資家に勝てるのはなぜかも理解してもらうことになる。

私は1930年代の大恐慌のさなかに生を受けた。ほかの何百万人もの人と同じく、私の家族も今日を明日まで生き延びようともがいていた。私たちには助けになるコネもなく、それに私が通った学校は公立だったが、それでも私は大きな違いを生む財産を手に入れた。考える力だ。

言葉で考える人もいるし数字で考える人もいる。映像で考える人もいる。私はどれもやるけれど、加えてモデルでも考える。モデルは現実を単純化したものであり、市街図のようなものだ。市街図があれば街のある場所から別の場所へどう行けばいいかわかる。あるいは、弾む小さな

ボールがたくさんいつまでもお互いぶつかり合っているものとして気体を思い描く、それがモデルだ。

私は歯車や梃子《てこ》、滑車といった単純な装置が単純な法則に従うのを学んだ。そんな法則は実験で発見できるし、正しい法則を発見できればそれを使って次の状況で何が起きるかを予測できる。

私にとって大きな驚きだったのは、鉱石ラジオという魔法だった。初期の原始的なラジオは、ワイヤーと鉱石とヘッドフォンでできていた。突然、何百キロも何千キロも向こうの声が、何か不思議議な仕組みで宙を渡って聞こえてくるようになった。目には見えない物事が従う法則を、ただ考えることで発見でき、そうして発見したことを使って世界を変えることができる、そんな考えが若い頃から私を動かしてきた。

環境のなせる業で、私はだいたいが独学であり、おかげで人と違う見方をするようになった。第一に、カジノを打ち負かすなんて無理だというような、たくさんの人が受け入れている見方だからといって自分も受け入れる代わりに、まずは自分で調べる。第二に、新しい実験を考案して自分で仮説を検証し、純粋に考えだけでたどり着いた結論、たとえばワラントの価値を評価する公式をお金儲けに使う。第三に、何か有意義な目標を持ったら、現実的な計画を立てて成功を手にするまでやり続ける。第四に、いつも合理的であるよう努める。科学という限られた分野でだけでなく、世界のどんな側面を相手にしているときも合理的であろうと努力するのだ。また私は、証拠に基づく判断を下せるまでは物事を決めつけないことの大事さを学んだ。

私の話が読者の皆さんに独自の視野を提供できればいい。そして『天才数学者、ラスベガスとウォール街を制す』が皆さんを後押しして、ギャンブルや投資、リスク、資産運用、財産形成、そして人生について、人と違う見方をする助けになってくれればと願っている。

序文 ナシーム・ニコラス・タレブ

エド・ソープの回顧録はサスペンスみたいな味わいだ。ジェイムズ・ボンドだって自慢しそうなウェアラブル・コンピュータ、いかがわしい人物、偉大な科学者、毒殺未遂（それにソープの車に細工して砂漠で「事故」を起こさせようという企み）が混然となって現れる。この本が描き出すのは、人生、知識、金融市場、そして何よりも、楽しみを追いかける、徹底していて厳密で、一貫している人間の姿だ。ソープは知的な意味で心の広い人としても有名で、自分の発見を誰彼なしに（論文だけでなく、会話ででも）喜んで語る。科学者にはそうあってほしいと思うけれど普通はそんなことはない。それなのに彼は謙虚だ。地上でただ1人の謙虚なトレーダーと言っていいだろう。この本を手に取るなら行間まで読み込まないと、ソープの成し遂げたことは語り口よりはるかに偉大であることに気づけないかもしれない。それはなぜか？

簡潔だからだ。ものすごく簡潔だからだ。

彼の業績や洞察は単刀直入で、だから学者の眼ではよく見えず、その一方で、実践の人には役に立つ。私がここで書くのはこの本を説明したり要約したりするのが目的ではない。ソープは、まあ当然だけれども、単刀直入に明快に魅力的に書く。私はここで、数理ファイナンス派のトレーダーとして、実践の者として、ソープの業績がどう重要なのか示し、現実の世界の科学者兼トレーダーやリスク・テイカー一般のコミュニティの視点からとらえなおすことにする。

この視点から見るとこういうことになる。ソープはリスク・テイクに数理的手法で立ち向かって成功した、現代で最初の数学者だ。そして間違いなく、そうやってお金の面でも成功した最初の数学者だ。以来、「クオンツ」と呼ばれる種族が生まれた。ニューヨーク州立大学ストーニーブルック校で応用数学を学んだ神童たちなんていうのがそうだ。そしてソープは彼らの師匠なのである。

ソープの先達には、中でも大物であり、いちばん華々しい人として、ジェロラモ（ジェロニモとも）・カルダーノがいる。16世紀の博学者にして数学者であり、『ディーラーをやっつけろ！』の第1版みたいなものを書いた、中毒レベルのギャンブラーだ。控えめに言って、この人は成功しなかった。中毒ではいいリスク・テイカーにはなれないというのも少なからずあったのだろう。疑うならモンテカルロやラスベガス、ビアリッツなんて街の華々しさを見てみればいい。あれは中毒になった連中のおかげでできたのだ。カルダーノの著書『*Liber de ludo aleae*（サイコロ遊びについて）』は、あとになって、確率論の発達に貢献したが、ソープの著書と違い、刺激を受けたのはギャンブラーよりも数学者だった。フランスの数学者で新教の信者であり、ロンドンに亡命したアブラーム・ド・モアブルも賭場によく出入りしていた。著書には『偶然の原理　あるいは実現する事象の確率を計算する方法』（1718年）がある。彼も帳尻をなかなか合わせられない人だった。ほかにも、数学者にしてギャンブラーであり、損益には無頓着だったか賭け事はうまくならなかったかという人が簡単に5、6人は挙げられる。フェルマーやホイヘンスなんかもそうだ。**ソープが現れるまで、ギャンブルの数学を研究する人が偶然の女神に愛されるとは限らなかった。**

ソープのやり方はこうだ。まず明確なエッジ（長い目で見ればオッズを自分に有利にできるもの）を特定するのに全力を傾ける。エッジは当たり前でわかりやすくないといけない。たとえば、ルーレット盤のモーメントを計算すれば賭け1回当たり、だいたい40％のエッジが得られる。彼は（誰あろう、情報理論の父である偉大なクロード・シャノンと共謀して）その計算に世界初のウェアラブル・コンピュータを使った。でもここまでは簡単だ。とてもとても簡単だ。難しいのはエッジをモノにするところで、それで初めてお金を銀行に持っていき、レストランでごはんを食べたりクルージングを楽しんだり、クリスマスには友だちや家族に贈り物をしたりできるのだ。最後に勝負を決めるのは、自分の手にどれだけ賭けるかの判断である。少なすぎてもいけないし多すぎてもいけない。この領域で、ソープは偉大な業績を独力で成し遂げた。情報理論三《さん》羽《ば》烏《がらす》の3人目、ジョン・ケリーが精緻な理論を組み立てるのはもっとあとのことだ。この人はケリー基準を発明したことで知られている。賭ける額を決めるこの公式を私たちが口にするのは、ソープが使い方を示してくれたからだ。

　賭ける額について書く前に、単刀直入であることについてもう少し。学者の評価を決めるのは同僚たちであり、地元の銀行の支店長（あるいは税理士）ではない。そんな彼らにとって、大山鳴動して鼠一匹というのはあまりいいことではない。彼らにとっては鼠が山を生むほうが好ましい。つまり、どれだけ理屈をこねたか、大事なのはそっちなのだ。理屈がややこしければややこしいほどいい。単刀直入では引用数を稼げないし、h指数、つまり大学事務局が崇め奉る今どき流行りの指標も高くならない。大学当局の連中は、こういう指標の数値は読めても、業績の本当の意義はわからないのだ。ややこしくしたいだけのややこしさなんて余計なものを背負い込んでない学者は、偉大な数学者や物理学者だけだ（が、聞いたところによると、そんな彼らも、今どきの資金調達や大学ランキングのせいで、難を逃れ続けるのはどんどん難しくなっているそうだ）。

　ソープは最初は学者だったが、実践で学ぶのを、特に血肉を賭けて学ぶのを好んだ。実践の人に輪廻転生すると、人は、大山鳴動して最大限単純な戦略が生まれるのを好むようになる。副作用は最小限、包み隠したややこしい点も最小限、そんな戦略だ。ソープの才は、ブラックジャックで編み出したとても単純な作戦に現れている。彼は複雑な組み合わせの数学と記憶の限界を試すようなカード・カウンティング（サヴァン症候群でもないとできない）ではなく、自分の複雑な研究を研ぎ澄ませて単純なルールにまとめた。ブラックジャック卓へ行く。記録をつける。ゼロから始める。強いカードが出たら1を足し、弱いカードが出たら1を引く。それ以外は何もしない。一手一手、表か裏かに絞って賭けるほうが人間の頭には容易だ。そこで、数字が大きいときは大きく賭け、小さいときは小さく賭ける。こういう作戦なら、靴ひもが結べて地図でカジノを探せるぐらいの能力があれば誰だってすぐさま実行できる。ルーレット卓でウェアラブル・コンピュータを使っていたときでさえ、エッジを特定するのは簡単で、それこそジムでバランス・ボールの上に立ちながらでもできるようなことだ。ステキな仕掛けは作戦を実行する手段であり、通信のための道具にすぎない。

サブストーリーとして、**ソープは、今日ではブラック=ショールズのオプション公式として知られているものを発見した**。ブラックとショールズよりも前の話だ（経済学業界の広報活動のせいで、この公式にソープの名前がつけられなかった。私はこの公式をバシュリエ=ソープの公式と呼んでいる）。ソープはとても単純なやり方で公式を導出した。単純すぎて、どれだけ大きな意味を持つか当時は誰にもわからなかった。

さて、資産運用は自分自身の身に損や得が降りかかることで物事を学ぶ人たちにとって、核心に触れる営みだ。「エッジ」を持つのと生き残るのは同じではない。前者には後者が必要だ。ウォーレン・バフェットも言っている。「成功しようと思ったらまず生き残らないといけない」。破産は避けないといけない。どんな代償を払ってでも。

そうして、自分と自分の損益のあいだには弁証法が成り立つ。小さい（元手のほんの一部の）

賭けから始め、リスク管理、つまり賭ける額の調整をするということはエッジの発見を管理するということでもある。試行錯誤のようなものであり、自分のリスク選好と自分のオッズの評価を、試行1回ごとに更新していく。

最近オーレ・ピータースとマレイ・ゲル＝マンが示したように、ファイナンスの学者には、基本原則として破産を避ける作戦を採ると、自分たちの論文が示すのとはまったく異なるギャンブルや投資の戦略にたどり着くのがわからない。すでに見てきたように、学者にお給料を払うのは大学事務局で、そのお給料は同僚からの評価で決まる。おかげで彼らの人生はややこしくなる。簡単にはならない。学者たちはまったく役に立たないものを発明した。効用理論という名だ（そんなものを使った論文が何千本も、本物の読者の目に触れる日を今も待っている）。そして学者たちは将来のさまざまな価格をまるごと、果てしなく厳密に求めることができ、また、相関その他は今特定できて将来にわたってまったく変わらない、そんなおとぎ話を思いついた（専門的にいうと、現代ポートフォリオ理論の示すとおりにポートフォリオを構築するには、未来全体にわたってすべての資産の結合確率分布全体がわかっていないといけない。加えて、資産の効用関数も未来全体にわたって厳密にわかっていないといけない。誤差なんてもってのほかだ！〈私が示したように、推定誤差があるだけで体系全体が吹き飛ぶからだ〉。明日昼ごはんに何を食べるかわかってたら運のいいほうだというのに、時の果てまでの一挙手一投足なんてどうしてわかるというのだろう？）。

ケリーとソープのやり方には結合分布も効用関数も出てこない。実際に必要なのは、期待利益と最悪のケースでの損失の比で、それを動学的に（つまり、賭け1回ごとに）更新していく。そうやって破産を避ける。それだけだ。

ソープとケリーのアイディアに経済学者たちは顔を背けた。実用面で魅力にあふれたアイディアだが、経済学者はすべての資産の価格や世界全体の働く仕組みを扱う一般理論でないと好きになれないのだ。現代経済学の有名な始祖であるポール・サミュエルソンはソープを目の敵にしていたと言われている。経済学者たちの業績はどれも生き残れない。生き残れる戦略は、同僚に感心してもらえる能力とは別物なのだ。

そんなわけで、今日の世界には2つのグループがあり、まったく異なるやり方をしている。1つめは経済学者のやり方で、決まって何度も吹き飛ぶか、そうでなければ、直接的に投機で稼ぐのではなく、お金を管理する手数料でお金持ちになるやり方だ。ロングターム・キャピタル・マネジメント（ＬＴＣＭ）を考えればいい。金融経済学者の中でも最高峰中の最高峰を擁していた。１９９８年に華々しく吹き飛び、自分たちの思っていた最悪のケースの何倍にも及ぶ損失を出した。

2つめはソープをはじめとする情報理論の人たちのやり方で、トレーダーや科学者兼トレーダーはこちらを使っている。生き延びている投機家は、明に暗に、みんなこの2つめのやり方をしている（証拠を挙げれば、レイ・ダリオ、ポール・チューダー・ジョーンズ、ルネッサンス・テクノロジーズ、それにゴールドマン・サックスでさえそうだ！）。みんなと言い切れるのは、ピータースとゲル＝マンが示したように、**このやり方をしないとみんないつしか破産する**からだ。
そしてこの2つめのやり方のおかげで、たとえばあなたが叔父さんのモリーさんから遺産を8万2000ドルもらったとしたら、けっして破産することなくこの遺産を2倍にする戦略が存在するのがわかっている。

私がソープから個人的に学んだことをもういくつか。成功した投機家の多くは、人生で初めての大成功を収めたとたんに大仰なことに手を染める。あちこちにオフィスを構え、朝会だの毎朝のコーヒーだの社内の人間関係だのもっと稼ごうだののやり始めて、その一方で自分の生活のかじ取りを思いどおりにやれなくなる。ソープは違う。パートナーたちと決別し、会社を閉鎖（原因はまったく彼ではなかった）してから、彼はまた新しい巨大ファンドを立ち上げたりはしなかった。その後は他人のお金を運用することにはあまりかかわらなかった（ほとんどの人はほかの会社に居心地よく収まり、自分の名声を最大限利用するべく莫大なお金を人から集めて巨額の管理手数料を吸い上げる）。ソープのような控えめな態度を取るにはある種の直観が必要だ。ある意味、自分をわかっていないといけない。人に頼らず自立してやっていくのはとてもとても気が休まる。逆らいがたい顧客を抱えて大仰にやっていては、けっして自立などできない。不確実性なんて複雑なことを相手にしているだけで十分大変なわけで、人の気まぐれまで相手にするなんて是が非でも避けるべきだ。本当の成功は、イタチごっこを抜け出し、心の平穏を求めるほうへ自分を導いてこそ得られるのである。ソープは間違いなく思い知っている。彼が手を染めたいちばん気の休まらない仕事は、カリフォルニア大学アーバイン校（ＵＣＩ）の数学科長だ。そんな人だから、自分の生活を思ったようにかじ取りできているのがわかる。だからこそ彼は、私が二度目に会った２０１６年のほうが、初めて会った２００５年より若く見えたのだろう。

それじゃ。

ナシーム・ニコラス・タレブ

CHAPTER

1

学ぶのが大好き

3歳まで喋らなくても大丈夫

最初の記憶は、玄関の外の階段で、古ぼけて汚れた階段に両親と突っ立っていたことだ。シカゴの憂鬱な1934年12月のとある日で、私は2歳4カ月だった。1着しかない冬用のパンツとフードの付いたジャケットを着ていても、まだ寒かった。黒い、葉の散った木が地面を覆う雪の上に突き出ていた。家の中から女の人が両親に話している。「いや、うちは子連れの人にはお部屋を貸してないんです」。両親はうつむいて踵を返した。ぼく、何かいけないことをしたんだろうか？　ぼくのどこがいけないいんだろう？　大恐慌のどん底で経験したこのイメージは、ずっと私の頭を離れなかった。

次に覚えているのは2歳半のときに、家族のお気に入りのお医者さん、デイリー先生のところへ連れていかれたときのことだ。両親は心配そうに、私がまだ一言も言葉を口にしないと説明した。どうしたんでしょう？　先生は笑って、私に、机に載ったボールを指差してごらんと言った。

私が指差すと、先生は鉛筆を手に取ってごらんと言う。それとほかにいくつか言われたことをやると、彼はこう言った。「心配いりません。話す気になったら話すようになりますよ」。私たちは帰途に就き、両親は安心し、ちょっとけむに巻かれたようになっていた。

それからというもの、喋らせようという働きかけはいっそう激しくなった。私の3歳の誕生日が来る頃、母と彼女の友だち、シャーロットとエステルの2人は、私を連れて当時有名だったモンゴメリー・ワード百貨店に出かけた。エレベータ近くのベンチに座ると、女の人2人と男の人1人が立ち上がった。私に喋らせようと、シャーロットはこう尋ねた。「あの人たち、どこに行くんだろうね?」。私はこう断言した。「男の人は何かを買いに行く。女の人2人はトイレにおしっこしに行く」。「おしっこ」と聞いたシャーロットとエステルは2人とも真っ赤になった。世間体で何が恥ずかしいか、私は幼すぎてまだ知らなかった。2人の表情が変わったのは気づいたけれど、彼女たちがどうしてそんな反応をしたのかはわからなかった。それに、それまで黙っていたのが急に喋り出しただけで、どうしてこんなに大騒ぎになるんだろうと不思議に思っていた。

そのときから私はだいたいちゃんと完成した文で喋った。両親もその友だちも大喜びで、私に質問を山ほど投げかけ、よく、答えを聞いてびっくりしていた。父は私がどれだけ学べるか見てみようと思い始めていた。

1898年にアイオワ州で生まれた父、オークリー・グレン・ソープは3人兄妹の2番目で、2歳上の兄と2歳下の妹がいた。父が6歳のときに家族は離散した。おじいさんは父と伯父さんを連れてワシントン州に移った。おばあさんと叔母さんはアイオワ州にとどまった。1915年、おじいさんはインフルエンザで亡くなった。1918年から1919年にインフルエンザが大流行する3年前だ。この大流行で、世界中で2000万人から4000万人が亡くなった。父と伯父さんは彼らの伯父さんのところで1917年まで世話になった。それから父は18歳で偉大なアメリカ外征軍に入り、フランスへ行って第一次世界大戦を戦った。歩兵部隊の一員としてあちこちで塹壕に入った。二等兵から軍曹まで昇進し、そのあいだ、シャトー＝ティエリの戦い、ベローの森の戦い、マルヌ会戦などでの武功に対し、ブロンズスター勲章、シルバースター勲章、二度のパープルハート勲章を授与されている。とても幼い頃、蒸し暑い午後に、父の膝に座って、榴弾が彼の胸につけた傷痕や、指の何本かに残る傷痕をまじまじと眺めたのを覚えている。

戦争が終わって除隊した父はオクラホマA&M大学に入学した。お金が底をついて1年半で退学せざるをえなくなったが、教育を求め、大事に思う気持ちを持ち続けた父はそれを私に植えつけた。彼の口からは聞けなかったが、私にはもっと先まで進んでほしいという願いもだ。彼の気持ちを感じ取った私は、父ともっと仲良くしたいと思い、私にあれこれ教えようという彼の努力を喜んで受け入れた。

カタログで学べる数え方

私が喋り始めてすぐ、父は数字を教えてくれた。私は簡単に1から100まで数えられるようになり、それからすぐに１０００まで数えられるようになった。次に私は、どんな数字も1を足せば次の数字になるのを知った。ということは、数字の呼び名さえ知っていれば、永久に数え続けられるということだ。１００万までどうやって数えるかわかるのにもそうかからなかった。大人たちは１００万といえばとても大きな数字だと思っているようだったから、ある朝、私は座って数えてみせることにした。やっているうちにいつかたどり着くことはわかっていたけれど、どれだけ時間がかかるかはまったくわかっていなかった。手始めに、シアーズのカタログを選んだ。大きな街の電話帳ぐらいあって、数えられる物がいちばん載ってそうだった。それぞれのページにいろんな商品の写真が載っていて、A、B、C……の文字がついていた。白い丸の中に黒い字で書いてあったのを覚えている。私はカタログの最初から始めて、丸のついた文字を全部数えていった。商品1つで丸のついた文字が1つ、ページからページへとどんどん数えた。何時間か経って私は眠ってしまった。数字は3万2576ぐらいだった。母によると、目が覚めた私は「3万２５７７……」とまた数え始めたそうだ。

誰かに何か言われても、自分で確かめてみるまでは納得しないという私の性分は、だいたいこの頃に現れている。おかげで痛い思いもした。3歳のとき、母は私に、熱いストーブに触ってはいけないよ、やけどするよと教えた。で、私は指をストーブに近づけてみた。暖かい。それから手を押し付けた。やけどした。その後はけっしてやらなかった。

別のときには、生卵はちょっと握っただけで割れてしまうよと言われた。「ちょっと」ってどれぐらいだろうと思い、卵を1個持ってきて、ゆっくり力を入れて割れるまで握ってみた。それから卵をもう1個持ってきてやってみた。今度は割れる寸前で止めた。正確にはどこまでいけるのか確かめたかったのだ。幼い頃から、私は実験で調べ、この世界がどんな仕組みで動いているのか探求するのが大好きだった。

『アーサー王物語』でフェアプレイを学ぶ

数え方を私に教えてから、父が次に取り掛かったのは、私に読み方を教えることだった。まず、私たちは『スポットがいるよ』、『スポットが走るよ』、『ジェインがいるよ』から手をつけた。何日か、私は面食らい、混乱していた。それから、文字を集めたものが私たちの話す言葉なのだと気づいた。それから数週間で、私は自分の幼児向けの本を全部読み、ちょっとしたボキャブラリーを身につけた。それからは楽しかった。ありとあらゆるところに言葉が書いてあるのに気づいた。言葉をどう発音するのか綴りを見ただけでわかるし、どういう意味なのかもわかるようになった。発音は自然と身につき、口に出して言うことも学んだから、大きな声で言葉を言うこともできるようになった。次は逆に、言葉を聞いて綴りを言う番だ。その頃私は5歳だったが、10歳レベルまで読めるようになっていて、目に入ったものを片っ端から読んでいた。

その頃には家族の生活も変わった。弟が生まれたのだ。大恐慌のさなか、父は運よく仕事にありつき、家族の生活を支えるべく、もっと長い時間働くようになった。母は赤ん坊の世話にかかりっきりだったが、彼が6歳のときに肺炎にかかって死ぬ一歩手前まで行くと、いっそう彼に神経を注ぐようになった。おかげでいっそう1人で放っておかれるようになった私は、父がくれた本で、現実と想像、両方の果てなき世界を探求して過ごした。

その後数年で読んだ本には『ガリバー旅行記』、『宝島』、『リビングストン発見隊』なんかがある。8カ月にわたる厳しく危ない捜索の果てに、スタンレイは探していたリビングストンを見つけ出した。中央アフリカにいるヨーロッパ人はわかっているかぎりリビングストン1人だった。スタンレイの口にしたびっくりするぐらい控えめな言葉、「もしやリビングストン博士ではありませんか?」に私は大喜びし、ヴィクトリア瀑布やザンベジ川の壮観を父と語り合った。

『ガリバー旅行記』は特に私のお気に入りだった。小さなリリパットたち、大きなブロブディンナグたち、喋る馬、そして最後に、磁力に支えられて空を飛ぶ不思議な島ラピュタ。本を読んで頭に浮かぶ鮮やかな光景や、自分でさらに空想を積み重ねてたどり着く不思議の世界を楽しんだ。でもその頃は、スウィフトが暗に言っていることも彼の社会風刺も、私にはわからなかった。父は説明してくれたのだけれど。

マロリーが書いたアーサー王と円卓の騎士たちの話から、私は英雄や悪者、恋愛、正義、そして因果の応報を学んだ。私は英雄にあこがれた。英雄たちは並外れた能力と機転で素晴らしいことを成し遂げる。内省的で思いにふけることの多かった私はその後、彼らに触発されて、自分の肉体を使って人のかたちをした敵を打ち負かす代わりに、自分の頭を使って知の限界を乗り越えようと志すことになったのだと言えるかもしれない。この頃の読書のおかげで、フェアプレイ、つまり誰もが同じ土俵で勝負することや、自分がほかのトレーダーにされたいように自分もほかのトレーダーを扱うことを大事に思う私の価値観が培われた。

私の場合、言葉も冒険も大部分は頭の中だけのものだった。話し合う相手もおらず、ときどき仕事から帰ったあとや疲れ切った週末の父と話すぐらいだった。おかげで私はときどき、ヘンな発音で言葉を覚えてしまった。たとえば、何年ものあいだ、misled（ミスレッド、勘違いする）を「マイズルド」と読むものだと思っていた。間違いがわかってから何年経っても、私はこの単語を見かけるたびに一瞬間をとって、頭の中で自分の読み方を直さないといけなかった。

何かを読んだり、ただ考えたりしているとき、私は完全に集中していて、周りのことにまったく気がいかなかった。母が私を呼んだとして、何も答えがない。私がわざと無視したのだと思い、母の呼び声は怒鳴り声になり、それから真っ赤になった彼女の顔が目の前に現れることになる。彼女の姿が目の届く範囲に現れて初めて、私の意識はその場とその時に戻ってきて返事をするのだった。息子は頑固で態度が悪いのか、それとも本人の言うとおりほんとに気づかなかったのか、母は決めかねていた。

記憶力で父の名誉を守る

私たちは貧しかったけれど、両親は読書を重んじ、お金を工面してときどき私に本を買ってくれた。父が選ぶ本は難しかった。おかげで5歳から7歳まで、私は大人向けっぽい本を持ち歩き、見知らぬ人たちが私を見て、書いてあることをほんとにわかって読んでるんだろうかといぶかしがった。ある男など、急に私を捕まえて間違うと恥をかくような問題を投げかけた。

そんなことになったのは、両親がケスターさん一家と友だちになったからだった。彼らはイリノイ州クリートに住んでいた。うちから70キロほどのところだ。私が5歳になった1937年からの5年間、毎年私たちを招いて2週間滞在させてくれた。私は毎年のこの特別な日々が何よりも楽しみだった。シカゴ郊外に住む都会っ子の私にとって、ゆっくり流れる川面を「ミズグモ」がすいすい走るのを観察したり、背の高いトウモロコシの畑でかくれんぼをしたり、蝶を捕まえ、板に並べて貼りつけて標本にしたり、野原やハコヤナギの森、果樹園をぶらぶらしたりするのは本当に楽しかった。ケスターさん一家の長男マーヴィンは20歳すぎの大柄な人で、よく私を肩車であちこち連れて行ってくれた。母は一家の女性たち、マーヴィンのかわいらしい妹エドナ・メイや彼らのお母さん、それに叔母さんのメイと一緒に、ものすごくたくさんの果物や野菜を処理して貯蔵用にした。私たちの家の地下室には、父が作った棚があって、もらって帰ったトウモロコシや桃、アンズをゴムで密閉した壜に入れてそこに並べた。それから果物のゼリーやジャムの棚があり、口をパラフィンで何重にも塞いだコップが並ぶ。そんな宝の蔵は翌年まで余裕で私たちを支えてくれた。

父はマーヴィンと彼のお父さん、ケスター翁の野良仕事を手伝っていたので、ときどき私もついて行った。クリートでの1回目の夏、ある天気のいい昼前に、父は私を連れて、地元の店に備品を買いに行った。私は6歳になったばかりで、背は高いがやせっぽち、モップみたいな茶色の巻き毛でちょっと日焼けし、ズボンは丈足らずでくるぶしが裾から覗き、その端には靴ひもの擦り切れたテニスシューズがくっついていた。そんな私がチャールズ・ディケンズの『ハンフリー親方の時計　御伽英国史』を携えている。

父と話していた見知らぬ男が、私の抱えた本を手に取った。高校1年生レベルの本で、しばらくページをめくり、それから父にこう言った。「この子じゃこの本は読めんでしょう」。父は胸を張ってこう答えた。「もう読み終えてますよ。質問してみればわかるでしょう」

ニヤニヤ笑いながら、男はこう言った。「それじゃ、ぼく、イギリスの王様と女王様をみんな順番に、それぞれ何年から何年まで在位してたか言ってくれる?」。父はうなだれたけれど、私にとってはいつものことで、自分の頭の中に行ってその情報があるか探してくるだけだった。

探し終えた私は並べ挙げた。「アルフレッド大王、871年から901年。エドワード長兄王、901年から925年」、云々。50人ほどの君主を並べ挙げ、「ヴィクトリアは1837年からで、本には何年までかは書いていません」と締めくくったとき、男のニヤニヤ笑いはとっくに消えていた。彼は黙ったまま本を返してくれた。父の眼は輝いていた。

父は哀しい孤独な人で、感情を表に出さず、私たちに触れることはほとんどなかったが、私は父が大好きだった。あの見知らぬ男は父に恥をかかせるために私を使おうとしたのだと私は思った。そして自分がそれを阻んだのだとわかった。今でも、このときの父の幸せな顔を思い出すたび、当時と変わらぬ大きさで、父の喜びが私の心に満ち渡る。

私の尋常でない物覚えのよさは9歳か10歳ぐらいまで続いたが、その後衰え、興味を持ったことはよく覚えているけれど、いくらかの例外を除けば、それ以外のことではどうということもなくなった。この頃のあれこれは今でも覚えている。たとえば電話番号（ラッカワーナ１１２３番）、住所（シカゴ　西７６００　北３６００　ノースオリオール通り３６２７番地）、シカゴの７桁の人口（３３７万６４３８人）。シカゴに関するこれらのデータは古い緑色の『１９３０年版　ランド・マクナリー地図帳・地名辞典』に載っている。この地図帳は今も私の書架にある。

暗算ができるとアイスクリームは食べ放題

3歳から5歳で、私はどんな大きさの数字も加減乗除ができるようになった。また、アメリカ版の数字の単位も、１００万、10億、兆と、上は10溝〔訳注：10の33乗〕まで覚えた。また、自分は数字の列を見たり聞いたりするだけで素早く足し合わせられるのもわかった。5歳か6歳の頃のある日、母と一緒に近所の食料品店にいるとき、お店の人が値札を読み上げながらレジでお客の勘定を合計している声が聞こえた。彼が計算結果を読み上げたとき、私は違うよと言って、自分の答えを教えた。彼は優しく笑って計算をし直し、私の言うとおりなのを発見した。嬉しいことに、彼はアイスクリームをごほうびにくれた。その後、暇を見つけてはその店に行き、彼の計算が合ってるかチェックした。たまに数字が合わないと、だいたいは正しいのは私で、そのたびにアイスクリームをせしめた。

父には数字の二乗根の計算も教わり、私は、紙と鉛筆でも暗算でも、二乗根を計算できるようになり、さらに三乗根も計算できるようになった。

書くという営みや本が生まれる前、人の知識を世代から世代へ引き継いでいたのは語り部だった。でも彼らの技術はいらなくなって廃れていった。同じように、コンピュータや電卓がどこにでもある今、暗算する能力はほとんど死に絶えている。でも、中等教育レベルの算数を知っている人なら誰だって、苦もなく習い性のように暗算できるようになる。

この技術は、素早くおおざっぱな計算をしようというときには特に強力だ。私たちがしょっちゅう行き当たる、数字で示された内容を判断しようというときはなおのことそうである。たとえば朝、職場に向かっているときにビジネス・ニュースを聞いていると、記者がこんなことを言う。「ダウ・ジョーンズ工業株価平均（DJIA）は9ドル下落し1万1075ドルになりました。過熱した景気を冷ますべく金利が上昇するのではないかとの懸念によるものです」。私は、DJIAが前日の終値から取引開始後1時間で典型的には（つまり標準偏差1個分で）どれだけ変化するかを頭の中で見積もる。約0・6％、66ドルほどだ。記者の伝える9ドルは、その7分の1を下回る。「少なくとも」そんな変化が起きる可能性は90％であり、だから記者の言うのとは違い、市場の動きはとても静かで、何かのニュースを懸念してのことだなんてとても言えない。単純な計算ができるだけで、こんなふうにでまかせと本当のことを区別できる。

別のときに、有名で尊敬もされている投資信託のファンドマネージャーがこう言っていた。いわく、ウォーレン・バフェットはバークシャー・ハサウェイの経営を握って以来、税引き後で年率23％から24％のリターンを挙げている。続けてその人はこう言っていた。「こんな成績を今後も続けることはできないでしょう。もう10年続けたら世界は全部彼のものになってしまいますから」。さっと暗算してみたところ、1ドルを10年間、年に24％の複利で回せば8ドルをちょっと超えるぐらい（電卓によると8・59ドル）になる。バークシャー・ハサウェイの時価総額はだいたい1000億ドルだから、それと同じ割合で成長すると約8590億ドルになる。私の数字勘によると世界の今の市場価値は400兆ドルぐらいなので、それにはだいぶん足りない。世界全体の市場価値は、と考えると、カリフォルニア大学アーバイン校（UCI）の物理学科で、誰かの研究室のドアにあった貼り紙を思い出す。それにはこう書いてあった。地球の皆さん。こちらは神です。30日以内に退去してください。買い手が見つかったので。

飛び級しすぎるのも考えもの

5歳になってすぐ、私はシカゴ北西部にあるデヴァー・グラマー・スクールの幼稚園に入った。すぐ思ったのは、やりなさいって言われることはどれもこれも、どうしてこんなに簡単なことばかりなんだろうということだ。ある日先生が、みんなに白い紙を渡して、彼女が配った絵を見ながら、そこに描かれた馬を線で紙に描いてみなさいと言う。私は絵にいくつも点を打ち、物差しで点と点のあいだの距離を測った。それを使って自分の紙に絵に打った点を写した。距離は物差しで、角度は目測で絵と同じにした。それから私は紙に打った点を滑らかに、できるかぎり絵の馬と同じ曲線で結んだ。これで元の絵ととても近い模写のでき上がりだ。

このやり方を教えてくれたのは父で、彼は絵を拡大して写したり縮小して写したりするやり方も教えてくれた。たとえば2倍の拡大図を描こうと思ったら、元の絵に打った点と点の距離を写す先では2倍にし、角度は元のままにすればいい。3倍に拡大するなら距離も3倍、といった具合だ。私はほかの子たちにおいでと言って、自分の絵を見せ、やり方を教えた。みんなもそれぞれやり始めた。私たちはみんな、先生がやらせようと思ったフリーハンドの模写ではなく、私のやり方で描いた模写を先生に出した。彼女は喜んでくれなかった。

何日か経って、先生が数分、部屋を出ることがあった。先生は私たちに、(私たちにとっては)大きな約30センチの中空で木製のブロックを渡し、自分で遊んでて、と言う。大きな壁を作ったらおもしろいぞと思った私は、他の子たちに声をかけ、ブロックを階段みたいに積み上げた大きな壁がすぐにできた。運悪く、私の作品は部屋の後ろの扉を完全にふさいでしまった。で、先生が教室に戻ってきたとき、開けようとしたのはそっちの扉だった。

最後のひと押しはさらに数日後だった。学校にある、5歳用の小さな椅子の1つに座ったら、背もたれの柱が1本折れているのに気づいた。折れたところは座面から突き出ている。だから背もたれは柱1本だけで支えられ、なんとか形を保っていた。どう見ても危ない。なんとかしないと。私は小さなのこぎりを見つけてきて、背もたれの柱を2本とも座面の高さまで切り落とし、小さくて完璧な背もたれのない椅子にうまく作り変えた。これで先生は私を校長先生のところに行かせ、両親が呼ばれて真剣な話し合いが行われた。

校長先生は私を面談して、私を1年生に進級させましょうとその場で言った。新しい学級に入って数日、ここでも与えられる課題が簡単すぎるのは明らかだった。どうしよう? また話し合いが行われた。校長先生はもう1学年飛び級して2年生のクラスに入っては、と言う。でも私はかろうじて幼稚園に入れる歳だった。1年生の同級生と比べると、私は平均で1歳半も年下だ。もう1学年飛び級しては、周りの子たちとの付き合いの面でも、情緒の面でも、肉体的な面でもとても不利だ、両親はそう思った。12年間に及ぶ大学入学前までの学校生活を振り返ると、私はいつもいちばん小さい子の1人で、ずっといちばん幼い子だった。両親は正しかったと思う。

大恐慌で競争原理を学ぶ

私たち家族は、父が得る大恐慌後のお給料でなんとか生き延びている状態だったから、勉強のできる私立の学校なんて考えられなかった。運よく、父はハリス信託貯蓄銀行で警備員の仕事を見つけてきた。第一次世界大戦を戦って授与された勲章が役に立ったのかもしれない。

大恐慌は私たちの生活のどこにでも顔を出した。父のお給料は週25ドルで、それに頼る私たちはけっして食べ物を無駄にせず、服はバラバラになるまで着た。私の宝物といえば、父が作文コンテストで勝ち取ったスミス・コロナのタイプライターや、彼が第一次世界大戦で使っていた軍用双眼鏡なんかだった。いつしかこの2つは私のちっぽけなコレクションの一部になり、その後30年、私についてくることになる。この頃から今に至るまで、大恐慌の生き残りで、衝動的に、だいたいは非合理的なまでに倹約していて、経済的に非効率なまでにものを溜め込む、そんな人にたびたび出くわした。

お金は足らず、小銭をバカにする人はいなかった。通りでWPA（1935年に大統領令で設立されたWPA［雇用促進局］は、失業者のためにいい仕事を提供しようというフランクリン・デラノ・ローズベルト大統領のニューディール政策の目玉だった）の労働者が汗だくになっているのを見て、私は5セント借りてきてクール・エイドのいちばん大きい袋を買い、ジュースをコップに6杯分作って彼らに1杯1セントで売った。しばらくそれを続けてみて、ほんの数セントだって稼ぐのは大変なんだと思い知った。でも次の冬、家の前の歩道の雪かきをしたお駄賃に父が5セントくれたときは荒稼ぎした。ご近所の人たち相手にそれと同じお駄賃で雪かきをもちかけ、1日中雪かきに精を出して、数ドルもの大金を稼いだ。父の1日のお給料の半分近い額だ。すぐにほかの子たちがたくさん私の真似をし、荒稼ぎはできなくなった。競争で儲けが減る原理入門編だ。

8歳のクリスマスに父はチェス・セットをくれた。彼の友だちがフェルトの布に白と黒の四角い板を張りつけて作ったもので、布製だから半分に折ったり丸めたりできた。古式ゆかしきスタントン様式の駒で、以来ずっと私はこの様式が好きだ。黒檀の兵隊が松の白の軍団と相対する。父から手ほどきを受けたあと、家の裏手のご近所さんである「スミッティ」・スミットルが私の相手をしてくれることになった。よく彼の家に行ってビリヤード台を使わせてもらっていたのだ。そのちょっと前に手にした特権だった。最初の2回はスミッティが楽々勝った。でもそれからはいい勝負になった。さらに何度かの勝負のあと、私が勝った。以来彼が勝つことはなく、勝負はどんどん一方的になり、ついにあるとき彼はやらないと言い出した。その晩、父が私に、スミッティがもうビリヤード台は使わせないと言っていると言う。「どうして?」と私は尋ねた。

「キューでフェルトを破いてしまいそうだからだそうだ」

「でもそんなわけないよ。もうずいぶんあそこでビリヤードやってるし、ぼくがとても気をつけてるの、あの人知ってるはずだよ」

「そうだな。でもダメなんだそうだ」

この扱いにはがっかりし、腹が立った。私が読んだ本の世界では、能力、努力、才覚は報われた。私が上達したのをスミッティは喜ぶべきだ。私に勝ちたいなら練習したり勉強したりするべきで、私に嫌がらせをするのは間違ってる。

模型づくりは実験に通じる

またクリスマスが来る前、チェス盤の上でのミニチュア版の戦争に続いて、すでに荒れ狂っていた第二次世界大戦にアメリカが参戦した。

1941年、戦前最後の春に、私ははしかに罹った。はしかに罹った人は周りが明るいと目を悪くすると広く信じられていたから、私はカーテンを閉めた部屋に閉じ込められた。目を傷つけないように、本は取り上げられた。本を読んではいけないよと言われて退屈した私は、世界地図帳が間違って部屋に残されているのを見つけた。それから2週間、私は地図を調べ、それぞれの国について書いてあることを全部読んで過ごした。独学で地理と地図の読み方を学んだのだ。これは生涯を通じて役に立つことになる。それからは地図を使って世界中の戦いを追跡した。私が興味を持ったのは敵側の軍事戦略だ。敵は軍をどう展開しているのだろう？　やつらはどう考えているのだろう？　それはどうしてだろう？　ラジオや新聞が毎日伝える戦闘の情報に基づいて、私は地図上で枢軸国の支配地域に影をつけた。影が一歩一歩、でもずっと拡大し続けるのが心配だった。戦争のあいだを通じて私はそれを続け、連合軍が地域を奪還したときは影を消しゴムで消した。

その夏、恐れていたとおりアメリカが参戦したらどうしようと心配していた頃、母の兄、エドワードが訪ねてきた。海運会社の船で機関長を務めていた彼は、背が高く浅黒い肌の、正統派のハンサム男だった。制服と口ひげとちょっとスペイン語なまりが入った語り口のせいで、人となりも見てくれも、ラテン系のクラーク・ゲーブルのたたずまいだった。私の両親も先生も、私があれこれ頭の中で考えて過ごしてばかりいる（今でもそうなんじゃないかと思う）と心配し、手を動かして何かすることを学んだほうがよかろうということになった。私は最初は抵抗したが、エドおじさんに連れられて入った模型飛行機の世界に魅せられた。それから数週間、私たちは自分の空軍を作って素晴らしい時間を過ごした。

模型飛行機キットの箱には、もろいバルサの角材と設計図が何枚か入っていた。ほかの部品は薄い紙を線に沿って注意深く切り取るようになっている。大きな設計図をボール紙に貼りつけ、その上に部品のバルサ材を並べてピンで留め、それから部品を接着剤でくっつけていった。まず飛行機の翼が完成し、それから胴体の上部、下部、側部、そして尾翼が続き、それらを合体させて骨組みができ上がり、上から薄紙を貼った。接着剤が乾いて、アセトンの臭いが部屋いっぱいに広がったときのことは今でも思い出せる。アセトンはマニキュアの除光液によく使われている成分だ。私が初めて作ったプロペラ飛行機は輪ゴムが動力で、あまり飛ばなかった。重すぎたのだ。部品が全部ちゃんとくっつくようにと、接着剤をつけすぎた。接着剤をもっと賢く使えるようになってからは、ときどき満足のいく飛び方をさせられるようになった。模型を作ったり道具を使ったりという技術を身につけたことは、その後数年、私が科学実験に夢中になる前触れだった。また、飛行機に触れたおかげで、私は第二次世界大戦の空中戦を詳しく理解できるようになった。エドおじさんが帰ってしまったときは悲しかった。戦争になったらおじさんはどうなるんだろうと心配だった。

その後、真珠湾攻撃直前の１９４１年の夏のあいだに、両親は初めて車を買った。フォードのセダンで８００ドルだった。私たちは「アメリカの母の道《マザー・ロード》」、歴史あるルート66でシカゴからカリフォルニアへ出かけた。カリフォルニアでは、フィリピンから移ってきた知り合いたちに会った。彼らは絵のように美しいラグーナビーチにある芸術家たちの共同体に腰を落ち着けていた。彼らは毎年、オレンジをキャンディにして小さな箱に入れて送ってくれていた。弟と私は、ずっととてもそれが楽しみだった。今、本物のオレンジの木が林をなして目の前に広がっていた。

アメリカ参戦

そして、ヨーロッパとアジアを破壊しつくしていた大戦が、ついにアメリカを襲った。１９４１年12月7日の日曜日の朝遅く、私たちはラジオで音楽を聴きながらクリスマス・ツリーの飾りつけに精を出していた。そんなとき、厳然とした声が割って入った。「番組を中断し、特別放送を行います。先ほど、日本が真珠湾を爆撃しました」。身体中が震えた。突然、私たちみんなの世界が大きく変わってしまった。

「まもなく大統領が全国民に対して演説を行います。そのままお待ちください」

（カリフォルニア時間で）翌朝になって、フランクリン・デラノ・ローズベルトは国民に向けて演説し、議会に宣戦を布告するよう要請した。私を含め、何百万人もの人の心を動かした言葉、「屈辱の日」を彼が口にしたのはこのときだ。翌日、学校は休校になった。ほかの子たちがいつもどおり遊んだり笑ったりしているのを見て私はびっくりした。何が来ようとしているのかまったく知らないようだった。私は戦争を詳しく追跡していたから、端っこで静かに沈んで立ち尽くしていた。

すぐに心配になったのはフィリピン諸島にいる母の家族のことだった。母方のおじいさんはドイツを離れ、ロックフェラーの会計士としてフィリピンで働いていた。そこで彼はおばあさんと出会い、結婚した。2人は母の兄弟たち6人、そしてその子どもたちとともに、マニラから動けなくなった。日本がフィリピン諸島を占領したからだ。真珠湾攻撃からわずか10時間後のことだった。おじいさんたちについてそれ以上のことはわからなかった。母は子どもたちの中でいちばん上、5人姉妹でさらに弟が3人いる。みんな英語とスペイン語の両方に通じている。母は外交的でパーティではいつも主役だった。それに誰もが振り向く美人だった。何十年もあとになって彼女が40歳のときの写真を見つけた。黒のワンピースの水着を着ていて背丈は157センチ、48キロの映画スターかと見まがう女性が太平洋を背にして立っている。彼女の両親は、彼女とエドおじさん以外の子どもたち、そしてその家族と一緒に、フィリピンの首都であるマニラに住んでいた。その後、彼らの消息は3年以上も途絶えた。彼らはそれぞれさまざまな運命をたどるのだが、それがやっと聞けたのは太平洋戦争の末期、フィリピン諸島が解放されたときだった。一方、9歳児の私の眼はバターンの戦いを熱心に追いかけていた。恐ろしいバターン死の行進と、マニラ湾のコレヒドール要塞の勇敢な抵抗が伝わっていた。

このあたりのことでは父が私の生き字引だった。彼はフィリピン警官隊の一員としてコレヒドール要塞に駐在したことがあったのだ。要塞はアメリカが築いたものだった。兵士と武器と弾丸、そして食糧が尽きるまでは要塞は陥落しないだろう、父はそう正確に言い当てた。コレヒドールは現代のアラモ砦になった。父は食いつなぐためにオクラホマA&M大学を中退して太平洋岸北西部に戻り、製材業者になって世界産業労働者組合（IWW）に入った。組合に対する激しい弾圧から逃れるべく、彼はマニラへ行き、軍功を買われて警官隊に入ったのだった。同地にいるときに母に出会い、そして結婚した。運よく彼らは1931年にシカゴに移り、弟と私がアメリカで生まれ、一家は戦時を安全に過ごした。母の家族の多くは、のちに日本の捕虜収容所に送られ、日本語を学ぶことになる。

自分の面倒は自分で見る

戦争で人々の生活は大きく変わった。それまで、大恐慌で広くしつこく失業が蔓延し、高いときには失業率は25%にも達していた。政府が行う最大級の雇用政策、第二次世界大戦でそれが急に終わりを迎えた。何百万人もの若い男が戦争に行った。母、妻、姉、妹、娘は家から工場に駆り出され、飛行機や戦車、船を造った。この「民主主義の兵器工場」は、いつしかUボートが沈めるよりも速く船を建造し、枢軸国の予想を超える空前の規模で飛行機を造って空を埋め尽くした。私たちの兵士と連合軍を支えるために、ガソリン、肉、バター、砂糖、ゴム、ほかにもたくさんのモノが配給制になった。夜になると電気は止められた。空襲警備員が近所をパトロールし、サイレンが鳴ったら空襲の恐れがあるということだからと警告して回った。防空気球というのがあった。気球を綱でつなぎとめたもので、石油精製所などの重要な地域の空に浮かんでいた。それで敵の航空機が飛来するのを妨げようというのだ。

先ほど述べたように南カリフォルニアを訪れていたおかげで、アメリカが戦争に加わっても私たち家族は容易に同地へ引っ越せた。両親は、景気のいい軍需産業で仕事を見つけられないかと思ったのだ。数週間にわたってラグーナビーチの友人の家で過ごすあいだ、私は海辺をぶらぶらして、芸術家たちが絵を描いているのを眺め、潮溜まりや海の生き物を観察し、あちこちの海辺の家の庭に、アバロン貝（今では絶滅危惧種になってしまった）が山のように積み上げられているのを見てびっくりしていた。

私の両親はすぐ、ロミータという小さな街に家を買った。パロスヴェルデス半島の根っこのところにある街だ。母はダグラス・エアクラフトで職を得た。半夜勤（午後4時から深夜まで）のリベット工だ。働き者で手先が器用な彼女は、同僚たちから「リベット打ちのジョージィ」のあだ名をもらった。第二次世界大戦の有名なポスターに描かれている、頭にバンダナを巻いた女性にちなんだあだ名だ。一方、父は近くのサンペドロにあるトッド造船所で働くことになった。深夜勤務の警備員だ。両親は2人とも、普段は仕事に出かけているか寝ているかのどちらかになり、お互いなかなか顔を合わせられなくなった。弟と私は自分で自分の面倒を見るほかなかった。朝はシリアルと牛乳を自分で用意した。ピーナッツバターとグレープジェロのサンドウィッチを作り、茶色の紙袋に入れて自分たちのお弁当にした。

「ボス犬」が友だち

私はオレンジ通り小学校の6年生に編入した。同級生より1歳半幼かったし、学年の前半が終わってからの編入だったから、来年度は6年生をもう1回やり直しなさいと言われた。新しい学校のカリキュラムはシカゴで通っていた学校より少なくとも2学年は遅れていた。何年も退屈な日々を過ごすなんてと震え上がって、私は抵抗した。両親が校長先生と面談し、その結果、とある放課後に先生の見ている前で試験を受けた。何のための試験かは知らなかったし、早く遊びに行きたかったので、全部で130問の問題がおおかたできたところで、さっさと済ませようと残り20問の正誤問題は全部、線をまっすぐ1本引いて、「正」の選択肢を選んだ。終わってから、これは6年生をもう1回やらずに済ませられるかどうかの試験だったと聞いて頭にきた。でも採点が終わってみると、もう問題はなかった。6年生のレベルに達していると示すためなのだから、やるなら学力試験だったのだろうが、私が受けさせられたのはカリフォルニア州精神成熟度試験、つまりIQテストだったのがあとになってわかった。おかしなことだ。何年もあとになって、なんで私が中学1年生に進級できたのかわかった。私は先生たちが見たこともない高得点をたたき出していた。私が入学することになる中学でいえば、そんな点を取る生徒は統計的に100年に1人もいないぐらいだった。

カリフォルニアでの同級生たちは、学業に関しては遅れていたけれど、シカゴの子たちより体格は大きく、ずっと元気いっぱいだった。私みたいな小さくてやせっぽちで頭でっかちな子には、大変なところに入り込んでしまったような気がした。運よく、私は「ボス犬」と仲良くなり、宿題を手伝うことになった。彼は同級生の中でいちばん大きく、強い子で、それにいちばん運動神経がよかった。彼の庇護の下、私は無事に6年生を終えられた。数十年後、1980年の映画『マイ・ボディガード』を観たときは、大いに感じ入るものがあった。

私の中学生生活は1943年秋にナーボン高校〔訳注：アメリカでは中高一貫教育がスタンダードの1つなので以下では高校と呼ぶ〕で始まった。その後6年間、私は場違いな学校で悪戦苦闘することになる。学校では筋肉こそが大事で脳みそは大事じゃなかった。運よく、私の成績に目をつけた能力も情熱もある英語の先生がいた。ジャック・チェイスン先生だ。彼は私の師となり、親代わりとなった。チェイスン先生はその頃27歳で、髪は茶色の巻き毛、ギリシャの神様みたいな古式ゆかしきハンサム男だった。迎え入れるような温かい笑顔と、会う人がみんな自尊心をくすぐられるような語り口をしていた。カリフォルニア大学ロサンゼルス校（UCLA）で英語と心理学を学んだ彼は理想的な新しい先生だった。生徒みんなに成功してほしいと思い、それだけでなく、過去の偉業に敬意を払い、社会の役に立つ仕事をしてほしいと願っていた。私にとって、彼は初めての素晴らしい先生だった。その後私たちは生涯を通じた友だちになった。

余った新聞の使い道

お金に余裕はなかったから、両親は私に、いつか大学に進めるようにお金を貯めなさいと言った。そうして1943年の秋、齢11にして、私は新聞配達の少年をやることにした。毎朝2時半から3時に起き、中古で手に入れた自転車（その頃変速機なんてものはついてなかった）を漕いで3キロほど行ったところにある、並んだ店の裏の路地に向かう。私にこの仕事のことを教えてくれた同級生、それにほかの子たちも何人かいた。私たちは、前日に新聞を縛って束にしていた名残りであるひもの山に身を投げ出してお喋りした。やっと『ロサンゼルス・エグザミナー』紙のトラックが着いて、それぞれ100部を1まとめにした束が12個、地面に投げ出される。私たちはそれぞれ1束とって、投げて配達できるように1部ずつ折り、自転車の後輪の上の荷台につけたキャンバス地の袋に詰め込んだ。

戦時の灯火統制で、明かりは灯っておらず、真っ暗な中で光といえばただ、ときどき見える早朝ドライバーの車のライトだけだった。私たちがいるのはパロスヴェルデス半島の根っこ、つまり海から数キロのところだったから、晩になるとよく、特に冬には、海霧で月や星が隠れ、暗さはいっそう深まり、自然が奏でるか細い背景音まで吸いこまれてしまっているようだった。通りをゆっくり、幽霊みたいにひとりぼっちで自転車に乗り、新聞を投げて回っていると、聞こえてくる音が1つあった。鳩が柔らかい声でクークー鳴く声だ。あれ以来、早朝の暗闇の中で鳩の柔らかい鳴き声を聞くと、新聞配達の少年をやっていたあの頃をいつも思い出す。

毎晩の睡眠時間は5時間ほどだったから、私はいつも疲れていた。ある朝、私の配達ルートの終わり近くにある、丘から9メートルを下る急な坂を下りているうちに、私は眠りに落ちてしまった。痛みで目が覚めてみるとどこかの家の庭の芝生の上で、新聞はそこら中に散らばり、自転車は折れ曲がり、木でできた10センチ四方の郵便受けが、私がぶつかったせいで近くの芝生の上に折れて落ちていた。私は新聞をかき集め、自転車をなんとか乗れるところまで直した。けがしたところが痛かったけれど、担当するルートを配り終え、学校に向かった。

家の裏手に400メートルほど行ったところにロミータ滑走路があった。小さな地方空港で、空軍の基地になっていた。ロッキードP-38ライトニング双発戦闘爆撃機が毎日のように家の植木の上をものすごい音を立てて飛んでいっては基地に着陸した。新聞は何部か余分に受け取っていた。投げるときに失敗して屋根に載ったり水たまりに落ちたりすることがあるからだ。そこで私は、基地まで自転車を飛ばして余った分を1部数セントで売ることにした。そう経たないうちに、どさくさに紛れて一緒に朝めし食っていかないかと兵隊さんたちに誘われた。私が売った新聞を彼らが読んでいるあいだに、私は自分のやせっぽちの腹に、ここぞとばかりにハムや卵やトーストやパンケーキを詰め込んだ。彼らはよく、読んだ新聞を私に返してくれた。また別の人に売ればいいよと言う。でも、基地で新聞を売るなんてことは、素晴らしすぎて長くは続かなかった。何週間かしたある朝、基地の司令官が私を執務室に呼んだ。彼は悲しそうに、思いやりのこもった口調でこう説明した。今は戦争中だから、保安上の理由で、今後君を入れてあげることはできなくなった。私はお腹いっぱいの温かい朝ごはんや兵隊さんたちとの交わりを失うのが残念だった。もちろん追加の収入も。

この基地はその後トーランス空港になり、ザンペリーニ・フィールドと名付けられた。日本で捕虜になっていたルイス・ザンペリーニを称えてつけられた名前だ。この人は私の家からほんの数キロのところで育った。トーランス高校のスター陸上選手でオリンピックにも出た有名な人だった。ローラ・ヒレンブランドのベストセラー『不屈の男　アンブロークン』は彼の伝記である。ザンペリーニは出征してB-24の爆撃手になった。私たち家族が隣町のロミータにたどり着くほんの数カ月前のことだ。

ピンハネする店長はストライキで倒す

新聞配達のルートはそれぞれ100軒ほどからなり、私たちのお給料は月に25ドルほどだった（14倍するとだいたい2016年の貨幣価値になる）。11歳の子どもにとってこれはびっくりするぐらいの大金だ。でも、手取りは普通それより少なかった。新聞を取っている家から集金するのも私たちの仕事で、集めたお金が足りないとその分はお給料から差し引かれたからだ。購読料は月に1・25ドルから1・50ドルぐらいで、支払いを済ませずに引っ越してしまう人やただただ払わない人、配達されなかった日があるからと全額払ってくれない人もいたので、私たちのお給料はよく大幅に減らされた。私たちが集金するのは放課後から夕方で、行った先が不在だったり手持ちがなかったりするので、よく何度も出直さないといけなかった。私は稼いだお金の大部分を母に渡していた。母はそれを持って郵便局へ行き、私のために貯蓄スタンプを買う。私のスタンプ帳が18・75ドルでいっぱいになると、母はそれを戦時公債に換えた。戦時公債は数年で満期になり、額面の25ドルで償還される。私の持つ債券の束が厚くなるにつれて、大学に行くのも夢ではなくなった。ところが、新聞販売店の店長が私たち新聞配達人のお給料をだんだん削り始めた。自分の取り分を増やすためだ。

この仕事に就いたとき、しっかり仕事をしていれば額面どおりのお給料を受け取れて、ひょっとするといつかちょっとはお給料を上げてもらえるんだろうと思っていた。今、店長は私たちのお給料の一部をかすめ取っている。そんなことをしでかしてもなんのお咎めもないからだ。そりゃきたない、でもガキどもに何ができる？　アーサー王の円卓の騎士だったらそんなこと許すか？　Ｎｏ！　私たちは立ち上がることにした。

同志たちとともに、私は『エグザミナー』紙に対してストライキを起こした。店長は汗かきのデブで歳は50ぐらい、髪は黒いがうすらハゲでいつもだらしない服装をしていた。その彼が自分の古くさい黒のキャデラックで10本のルートを配達して回る羽目になった。数カ月で店長の車はガタが来て、新聞は配達されなくなり、彼はクビになった。一方、私はもう『ロサンゼルス・デイリー・ニュース』紙の仕事を始めていた。『エグザミナー』紙と違って夕刊紙だったから、長年の睡眠不足を取り返せた。

1945年8月14日火曜日の美しい夏の午後、急に人々が家から飛び出してきた。大変に喜んでいる。第二次世界大戦が終わったのだ。その日は私の13歳の誕生日だった。お祝いに受け取ったのはただ1つ、戦争の終わりだった。

CHAPTER 2

科学が遊び場

世界初のインターネット

1940年代、ナーボン高校の卒業生が大学に進むなんて考えられなかった。必修科目にそれが表れている。中学1年から2年、私は学問がやりたくてうずうずしているのに実習科目も取らないといけなかった。木工、金属加工、製図、タイピング、印刷、電機、そんな科目だ。

私は無線と電子工学に興味があったのでそっちの分野に進みたかった。数年前、私は最も初期の単純なラジオの一種を手に入れていた。鉱石ラジオだ。整流器には方鉛鉱を使っていた。黒光りする鉱石だ。それにワイヤーがついていて、これは猫のひげと呼ばれていた。それで鉱石の正しいところに接触させるのである。それらに加えてワイヤーのコイル、イヤフォン、アンテナ線、いろんな局の周波数に合わせられる可変コンデンサがついていた。これらが揃うと魔法みたいなことが起きる。宙を渡ってイヤフォンから声が聞こえるのだ！

車輪や滑車や振り子や歯車といった物質の世界は普通の世界だ。見たり触ったり、動くのを見たりできる。でも、この新しい世界は、目に見えない波の一種が宙を渡ってくる、そんな世界だ。実験をしないと電波がほんとにあるのはわからないし、電波がどうやって作用するかを理解するには論理的に考えるほかない。

私が興味を持ったのは、当然、電機だ。実習では、生徒はそれぞれ、実用に足る小さな電気モーターを作ることになっていた。先生はカーヴァーさんという人で、みんなに好かれていた。丸々と太った愛情いっぱいの人で、ほかの先生たちは彼をバニーと呼んでいた。ジャック・チェイスン先生が彼と話をしたんじゃないかと思うのだけれど、彼はどうしてだか私が電機に関心があることを知り、アマチュア無線の世界を教えてくれた。その頃、すでに自前で手作りする人たちの友だちの環があって、無線の送信機と受信機を作ったり買ったりして手に入れ、声やモールス信号を使って、朝だろうと晩だろうと、世界中と語り合っていた。つまり世界初のインターネットだ。電気は電球ほどにも食わないのに、無線を使えば世界中の人と話すことができた。私はカーヴァー先生に、どうすればこの人たちに加われますかと聞いてみた。ちょっと難しい試験に通ればいいだけだよ、先生はそう言った。

兵隊さんより速くモールス信号をマスター

当時、その試験は、最初に無線の理論について論述問題がいくつか出た。その次がモールス符号だ。のちに問題はもっとやさしくなったのだけれど、当時は大きな難関だった。カーヴァー先生は、モールス符号を使いこなすには長くて退屈な練習を避けて通れないよと先に教えてくれた。まず符号を聞き取らないといけないし、それを電鍵で1分に13語のスピードで誤りなく送信しないといけない。ここで「語」というのは5文字からなる任意の言葉のことで、だから1分に65文字ということだ。1秒に1文字をちょっと上回る。私はしばらく考え、それから出かけて中古の「テープ・マシン」を買ってきた。当時としては大金の15ドルだ。私が新聞配達で稼ぐお金でいうとほとんど3週間分にあたる。マシンはどっしりした黒い靴の箱みたいに見えた。蓋を外すと紡錘が2つ入っている。マシンには薄い黄色の紙テープを巻いたものがいくつかついてきた。テープには「短点」である短い穴と「長点」である長い穴が開いていた。テープに並んだ点を見て、それが示す文字を読み取る。それがテープを「読む」ということだ。マシンは一方の紡錘に巻いたテープをもう一方の紡錘へと巻き取る。昔懐かしリールのハイファイ・テープで音楽をかけるテープレコーダーとか、その後生まれたカセット・テープレコーダーみたいな感じだ。動力はというと、クランクでねじを巻くだけだ。それで動いた。簡単で古臭い技術しか使わないが、それでいて便利だった。テープの穴がばね接点を通るとき、通り過ぎるのにかかる時間のあいだだけ回路が閉じる。長い穴は長点、短い穴は短点になった。箱の部分はまた別の単純な装置につながっていた。それが「音声発振器」で、ピアノの基準音のCなど、決まった音程の音を出す。テープが走ると箱の中にあるばね接点で発振器のスイッチが入ったり切れたりして、それで短い音や長い音が出るのだ。

このマシンが学習用としてすごいのは速さが調節できるところで、1分に1語から1分に25語みたいな速さまで設定できた。私はこんな作戦を立てた。テープを全部、中身が聞き取れるまでゆっくり流す。それから速度をちょっと上げてもう1回やり直す。生徒たちのやる気を引き出し、目標を与えようと、カーヴァー先生は、第二次世界大戦中に陸軍の訓練兵が無線の符号をどんな速さの歩みで習得したか、グラフにして私たちに見せた。訓練兵たちは当時の私たちよりいくつか年上で、戦時だったから早く覚えろというプレッシャーは強烈だったはずだ。去年までの生徒たちは、訓練兵たちの進捗にとてもついていけなかった。私たちのクラスでもそうだった。でも、私の作戦は、私にはうまくいった。自分が練習に費やした時間と自分の速さをグラフに描いてみた。自分のやり方で、私は陸軍の訓練兵の4倍の速さで習得できていた。

13歳のアマチュア無線技士

ちょっと余裕を見て、私は自分の速度を1分に21語まで引き上げた。アメリカ無線中継連盟はアマチュアの人たちが作った組織で、試験の理論問題向けに参考書を出していた。準備万端、私は試験を申し込み、ある夏の土曜の朝、バスに32キロ乗って、ロサンゼルスの街中にある国の役所の建物に向かった。私は12歳、古ぼけたフランネルのシャツに擦り切れたジーパンのいでたちで、20人ほどの大人に混じって落ち着かなかった。私たちは長い木の机に向かって硬い椅子に座った。壁にペンキもほとんど塗ってない部屋だった。隅々まで監視の利いた厳重な監督の下、試験は2時間にわたって行われた。図書館みたいに静かで、モールス符号の問題のときだけはやっと物音が聞こえた。帰りのバスに乗っているとき、お弁当を食べながら、たぶん通っただろうと思ったけれど、採点がどれだけ厳しいかはなんとも言えなかった。

それから数週間、私は期待に胸を膨らませて毎日郵便箱をチェックした。戦争が終わって数日、役所から封筒が届き、私はアマチュア無線技士、コールサインW6VVMになった。アマチュア無線技士、いわゆる「ハム」の中でも私はいちばん若い1人だった。当時の最年少記録は11歳と数カ月だった。当時、アメリカにはアマチュア無線をやる人が20万人ほどいて、これはほかの国全部を合わせた人数と同じぐらいだった。この環の中にいる人なら世界中のどこにいても話ができると知って、私はわくわくした。

殺したいと言った居候のいとこ

一方、アメリカ軍は母の家族の生き残った人たちをフィリピンにあった日本の収容所から救い出した。おばあさん、母のいちばん下の弟、2人の妹、それに彼らの家族がフィリピンから移ってきて、私たちと一緒に住むことになった。彼らによると、ノナおばさんとご主人は、日本人に、子どもたちの目の前で頭を切り落とされたそうだ。また私のおじいさんは収容所で前立腺がんの痛みに苦しみながら亡くなったそうだ。叔父さんのサムは戦争が始まるまで医学部の学生だったが、薬も手術の設備も与えられず、亡くなろうとしているおじいさんを、慰めることしかできなかったと言っていた。

みんなを家に住まわせるために、父は深夜勤務の仕事の合間に屋根裏を改造してベッドルーム2つと階段を作った。私と弟のジェイムズでそのベッドルームの1つを使い、もう1つをサムが使った。私たち4人家族で住んでいたところに、追加で10人を詰め込んだのでいろんな問題が起きた。家は人でいっぱいだし、みんなを食わせていくためにはかなりのお金が必要だが、問題はそれだけではなかった。叔母さんの1人とご主人、3歳のお子さんの3人は、日本に捕まって収容所にいるあいだに結核に罹った。私たちにうつらないように、3人の食器を私たちの食器とは完全に分けていた。取り違えると深刻な事態になりかねないからだ。もちろん空気のほうは分離できないから、彼らの咳やくしゃみでうつる可能性は残っていた。何十年も経ってから、私が初めて肺のレントゲンをとったとき、小さな病変が見つかった。病状は安定していた。お医者さんは、子ども時代、結核菌の蔓延する環境にいたときに罹ったのではないかと言っていた。

もう1人の叔母さんはご主人と子ども3人が一緒だった。ご主人はファシストかってぐらい厳格な人で、なんでも言いなりの叔母さんを虐待していた。彼は叔母さんや子どもたちがなんでも自分の言うとおりにしないと気が済まない。そのせいかもしれないし、日本人にひどい目に遭わされたせいかもしれないが、いちばん上の子は、私が見たところ、反社会性人格障害だった。彼は私の弟に向かって、私を殺したいと言ったそうだ。なんで殺したいと思ったのかは当時も今もわからない。彼のことをフランクと呼ぶことにするが、フランクは私より年上で身体も大きかった。でも私だって、ぶつかり合ったらすごすご引き下がる気はなかった。一応用心のために、家庭用のアンモニアの原液をスプレーのボトルに入れて持ち歩いていた。私が持つ化学兵器の中でいちばん穏当なやつだ。彼の家族が引っ越して以来彼には一度も会っていない。でも親戚たちから、その後彼は朝鮮半島での戦争に行ったと聞いた。人殺しがとても楽しかったので軍に舞い戻ったそうだ。別のいとこが、何年もあとになって、彼が7歳の息子さんと一緒にいるところを見た。そのいとこは、まだ幼いお子さんが軍隊流に命令されているのを見て驚いたそうだ。フランクが亡くなったのは2012年で、死亡記事によると、彼は武術家として有名になり、指導も行っていたそうである。

親族が第二次世界大戦でどんな目に遭ったか、それに第一次世界大戦と大恐慌が私の父の将来を先が見えたものにしてしまったかを目の当たりにして、私は自分と自分がいつか持ちたいと思っている子どもたちには、絶対にもっといい暮らしをさせようと決心した。

英語ができないと知能指数が低く出る

親戚たちはとても恐ろしい目に遭ったが、私は当時も今も、日系アメリカ人の人たちを責めたり差別したりしようとはまったく思わなかった。彼らがどんな目に遭ったかは、アメリカ政府が彼らを隔離して収容所に押し込み、彼らの土地や家を取り上げ、売り払ったので私も知った。彼らの子どもたちは学校からいなくなった。チェイスン先生が、私の親友ディック・クレアとジム・ハート、私、そしてほかの生徒や先生たちに、この不当な行いのことを教えてくれた。戦後、収容されていた生徒の何人かが学校に戻ってきた。チェイスン先生が私に、ある日系の生徒の知能指数が71だったと話した。下位3％に入る成績だ。でもチェイスン先生は心理学の学位を持っていて、あの子は並外れて頭がいいのが私にはわかる、成績が悪いのは英語がよくわからないからだろうと言う。君、お昼ごはんの時間に教えてあげてくれないか？　もちろん。1学期が終わってからもう一度試験を受けてみると、結果は140だった。上位1％に入る素晴らしい成績で、余裕でメンサの会員になれるぐらいだ。

小型の気球で空を飛ぶには

私の科学への関心は急速に高まっていた。新聞配達で稼いだお金の一部で電子部品を買ってアマチュア無線の機材を作ったり、通信販売や近所の薬屋さんで化学薬品を買ったり、レンズを買ってボール紙でちゃちな望遠鏡を作ったりした。

そんな1946年11月、高校1年生のとき、エドモンド・サイエンティフィック社が戦争の余剰物資の気象観測気球を売りに出しているという広告を見た。模型飛行機を作って以来、私は自分の機械で空を飛べたらと思い、そんな夢物語をほんとにやってのけるにはどうしたらいいかと考えていた。アイディアの1つに、最小限の大きさの飛行機を作るというのがあった。小型で簡素で、でも私を乗せて飛べる、そんな飛行機だ。それから、小型の軟式飛行船や1人乗りのヘリコプター、そしてその応用である空飛ぶ円盤というのも考えた。計画では、まず簡単で安く済む小型の模型を作り、本当に飛べそうか試し、同時に、実際にやってみると起こりうる問題の一部を解決する、そんな手はずだったが、私の懐具合ではとても無理だった。でも、気球で飛ぶのは何とかなりそうだった。私は完成にたどり着くまでに必要な手順をどうたどるか、1つ1つ全部思い浮かべた。

空へ舞い上がる自分を想像して、私は気球を10個注文した。それぞれ高さ2・4メートルで、値段は全部で29ドル95セントだ。今のお金にすると360ドルぐらいになる。私は勉強した化学の知識で、高さ2・4メートルの気球に水素を詰めると1個で6・4キロぐらいまで持ち上げられるのを知っていた。私は43キロで、一方、気球8個で約51キロを持ち上げられるから、私にロープやバラストを加えても十分運べるはずだ。どうすれば賄える値段で必要な水素が手に入るかはわからなかったので、私は家のストーブに目をつけた。燃料は天然ガスで、天然ガスの主な成分はメタンだ。水素の半分をちょっと下回るぐらいの浮力を持つ気体である。実験が成功したらいつでも追加で気球を買えばいい。私は自分が16個、あるいはもっとたくさんの気球にぶら下がり、ゆっくりと屋根より高く舞い上がり、まずは家の周りを、それから南カリフォルニアをあっちのほう、こっちのほうと見渡すところを思い浮かべた。バラストには砂袋を積んでいこうと考えていた。もっと高く上りたければ砂を少し落とせばいい。砂だから下に誰かいてもけがさせることはない。もっと低く飛ぶか、あるいは降りたければ気球それぞれに取りつけるべく設計した弁から調節を効かせつつ気体を放出してやればいい。

待っても待っても届かない気さえしたが、実際に待ったのはほんの数週間だった。ついに気球が届き、私は作業に取りかかった。ある静かな土曜日、家族がいないときに、私はストーブ用のガスチューブを気球につなぎ、直径1・2メートルぐらいまで膨らませた。台所のドアをなんとか通して外に出せるのはぎりぎりその大きさまでだった。思ったとおり、浮力は450グラム近い。私は開けたところに出て、気球に切れにくい凧糸をつけ、460メートルぐらいまで上げてみた。何もかも思ったとおりにいき、私は近くの地方空港から飛び立った小型飛行機が私の気球にスレスレで飛ぶのを喜んで眺めていた。45分ほど経って飛行機が戻ってきて、気球の近くを通り、そしてそれから、気球が急に弾けた。飛行機が撃ち落としたみたいだったが、どうやったのかもなんでかもわからなかった。

そこで私は考え込んでしまった。自分を8個の気球の束にくくりつけたところを思い浮かべた。そりゃ見過ごせない標的だろう。空気銃（当時はBB銃と呼ばれていた）を持っている地元の子が私を撃ち落とす様子が頭に浮かんだ。危なすぎる、そう思った。でも、このとき私が見た広告は大成功だったに違いない。その後何年も同じ広告を見かけた。それに、「業務用気象観測気球」なる煽りの広告は54年後にもまだ出ていた。広告の文句もだいたい同じだ。「ローンチェア・ラリー」がヘリウムを詰めた1・2メートルの気球の束を椅子にくくりつけ、4000メートルの高さに舞い上がったのは、私の実験から40年近くあとのことだ。

警察沙汰になった照明弾気球実験

がっかりした私は気球でほかに何をすればいいだろうと考えた。最初にアイディアが浮かんだのは、ある日、父が軍放出品で救命ボート用のパラシュート照明弾をいくつか持って帰ったときだった。薬莢みたいな金属製の小さな缶に入っていて、専用の銃で打ち上げると、空高くで火がつく。パラシュートでゆっくり落ちてくるあいだに、燃える炎で広い範囲を明るく照らせる。ある晩、私は自作の緩燃導火線を照明弾に取りつけ、それに私のバカでかい気球を結わえつけた。それから家の近くにある人通りの少ない交差点に歩いて行った。そこで導火線に火をつけ、天然ガスを詰めた気球にひもを取りつけた。ひもをゆるめれば気球は数百メートルの高さまで舞い上がる。ひもは電柱にゆるく結わえ、気球が上がればひもの端が電柱のてっぺん近くでひっかかるようにしておいた。これで誰も私の作品には手が届かない。それから私は1ブロックほど離れて待った。数分のうちに、空はまばゆいばかりに明るくなった。電柱のところに人が集まり、パトカーがやってきた。数分経って、空の明かりが消えた。パトカーは去り、人だかりは消え、全部元どおりになった。2つめの緩燃導火線がひもを焼き切り、気球は切り離されてしまった。そうして証拠は空をどんどん舞い上がり、いずこともなく飛んで行った。

いたずらや実験は私なりの科学の勉強だった。理論を理解しようというとき、私は実験で理論を実証した。そんな実験は、だいたい自分で発明した何かおもしろいことだ。私は自分で決めて物事をやり遂げることを学ぼうとしていた。先生や両親や学校に言われたからやるのではつまらない。突き詰めた考えに科学の論理と予測可能性を組み合わせると大きな力が得られる。私はその力をたっぷり味わった。私はアイディアを心に思い描き、それを実際にやってのけるのが大好きだった。

崖の爆弾マニア

弟と2人で使っていた屋根裏のベッドルームに、私は2メートル・バンド（これは波長を示す）のアマチュア無線局を作った。ベッドが占めていないところに、向きを変えられる指向性のビーム・アンテナを設置した。それから、ガレージの端っこにある狭い洗濯部屋の隅に、実験スペースも作った。化学の実験はだいたいそこでやった。中には失敗に終わったものもある。たとえば、空気中で水素ガスに火をつけると青い炎を出して燃えると本で読んだので、自分でやってみることにした。ガスを生成しようと、私は亜鉛をガラスのフラスコに入れて塩酸を注ぎ、ゴム製の蓋をした。蓋には管がついていて、そこからガスが噴き出す。水素がたっぷり生成されて、フラスコの中の空気は全部「押し出され」るだろうから、それを待って、管から出てくる水素に火をつければいい、私はそう思っていた。もしそうならなかったら——どかーん、だ。保護ゴーグルと防護服に身を固め、水素に火をつけようとしたちょうどそのとき、弟が部屋に駆け込んできた。マッチを持った手を止めることができず、私は叫んだ。「伏せろ！」。彼は身をかがめ、装置は吹き飛んだ。その後、私は床にペンキで白の線を引き、私の陣地を「立ち入り禁止」にした。だいたい横1・5メートル、縦3メートルで、そこに棚を作って薬品やガラスの容器を置いていた。ときどき煙が噴き出したり爆発が起きたりするので、うるさく言わなくてもみんなそのうち近寄らなくなった。

私が夢中になったものはほかにもたくさんある。たとえば13歳のときは本当にさまざまな爆発物を試した。実験を始めたのはその数年前だった。古式ゆかしきファンク・アンド・ワグナルズの百科事典で黒色火薬の作り方を見つけたのだ。原料は硝酸カリウム（硝石という呼び名のほうが知られている）、木炭、そして硫黄（犬のエサに混ぜれば毛並みがよくなりますよ、なんて言われる物質だ）である。一度、作業をしているときに間違って火がつき、左手をまるごとやけどしてしまった。肌がぐずぐずで黒っぽい灰色になった。父は私の手を冷たいお茶に浸し、その後1週間、私はお茶に浸した包帯を巻いていた。この塗り薬はよく効いた。包帯を剥がすと、崩れた皮膚は剥がれ落ちていた。完全に治ったので私は大喜びした。

装備万端の手作り科学実験室で大量の黒色火薬を製造し、私は自作のロケットを飛ばしたり家の前の通りでロケット・カーを走らせたりした。ロケット・カーはバルサ材で作ったボディにホビーショップで買ってきた軽量の車輪をつけ、炭酸ガス、つまりCO_2を詰めた弾薬筒を載せた。今どきでは炭酸飲料に入っていたり空気銃に使われていたりする気体である。例の炭酸ガスだ。弾薬筒は軍事物資の余りで、造船所で捨てられていたのを父が持って帰ったのだった。ただ、私はロケット・カーの動力に炭酸ガスは使わなかった。弾薬筒の端の栓に穴を開けて炭酸ガスは逃がした。炭酸ガスが膨張して冷えると冷たい白い粉になる。空になった薬莢に手製の火薬を詰め、雷管を差し込み、この新しい原動機を、おもちゃの車の後部に開けた枠に取りつけた。原動機はときどき爆発して破片が飛び散ったので、私は保護ゴーグルをつけ、自分も近所の子たちも車からたっぷり距離を取った。うまくいくと、車はびっくりするぐらい速く走った。今そこにいたと思ったら次の瞬間に消えて、何秒か経って何ブロックか向こうに姿を現す。原動機がよく爆発するので、私は爆発させる用にもっと大きいのを作って実験した。配管用の短い鉄パイプで作った爆弾だ。これを使って、パロスヴェルデス半島の人気《ひとけ》のない崖に行き、爆発させて何度も大きな穴を開けた。

楽しい楽しいニトロづくり

次は硝化綿、ニトロセルロースだ。いわゆる無煙火薬の素である。またしても百科事典が作り方を教えてくれた。質量1の冷却した濃硫酸を、質量2の冷却した濃硝酸にゆっくりと加える。途中で混ぜたものが温まってきたら、手を止めて全部を冷やす。混ぜた液体に普通の脱脂綿を入れる。このときもやはり、混合液が温まってきたら冷やす。それから、「さわるな危険」の貼り紙をして家の冷蔵庫に入れて寝かせた。この頃には、私がそんな貼り紙をしたということは、ほんとに危険なんだと家族も思い知っていた。だから貼り紙1つで家族を遠ざけておくことができた。24時間後、脱脂綿を取り出して洗い、乾かした。アセトンにつけたら溶けたので、もう普通の脱脂綿ではなくなっているのがわかった。私は冷蔵庫の「工場」で火薬を作り続け、あれこれ実験を始めた。硝化綿は爆発するが、簡単には爆発しない。まずは起爆装置が必要だ。そんなものは持っていなかったので、私は小さな塊を歩道に置いて、金づちで叩いてみた。ボン、と音がして金づちが跳ね返り、握った私の手は肩の上まで押し戻された。歩道には手のひらぐらいの穴ぼこが開いた。歩道にもういくつか穴ぼこを開けてから、私は硝化綿をロケットやパイプ爆弾に使った。黒色火薬のときよりも予想どおりの結果が得られ、しかも強力だった。

そしてついに私は「大物」を試していい頃だと思った。ニトログリセリンだ。材料と手順は硝化綿と同じで、一見些細な違いが1つあるだけだ。綿の代わりによくあるグリセリンを使うのである。そうやって得られるのが青みがかったほとんど透明の上澄み液だ。私はそれを用心深く採取した。強力で危険な爆発物であり、過去にたくさんの人が事故で亡くなっている。

ある静かな土曜日、私は保護ゴーグルに身を固め、ガラスの試験管の縁にニトログリセリンをちょっとつけた。1滴にもぜんぜん満たない、間違いなく安全な量だ。ガスの炎で熱してみたら、突然パリン！　それまで実験した遅効性の爆薬のどれと比べても短時間だったし、それにまったく違っていた。ガラスの細かい破片が私の手や腕に刺さって傷がたくさんでき、血が滲みだした。それから数日、小さな破片を見つけては針を使って掘り出した。次にニトログリセリンを歩道にたらし、金づちで叩いてまた穴を開けた。でもニトログリセリンは不安定で危ないので不安になり、作った残りは捨てることにした。

14歳の子どもがこんな強力で危ない薬品をどこで手に入れたのだろう？　地元の薬局がけっこうな割り増し価格を払うとこっそり売ってくれた。私の両親は、長時間働いて帰ってくると、親戚の避難民10人の世話をするか、家の雑事をこなして回るか、疲れ切って倒れこむように寝てしまうかのどれかだった。私と弟は自分で自分の面倒を見るほかなかった。実験のことは両親には自分からは何も話さなかった。私がやっていることを全部知られたらまるごとやめさせられていただろう。

落ちこぼれ校から化学コンテスト受賞者を

高校2年生のときに化学の授業を取る頃には、実験を始めて数年になっていた。理論は好きだったしおもしろかったので、私は教科書を最初から最後まで読んだ。夜は読んだことを頭の中で復習しながら眠りに落ちた。これは習慣になり、当時も今も、学んだことをよく理解し、ずっと記憶にとどめておくのにこのやり方をするととてもうまくいく。授業を受け持ったのはスタンプ先生という人だった。背が低く眼鏡をかけた50代の男の人だ。彼は化学が好きで、私たちに化学を正しく学んでほしいと思っていた。加えて、彼はいつも、南カリフォルニア高校生化学コンテストの受賞者を出したいと思っていた。このコンテストは、アメリカ化学会が毎年開催しているもので、15人が表彰される。春に行われる3時間のテストで、南カリフォルニア中の高校から集められた、典型的には化学の成績がいちばん優秀な生徒約200人が参加する。でも、私たちの学校はお勉強の不自由な労働者階級の子が通う高校だ。この年でいえば、標準学力テストの成績はロサンゼルス学区の32校中31位だった。赴任して以来の20余年で、先生はもう夢はかなわないものと諦めてしまっていた。

授業に出てくる生徒30人ちょっとの中に、質問にかたっぱしから手を挙げて答えるやせっぽちでくせ毛で年少の子がいるのに先生は気づいた。この子のことはほかの先生からも聞いていた。好きな授業では頭のいい子だが大嫌いな授業では頭の悪い子になる、そんな生徒だ。確かにこの子はちょっと化学をやってるのかもしれないし、学年最初の数週間に聞く簡単な質問には答えられたかもしれない。でもスタンプ先生は、初めはよくできていたのにすぐに落ちこぼれる子をさんざん見てきた。彼は私たちに、学年最初の試験はとても難しくすると断った。試験が終わって解答用紙が帰ってきたとき、ほかの生徒たちの成績は100点満点で0点から33点までだった。私は99点だ。これで先生に関心を持ってもらえた。

大学の化学を独学する方法

私は先生のところへ行って化学コンテストの相談をした。スタンプ先生は過去20年の試験問題を全部保存していた。コンテストの準備をしたいので貸してくれませんかと頼んだら、全部渡すのは気が進まないと言われた。旗色はとてもとても悪いぞと先生は言う。私は高校2年生、参加するほかの子はだいたいが3年生になってから挑戦する。私は1年飛び級しているから、15歳で17歳とか18歳とかの子たちと競い合うことになる。さらに、準備に使える時間は5カ月しかない。その上、私たちの学校は設備が悪いし、一緒に勉強したりレベルを引き上げたりしてくれる仲間もいない。これまで私たちの学校で、参加しようなんて無謀な子はほとんどいなかったし、参加した子たちの誰も賞をもらって帰ってはこなかった。「もう1年待ったらどうだい?」。先生はそう言った。

でも私は決めていた。受賞するとだいたいは、カリフォルニアの行きたい大学に行ける奨学金がもらえた。研究者の生活は私の夢になりつつあった。自分でやった科学の実験はどれも楽しかったし、それで得られる知識が好きだった。こんなふうに遊べる仕事ができたらとても幸せだろう。そんな生活を送るには学界に入るのがいい。実験室も実験も研究プロジェクトもそこにある。楽しいに違いない。ひょっとすると自分みたいな人がほかにもいて、一緒に仕事ができるかもしれない。必要な学位を得るためのお金は自分では出せない。でもこの作戦ならできる。

スタンプ先生は英語のチェイスン先生に相談し、20年分のうち隔年で10年分の試験問題を私に貸してくれることになった。それを見て私は、出題範囲や難易度、20年のあいだに起きた傾向の変化を調べた。それ以外の10回分は、私の準備の進み具合を見てから渡すかどうか考えるとスタンプ先生は言った。

高校の化学の教科書と一緒に、大学の化学の教科書を2冊使って勉強した。一方の教科書でよくわからない概念が出てきたときは、もう一方の教科書を見るとだいたいよくわかった。実験はさんざんやったし本も読んできたから、化学の勉強は鼻歌みたいに自然とはかどった。毎晩、化学の勉強に1時間を費やし、それからベッドに入って頭の中で周期表や原子価、許容する化学反応、ゲイ＝リュサックの法則、シャルルの法則、アヴォガドロ定数、そんなものを復習しながら眠りに落ちた。実験も続けた。いたずらもだ。

息子が庭の池で死んでいる？

1つすごいいたずらを始めたのは、アニリン赤という強力な染料のことを読んだときだった。びっくりするぐらいちょっと、ほんの1グラムで、水600万グラムが血みたいに真っ赤になる！　私は実験用にこの染料を20グラム手に入れた。

すでに書いたように、私の科学実験室はガレージの端っこにある洗濯部屋の隅に作ってあった。すぐ庭につながる場所だ。庭の真ん中に、腎臓みたいな形をした金魚用の池があった。長さと幅が3メートルに1・5メートル、深さが30センチだ。ということは、容積は1・5立方メートルそこそこである。さて、この染料1グラムで6立方メートルの水を真っ赤にできるわけだから、ほんのひとつまみ、4分の1グラムでうちの池には十分なはずだ。

大事を見て、私はその4倍の量、つまり1グラムを池に入れた。染料を撒きながら水をよくかき混ぜていると、金魚用の池はみごとに真っ赤になった。ほんとに真っ赤なので、池の中に生えた植物は、水面から飛び出している部分しか見えなくなった。魚がいることがわかるのは、えさを求めて水面に口を出すときだけだった。

私は作業を続けようと実験室に戻った。数分経って、母の金切り声が聞こえた。また金切り声、もう一度金切り声だ。彼女は誰か、たぶん私が池で血を流して死んでいると思ったのだ。彼女をなだめるのにはとても長い時間がかかった。

母を怖がらせたのは申し訳なかったけれど、おかげでいいことを思いついた。ロングビーチの街を13キロ行ったところに公営の大きなプールがあった。ロングビーチ水泳場は、古い歴史を持つ遊園地、ロングビーチ・パイクの一部だった。第二次世界大戦の「孤児」、つまり両親が軍需工場で働いているあいだ、多かれ少なかれ自分で自分の面倒を見てきた私は、この水泳場によく行っては飛び込んでいた。

南カリフォルニアでいちばん大きな室内温水プールであるこの水泳場は、長さ37メートル、幅18メートル、深さは平均1・5メートルだった。容量は約1000立方メートルだ。手元に残った19グラムのアニリン赤で真っ赤にできるのはその8分の1ほどにすぎない。それでも私はやると決めた。計画を手伝ってもらおうと、やせっぽちで青白く、眼鏡をかけて明るいまっすぐの金髪がまぶしいオタクの同級生を引きずり込んだ。彼は私の実験を傍で見るのが好きだった。ろう紙で袋を作り、中に染料を全部入れ、ろうそくの蝋で口を閉じた。そこにひもを2本結び付けて、2本を逆方向に引っ張れば袋が開いて平らな紙になり、染料を全部ばら撒けるようにした。

「正体不明の愉快犯、ロングビーチ水泳場を赤く染める」

ある美しい夏の土曜日の朝、私たちはバスに乗ってロングビーチへ出かけた。水泳場に着くと、入場券を買ってロッカーへ行き、水着に着替え、プールに向かった。染料の袋は私の水着のパンツに隠した。もう100人ほどの水泳好きが来ていて、水中やプールの縁で楽しんでいた。私が袋を水中に入れ、2人でそれぞれひもの端を握った。お互いプールの反対側へ行き、それからひもをぴんと張った。袋の口が開いても染料は出てはこないぐらいの強さで引っ張ることにしていた。そのうち泳いでいる人がたまたまひもに引っかかって、勝手に袋を開けてくれるだろうともくろんだのだ。すぐにそんな人が現れた。彼は気づかずにひもに引っかかった。袋が開き、染料が放たれ、手のひらほどにも満たない小さな赤い濁りができた。

騒ぎは起きなかった。私たちは急いでロッカーに行って着替えた。私の「助手」が恐ろしい声を上げた。どうしたことか、彼の水着に赤い染料の染みができているのに気づいたのだ。犯罪の証拠だ。私たちは急いでメインのプールとプールサイドの上にあるバルコニーに向かった。助手には心配するなと言った。

赤いぼんやりした濁りは、今ではバスケットボールぐらいの大きさになっていた。それでもまだ騒ぎは起きない。それから別の人が泳いできて、濁りは直径1メートルぐらいになった。真っ赤でいびつな形の濁りはまだとても濃くて、水の底は見えない。そしてそのとき最初の金切り声が上がった。それに危険を知らせる叫び声が続き、それから金切り声がたくさん上がった。勇敢な人が濁ったところに飛び込み、水をかき混ぜ、濁りはもっと広がった。

パニックの中、プールは空っぽになった。ものの数分でみんな水から上がった。お客は次に来たときに使えるタダ券をもらった。騒ぎに紛れて脱出した私たちはもらい損ねた。水泳場の従員たちが赤く濁ったプールをさらっていた。濁りは大きく拡散して、そのうち半透明になった。誰かがろう紙とひもを見つけたけれど、なんだこりゃという顔をして、ごみだと思って捨てた。

その日の午後、遊園地で楽しく過ごしてから、私たちはバルコニーへ戻ってプールがどうなったか見てみた。半分ぐらいはイチゴ味のクール・エイドの色になっていた。お客がいくらか戻ってきていたけれど、静かだった。普段よりも静かで、というのは、水が赤くても泳ごうなんて人はあんまりいないからだった。

翌日、ロングビーチの新聞に小さな記事が載った。「正体不明の愉快犯、ロングビーチ水泳場を赤く染める」。60年経って、私の義理の息子であるリチャード・グール判事が、引退した判事と地元の歴史をお喋りしたことがあった。引退した判事は当時、この記事を読んだそうだ。でもリチャードが今は「あれの下手人」の関係者だとは夢にも思わなかっただろう。

準備万端の試験当日……

アメリカ化学会の試験まで10週間、練習で過去問をやると1000点満点で900点取れるようになった。私はスタンプ先生に、残りの10回分をやってもいい頃でしょうと言った。もらってやってみると、最初の2回分は99％正解できた。そこで思い切って昨年の問題を解いてみた。やっぱりいい点だ。準備は整った。

試験の日、父が車で32キロ行ったところにあるエル・カミーノ短期大学まで送ってくれた。掘っ立て小屋みたいな1階建ての建物のあいだを人の流れに乗って歩いて行くと、試験会場にたどり着いた。今年の試験から計算尺を使ってもいいことになった。でも解答に計算尺は必要ないと事前に聞かされていた。私は思いつきで10セントのおもちゃの計算尺を持って行っていた。私の財布で買えるのはそれぐらいだった。時間があったらおおざっぱな検算ができると思ったのだ。

問題に取り掛かると、どの問題も答えが出せた。そして試験の最後の部分が配られた。この最後の部分では、それまでよりずっとたくさん計算が必要で、手でやっていては与えられた時間内ではとても間に合わなかった。私が持っていた安物の計算尺なんて役に立たない。周りを見回すと、じゃじゃーん！　出るわ出るわバカでかい機能万全の計算尺が次々と。私以外みんな持っていた。計算尺を使ってもいい、なんてものじゃなかった。入賞したい人には必須だった。計算過程が正しくても点はもらえず、計算結果の数字が正しくて初めて点がもらえる問題だった。「計算尺での誤差」も特定の範囲が指定されている。私は気分が悪くなった。奨学金をもらえるほどいい順位には入れないだろう。高級な計算尺を買わなかったし、そもそも買えない自分にやるかたない思いがした。化学の試験を計算尺の使い方の試験に変えてしまうなんてあんまりだ。

それはそれとして、私は全速力で手計算をするしかなかった。終わってみると、私は試験全体で1000点満点中873点分の問題しか答えられなかった。だから私の点は最高でも873点だ。過去、優勝する人はだいたい925点から935点ぐらい取っているのがわかっていた。だから私が優勝するなんてまずありえなかった。

名もなき落ちこぼれ高校に光が当たった夜

父が迎えに来たとき、私は泣くのを我慢しようと躍起になっていた。ほとんど口もきけなかった。学校ではスタンプ先生が私を見て、へこんでいるのを察した。どう見てもうまくいかなかったのだと彼にはわかった。試験のことは話さなかった。自分は甘かった、そう物語るエピソードとして、私は試験のことは心にしまい込むことにした。それでも、店に出かけて私に買えるいちばんいい計算尺を買った。試験から数週間、スタンプ先生が私を隅に呼んで結果を教えてくれた。私の成績は、答えを書いた873点中、869点だった。1位はずっと上でだいたい930点だったが、2位と3位は4位の私をほんの数点しか上回っていなかった。いい計算尺があれば1位になれただろう。優勝できると思っていたから、ダメだったら大学に行くお金をどうやって手に入れるかなんてぜんぜん考えていなかった。正しく自己採点する自分の能力が確認できたのには満足したが、私は落ち込んだ。

一方、スタンプ先生は大喜びだった。20年にもわたってロサンゼルスでいちばん勉強のできない学校で化学を教え、不満を腹に溜め続け、ついに入賞する子が出たのだ。私のほうは大失敗したのが恥ずかしくて、表彰式と晩餐会はなんとか行かずに済ませようと思った。ロサンゼルスなんてどうやって行ったらいいのかわかりませんと言ったのだけれど、スタンプ先生はどうしても自分が連れていくからと言う。晩餐会では得点が上の子から順番に、いろんな大学が提供する奨学金のリストの中から好きなものをそれぞれ1つ選べることになっていた。私が予想したとおり、1位の子と2位の子はそれぞれカリフォルニア工科大学（カルテック）とカリフォルニア大学バークレイ校（UCB）を選んだ。当時、カリフォルニアで科学をやるのにいちばんいい学校といえばその2校だと私は思っていたから、行きたい学校はその2つだけだった。自分の番が来る前にどこか滑り止めの学校を考えておくのがよかったんだろうが、選べるほどたくさん学校を知らなかったから、私はパスした。入賞した子たちの学校を見ると、例年どおり、いい子ちゃんクラブの会員名簿みたいだった。ビバリーヒルズ高校、フェアファックス高校、ハリウッド高校、なんて調子だ。この晩、ちょっと私の気分が高まったのは、「名もない」私の高校、ナーボンの名前が呼ばれてみんながびっくりしたときだった。でも、翌年にもう一度試験を受けることはできないと聞いて悲しくなった。

この頃、私は知能の計測に興味を持った。自分はどれぐらいのもんだろうと思ったのだ。ある土曜日の朝、私はロミータからバスに乗って40キロ行ったところにあるロサンゼルス公立図書館に出かけた。何かおもしろい話が見つからないかと探しに行ったのだ（今どきならみんなグーグルやウィキペディアでやっている）。知能テストの問題と解答をいくつか見つけたので、自分の知能を測ってみようと、毎週土曜日に1回分ずつ、全部で9回やって、自分で採点してみた。

結果に満足した私は、何年も前に受けた試験はどんな成績だったのか知りたくなった。この頃にはもう、6年生をもう1回やらずに済んだ、あのときの試験は知能テストだったのがわかっていた。学校は成績をけっして公開してくれなかった。だから私は自分でなんとかすることにした。家にある金属でできたL字型の定規を使えば学校のロッカーの鍵なんてどれでも開けられることに私は気づいた。ある晩遅くに私は出かけ、乗ってきた自転車を茂みに隠し、おそるおそる鍵のかかった門に近づいた。持ってきた平たいL字の定規をドアと枠のあいだに差し込み、鍵の曲がった留め金にひっかけて引っ張った。閂が外れ、私は暗くて人のいない、見慣れない様子の学校に滑り込んだ。建物が不気味にキーキーきしむし、警備員がいたらと思うと怖かったので、私は抜き足差し足で静かに2階に上がり、心理カウンセラーの部屋に向かった。鍵があるたびさっきの手口で難なく開け、すぐに懐中電灯を使って私と同級生の知能テストの記録を探しあてた。見てみたところ、みんなの成績はだいたい私がすでに思っていたとおりだった。学校にいる中でいちばん才能があってステキだと思っていた女の子も思ったとおりで、知能指数は148あった。

階級上位のイケてる連中をやっつけろ

当時、ナーボン高校には中1から高3まで800人ほどの生徒がいた。また、この学校は階級社会で、学年が進むほど階級は変わりにくくなった。生徒の20％ぐらいは「ソチーズ」だ。学年や学校の生徒自治組織を握っていて、ダンスパーティや催しを好きなように仕切っている。運動部のいい選手、きれいなチアリーダー、お金持ちのお家の子、そんな人たちはだいたいこの階級だ。学校の周りのロミータやハーバーシティといった街に住むのは大部分が労働者階級の人たちだったから、「お金持ち」といえば中小企業のオーナーだった。彼らにとっての「うちら」は、お昼ごはんはどこかで買ってきてカフェテリアに集まって食べる。私みたいな「茶色の紙袋にお弁当」組は「やつら」であって、そこらの適当なところで食べる。「うちら」は車に乗れる。だいたいは16歳で免許を取って、高校1年生のうちに車を乗り回している。私の歳では2年生になるまで免許は取れないし、取っても車なんてとても手に入らない。そして車は、デートや浜辺のパーティ、スポーツ・イベントに出かけるには必須だった。

私は一握りの「やつら」仲間とチェスクラブを作り、いつも後押ししてくれるチェイスン先生が、お昼休みにチェスができる部屋を見つけてきてくれた。それから科学クラブも作った。お勉強したい子が何人か集まってくれた。ときどきお昼休みにウォールハンドボール、つまり外にある木のバックボードに向かって手で古いテニスボールを打ったり、キープアウェイをやったりした。私がボールを取ると、大きい子たちが束になって私を追った。私はなかなか捕まらなかった。自転車で鍛えて足が速かったし、それに大きい子たちに捕まったらどんなことされるかわからないと思って必死で逃げたからだ。

出会う相手が誰だろうと自分と対等だと私は思っていたし、相手にも同じだけの敬意を払ってもらいたかった。が、相手がそんな素振りを見せなかったら話は別だ。一方、「うちら」の連中はだいたい、自分や自分の仲間は、ほかの連中に特別扱いされてしかるべきだと思っていた。「うちら」の連中は、自分には特権があり、一方「やつら」にはそんな特権はないし「やつら」なんてどうでもいいと思っていた。

私と「うちら」の連中の争いが始まったのは、私の体育の成績がBになったときだった。学問とは全然関係ないこの科目の成績も、大学受験では考慮されると聞いて私は驚いた。もっと調べてみると、フットボールや陸上などのスポーツを選んだ子たちは自動的に体育の成績はAになるのだった。この子たちでAの枠はいっぱいになり、ほかの子たちはBやCやそれ以下の成績しか回ってこない。私は歳の割には足が速かったけれど、身体はほかの子たちより1歳半幼い。陸上では手が届きそうにないし、フットボールじゃ問題外だった。どうしたものだろう?

チェイスン先生が勧めてくれたので、私は体育でテニスを取った。取るとそのまま代表チーム候補だ。コーチをやっていたのは歴史の先生で、テニスのことはなんにも知らず、仕切りと監視だけやっていた。誰も教えてくれなかったから、私はテニスをひたすらプレイして学んだ。まず2軍チームに選ばれ、それから2年生と3年生の代表チームに昇格した。

フットボール選手で学校のスターの1人が、当たり前に「うちら」で、「ソチーズ」何人かと一緒にこんな思い上がったことを口にした。「テニスってのは女々しいスポーツだよな」。そこで私はこの学校の英雄に、放課後にコートに来てどう女々しいのか教えてくれよと言った。思っていたよりも彼はよくやった。ボールを彼のところに打つと、彼はまあまあちゃんと打ち返せた。そこで私は左右に振って走らせることにした。20分ほどで、彼はくたびれ果てて投げ出した。

クーデターだ！

それからそう経たない高2の春、化学の試験でひどい目に遭ったあとで、「うちら」の連中にむかついた私はある計画を思いついた。ちょうど行われていた1948年の大統領選挙（トルーマンにデューイやウォレスが挑んだ選挙だ）に触発されたのだ。私はほかの生徒を十数人引っ張り込んだ。連れのクレアとハートなんかだ。そうして私たちは「生徒向上委員会」を立ち上げた。委員会の目的は、生徒の自治組織を単なるお飾りでないものにすることだ。生徒の利益をいちばんに考えて動き、だから「うちら」の連中だけじゃなく、すべての生徒のために活動する、それが自治組織のあるべき姿だと私たちは考えた。そうして、自治組織の役職全部に候補を立てることにした。日本人メンバーの1人は家がレタス農家だった。私たちは毎晩、彼の家のはなれに集まって計画を立てたり作戦を考えたりした。

選挙の前の晩、私たちは大きな横断幕を2つ、学校に掲げた。横断幕には「生徒向上委員会に投票しよう！」、そう謳った。私の気象観測気球で浮かばせて、飛んでいかないように、手が届かないぐらい高い木の枝にひっかけた。空高くで炎を燃え上がらせたときにとてもうまくいった、電柱を使った技術がこのときも威力を発揮した。夜風で揺れて気球がちょっと動き、横断幕はちょっと垂れ気味になったけれど、朝になってもちゃんとはっきり読めるように浮いていた。

候補者の演説を聞くべく講堂に集まる生徒たちに、私たちは自分たちの政策綱領と、私たちの候補に投票する印をつけた投票用紙のサンプルを手渡した。学校ができて25年、生徒が組織した政党は、人の記憶に残るものでは私たちのが初めてだった。不意を突かれた「うちら」たちに反撃の時間は残されていなかった。彼らの候補の何人かは、私が黒幕に違いないと思い、演説時間を私の個人攻撃に費やした。自分たちの派閥はずっと生徒の自治組織を切り盛りしてきた。自分たちにはその資格がある。それを変えようとするあいつは荒らしで過激派で今のありようを危険にさらす輩だ。開票が終わってみると、私自身は現自治組織の候補にちょっとの差で落選したが、私たちは15の役職のうち13を勝ち取った。連れのクレアは、晴れて自治組織の会長に選ばれた。

それから46年後、高校の同窓会に何時間か寄ってみた。「うちら」の連中は大昔となんにも変わっておらず、ただ歳をとって日和っただけみたいだった。彼らにとって高校時代は人生の頂点、栄光のときだった。当時の仲間同士で結婚した人がたくさんいて、以来ずっとそこで暮らしていた。一方、私にとって高校は、人生の素晴らしい冒険に踏み出す初めの一歩だった。

母の知られざる不義

1948年の夏、ナーボン高校の2年が終わり、私は浜辺に座って60冊ほどの偉大な文学作品を読んだ。だいたいはアメリカ文学で、トマス・ウルフ、ジョン・スタインベック、セオドア・ドライサー、ジョン・ドス・パソス、アプトン・シンクレア、シンクレア・ルイス、アーネスト・ヘミングウェイ、F・スコット・フィッツジェラルドといった作家の作品だ。外国の作家のものも読んだ。ドストエフスキーやスタンダールなんかだ。チェイスン先生がリストをくれて、自分の蔵書を貸してくれた。彼らの作品を読んでは、途中でボディサーフィンをしたり、自分は何者なんだろう、これからどうしよう、そんなことを考えたりしていた。

戦争が終わって3年のその夏は私にとって特に難しい時期だった。両親が離婚した。過去数年の家庭内でのストレスが原因だと当時は思っていた。戦争中、お互いに違う時間帯に仕事に出て、家で寝てはいるけれど、お互いの存在が希薄になり、気持ちが離れてしまったのだろう。加えて、私たちの家は小さな村みたいに人がたくさんいたから、もめごともよくあった。10人の居候の最後の1人がよそへ移るまで3年かかった。

父はロサンゼルスに移った。高校3年のあいだ、私は日曜日の朝にしか彼に会えなかった。父はロサンゼルスから32キロ車を走らせてきて1ブロックほど先のところに停める。2階にあるベッドルームからそれが見えたら、私は出て行って彼と数時間過ごす。運転免許の試験に向けて実技の練習をしたり、昼ごはんを食べに行ったり、話したり、いろんなことをした。一方、当時は知らなかったのだけれど、母は私が大学に入って家を出たら家を売る準備をしていた。離婚することに至った状況はどうもよくわからなかった。父も母も話してはくれなかった。何がどうなっていたかわかったのは何年もあとのことだ。母はずっと不倫をしていた。真珠湾攻撃の前の夏、私たちが初めてカリフォルニアを訪れたときに、最初に泊めてくれたお家の旦那さんとだ。不倫が始まったのもそのときで、そうするうちに父が気づき、離婚することになったのだと、最近になって私に教えてくれたのは弟だった。

暗がりで睦み合うカップルを照らす

高3になっても大学に通うために必要なお金をどう工面するかという問題は解決していなかった。化学の試験で勝ち取るはずだった奨学金は手に入らず、親の援助も期待できない。あるとき、物理学教員協会が南カリフォルニアの高校生全体を対象に、化学の試験と同じような試験をやっているのを知った。でも私はまだ、本腰を入れて物理を勉強してはいなかったし、準備に使える時間は数カ月だった。学校の物理の先生は運動部のコーチで、授業は子守り並み、物理のことはなんにも知らない人だった。だから私は自分で勉強した。練習に使える過去問なんて手に入らないから、試験がどんなものかは、参加者募集の紙に書いた短い説明でしかわからない。でも、電気工学や力学、電子工学の実験は何年もやっていたから、それが理論を学ぶ助けになった。そしてもちろん、私流で勉強するうちに新しいいたずらを思いついた。

光学と天文学の研究の一環で、私はエドモンド・サイエンティフィック社（例の気球と同じメーカー）から安いレンズを通信販売で買って、屈折望遠鏡を作った。家の2階の窓から覗くと、星だけではなくて、800メートルほど向こうの丘のてっぺんがばっちり見えるのに気づいた。夜になるとティーンエイジャーたちがよく車を停めて抱き合っている場所だ。たまたま私は12ボルトの古い車のヘッドライトも手に入れていて、小さくて強力なサーチライトに使えた。

すぐに思いついたアイディアはこんなのだ。望遠鏡にヘッドライトをつけて、望遠鏡を向けたものを照らせるようにする。私はそんな望遠鏡を作って「恋人たちの聖地」に乗り込み、夜の帳《とばり》が下りるのを待った。車が何台かやってきてしばらく停まるようになったから、私は望遠鏡を覗いてスイッチを押した。ピカッ！　車は明るく照らされて、飛び上がったティーンエイジャーたちがいろんな絡まり方をしているのが闇に浮かび上がった。彼らは泡を食って走り去った。私は捕まりたくなかったから、明かりは毎度、ほんの数秒で消した。このいたずらはほんの数回やったけれど、それが睦み合っているカップルをどれだけひどい目に遭わせたかと反省し、やめてしまった。

ド田舎の職業訓練校、カリフォルニアで1位に

運命をかけた物理の試験の日が来た。でも、化学の試験を経験した身には、たいしたことじゃないように思えた。1000点満点中860点分ぐらいは解答の筋道が見えたし、今度は手に入れておいた強力な計算尺があったから、計算もすいすいできた。でも問題2つ、合わせて140点ほどは、私が勉強していない分野から出た。またしても4位で残念な結果に終わるつもりか？

私はそう自分を奮い立たせた。どうすればいい？　残った時間で、私はこれじゃないかと思う公式でまず問題の１つを解き、次元解析という考え方でその解き方に理屈をつけた。もう１つの問題はとりあえずやってみただけに終わった。

化学の試験のときと同じように、得点で上から15人が表彰式の晩餐会に呼ばれた。やっぱり今回も、呼ばれたのはだいたい、ロサンゼルス市の学区でいちばん勉強のできる学校に通う子たちだった。そして表彰式の場全体に驚きが広がった。最高点を出したのがどこの学校の馬の骨だって？　ナーボン高校？　どっかド田舎の職業訓練校か？　得点の分布は化学の試験と同じだった。ただ、今回は私が９３１点を取って１位だった。２位の子は50点か60点下だった。思い上がったいいとこの子たちを抑え込み、私は提供される奨学金の中からいちばん先に選ぶ権利を手にしたのだ。カルテックにするかＵＣＢにするかで迷った。いちばん行きたいのはカルテックで、奨学金は学費全額が対象だったけれど、寮やそのほかの費用が追加で年に２０００ドルはかかる。私にそれは払えない。パサデナは物価が高いし、私に払える家賃で住める場所のあてはなかった。カルテックはとても賄えない。

私に提示されたＵＣＢの奨学金は、当時彼らが提供していた中でいちばんたくさんお金が支給されるもので、年に３００ドルだった。授業料は年に70ドルで、それはまた別に、第一次世界大戦に従軍した人の子どもに対する奨学金で賄えた。加えて、ＵＣＢには、キャンパスのすぐ近くに食事付きの安い寮があった。もっと安い選択肢もあって、学生共同住宅協会が、週に４時間の仕事をすれば月35ドルで食事付きの部屋を提供してくれる。UCBを選んだとき、私はこう思って自分を慰めた。まああそこに行けば少なくとも女の子はたくさんいるし、そっち方面の生活は潤うんじゃないかな。

部品の山が新技術のヒントをくれる

何年か前に、私が通信や電子工学に興味を持っているのをホッジさんが聞きつけた。引退した電気技師で、うちのすぐ裏に住んでいた。いかにもカリフォルニアな広々とした地所であり、亜熱帯風の庭には椰子の木やスペインっぽい漆喰とタイルで装飾を施した建物、それにきれいな金魚がいっぱいの池があった。地上7・6メートル、木の上の水平に枝分かれしたところに板を置いて私が自分で建てた小屋から竹藪の向こうを覗いてみると、謎の塔が立っていた。細い円錐形の建物で、緑の屋根材に覆われ、かつては風車がついていたのがわかる。ある日、ホッジさんがおいでと言ってくれて、建物の中に入った。建物の真ん中にある小さな螺旋の階段を上っていくと、どの階にも宝の山があった。無線機器の部品だ。ホッジさんは賢明にも、使うなら1つだけあげようと言った。私が選んだのは精巧な作りの空気絶縁の可変コンデンサだった。この装置は、当時、無線の受信機や送信機に欠かせない部品だった。固定された金属板に向かって別の金属板がつまみで動くしかけで、両者の距離を遠くしたり近くしたりして送受信する電波の周波数を調節するのだ。自分で作った無線機にこれを取りつければ、聞きたい無線局がはっきりくっきり聞こえるようになる。数週間に一度、ホッジさんは、飢えた私に宝の山から新しい部品を1つ選ばせてくれた。自分の無線基地が興味と一緒に育っていくにつれ、私は将来どんな素晴らしい新技術が使えるようになるか考えるようになった。

そうやって考えてみたことの1つに、頭の中で命じただけで開いたり閉まったりする扉はどうすれば作れるか、というのがある。当時、ものを考えると脳の中で電気的な活動が生まれ、かすかだが検出できる電流が頭の皮を流れることがすでにわかっていた。それを使えばいい。頭を剃って電線を貼り、電流を検出したらどうだろう。あれこれ考えれば電流もあれこれ変わるんじゃないかと思った。身体につけた無線送信機にその電流を供給して適切な信号に変換し、扉につけた受信機にそれを送って扉を開けたり閉めたりするモーターを起動させるのだ。仕組みの上では、送る情報はモールス符号みたいな点と線（あるいは、もっと今風に0と1のバイナリー・コード）で事足りる。どんな複雑な命令でも大丈夫だ。実際にこの装置を作ることはついぞなかったけれど、ウェアラブルな電子機器を使って無線で物体を動かすというアイディアはその後もずっと頭の片隅に残っていた。

計算の簡略化はとても価値がある

ほかにもホッジさんは、『サイエンス・ニューズレター』という雑誌（今では『サイエンス・ニュース』という名前になっている）を私のために購読してくれた。また、彼はウェスティングハウスが年に1回開くサイエンス・タレント・サーチのことを教えてくれた（のちにスポンサーはインテルになり、さらにリジェネロンに変わった）。私の高校では、先生も含めて誰も聞いたことのないコンテストだった。1949年、3年生になった私は、アメリカ全体に散らばった1万6000人を超える高校生と一緒に第8回大会に参加した。参加者はみんな科学の筆記試験を受けた。『サイエンス・ニューズレター』誌で得た知識がとても役に立った。

コンテストには、先生の推薦状に加えて科学に関する小論文を提出しないといけなかった。教えてくれる人もいなかったから、私は図書館に行ってベリリウムという金属について学術的な文章をまとめてみることにした。つまらなかった。私は手を止めて、自分で見つけたおもしろいことをいろいろ頭に思い浮かべた。その中から選んだアイディアで小論文ができた。題して『独自に行うさまざまな推定』だ。最初に書いたのは、空に浮かぶ惑星の位置を、楕円の軌道を使ったより厳密なケプラーの方法ではなく、軌道が円だと仮定して近似する方法だった。2つめに書いたのは、ガラスのプリズムの屈折率（と、プリズムの中を進む光の相対速度）を簡単に特定する方法だ。机の上でプリズムを動かして、光の半分を反射、半分を下にある平面へと透過させる角度を見つければいい。物差しで簡単な計測を行い、三角法を適用すれば、すぐに答えが出る。

試験はうまくいったと思ったけれど、コンテストでは先生の推薦状と小論文のほうが重視される。どちらに関してもうまくいったかいかなかったか、自分ではわからなかった。なんの音沙汰もなく数週間が過ぎ、これは落選したな、そのうち入賞した子が発表されてそれではっきりするんだろうと思った。

コンテストのことを忘れかけていた春のある朝、玄関に電報が届いたので私はびっくりした。自分宛てだとは気づかないまま、私は電報を持って家に入った。うちに電報なんて来たことはなかった。急を要することなんだろうと思い、私は電報を開いた。

電報はウェスティングハウスからだった。びっくりして大喜びで読んでみた。「おめでとうございます。あなたは最終選考対象の40人に選ばれました」。数週間後、電車の切符が送られてきた。電車に乗るのは初めてだった。カリフォルニアからはほかに2人の生徒が最終選考に残り、彼らと一緒にワシントンDCに乗り込んでほかの地域から来た子たちに加わった。5日間の日程で費用は全額主催者持ちだ。私たち40人を迎えてくれた観衆の中にはノーベル賞を受賞した物理学者、I・I・ラビもいた。それから現地にある大きさ152センチのサイクロトロンを見学に行った。サイクロトロンがある部屋に入る際には、誰も磁気を帯びる物質は持ち込めない。装置の電磁石はとても強力で、腕時計だろうがボタンだろうがベルトのバックルだろうが、片っ端から吸い寄せて、装置を目指して飛んでいく恐ろしいミサイルに変えてしまうのだ。

日が暮れてから開かれた公開の展覧会では、私たちはそれぞれ、自分の科学的研究を何らかの形にして見せることになっていた。この展覧会は、私たち40人の順位ともらえる賞金の額を決めるのに大きな役割を果たすことになっていた。私は自分で作った小さな無線局を展示した。リモコンで回るアンテナ付きだ。残念ながら、私たちのブースでは電気が使えなかった。私はライブでデモをやろうともくろんでいたのだけれど、見せることができたのは生気のない物体の集まりだけになってしまった。順位は審査員たちが決める。10位以内に入賞すると上は1万ドル、下は1000ドルの賞金がもらえた。それでも、私たちはみんな一流大学の科学系の学部から引っ張りだこだった。この旅のハイライトはホワイトハウスの大統領執務室の訪問だった。ハリー・S・トルーマン大統領が私たちを迎えてくれた。彼と握手したときの硬くて小さな手の感触は今でも覚えている。それにうっすらタルカム・パウダーの香りがする革張りの椅子に座ったときの興奮も。

ルーレットの結果は予測できるか？

高校時代を通じて、私以外に物理学に興味を持つ人なんて誰もいなかった。だから私は1人で研究し、実験し、自分で学んだ。でも、ほかのことでは共通の興味を持った友人がいた。クレア、ハート、そして私の3人は、中2からは特に親しくなった。私たちは学校の人間関係を語り合い、国や世界の問題を議論した。選挙や冷戦、西側ヨーロッパの復興、それに人種差別なんかだ。私たちは文献を読み漁り、道徳や倫理について思案した。ハートは詩人で物書きで、才能ある漫画家だった。クレアは物書きにして哲学者だった。私たちはそれからお互い全然違う人生を歩んだけれど、彼らとは生涯連絡を取り合うことになる。

私がやるゲームといえばチェスだけだった。この時点では、私はトランプにも賭け事にも関心はなく、やったこともなかった。でもこの年、ほんのしばらくのあいだ考えていた物理学のアイディアの1つは、ホイルを回るルーレットの球と軌道を回る惑星は似ているということだった。惑星の位置は正確に予測できるのだから、ルーレットのホイルを回して出る結果も予測できるかもしれないと考えたのだ。チェイスン先生の家で晩ごはんをごちそうになったのは、彼と奥さんがラスベガスへの旅からちょうど戻ってきたあとだった。カジノを打ち負かすなんてできるもんじゃないと彼が言うので、私はティーンエイジャーらしい軽はずみな自信を覗かせつつ、考えていたルーレットのアイディアに背中を押されてこう口にした。いつかやってみせるさ。チェイスン先生が言う。「おいおい。エディ。またそんなことを」。で、私もその話はやめにした。

でもこのアイディアは眠りについていただけだった。いつか来る目覚めの時を待って。

CHAPTER 3

物理と数学

母に虎の子を奪われる

１９４９年の8月、17歳になろうとしていた私は、カリフォルニア大学バークレイ校（ＵＣＢ）に入学するべく家を出た。両親はもう離婚していて、母は家を売って引っ越した。12歳の弟は士官学校に入った。それから数年、私は両親のどちらともほとんど会わなかった。父の足跡をたどったと言えるかもしれない。彼は16歳のときに親元を離れて独り立ちしている。彼は陸軍に入隊し、私は大学に入学した。彼と同じように、私もこのとき独り立ちしたと言える。

私は大学から南へ数ブロック行ったところに賄い付きの下宿を見つけた。家を出る直前に、私が新聞配達で稼いだお金で買った戦時公債を母が売り払い、代金は使ってしまっていたのを知った。思いもかけない母の裏切りに私は傷つき、その後何年も母とは疎遠になった。大学に通うあいだ生活していけるか、これで怪しくなった。奨学金とアルバイト、それに、最初の1年間父が送ってくれた月に40ドルのお金で、私はなんとか生き延びた。私が使えるお金は月に１００ドルにも届かなかった。それでなんでも賄わないといけない。本、授業料、ごはん、寝るところ、それに服もだ。私の下宿は日曜日にはごはんが出なかった。だから、教会がやる、いつでも誰でも歓迎のパーティに入り込んでタダのココアやドーナツをたらふくお腹に詰め込んだ。

キャンパスは戦争帰りの元兵士であふれていた。復員軍人援護法のおかげだ。物理や化学といった、自然科学系の基礎講座は数百人も入る大教室で行われていたが、教えている先生たちは最高レベルだったし講義の質も高かった。私と同じ化学専攻の学生は1500人いた。私たちはそれぞれ400人近い組4つに分かれて授業を受けた。教えるのは有名な教授で、彼が書いた教科書を使っていた。教科書は改訂の作業中で、教授は誤植を最初に見つけて教えてくれた人には、1カ所当たり10セント払うよと言う。早速私は取り掛かり、すぐに10個の誤植をリストにして持って行った。ほんとに払ってくれるかどうか見るためだ。教授はちゃんと1ドルくれたので、それに勇気づけられた私は、今度は75カ所の誤植を持って行った。7・50ドルの稼ぎだが、教授は喜んでいなかった。数日経って、数百個に及ぶ誤りのリストを持って行くと、教授は、これは単なる誤植で間違いじゃないから払えないと言う。私はそりゃないですと言ったが、教授はリストのほとんどどれについてもお金を払わなかった。取り決めを前にさかのぼって一方的に変えるというのは、その後ウォール街で私がときどき出くわすことになる手口だった。そんなことをやらかしてもただで済むからというだけで、自分の利益のために使う手口だ。私のフェアプレイの精神に反するやり方であり、私はもうそれ以上間違い探しはやらなかった。

最初の学期が終わりに近づき、私の成績は、筆記試験と実験を合わせた数百点のうち、1点取り逃がしただけだった。学年で1番の成績だ。高校時代、例の化学の試験が残念な結果に終わって以来の名誉挽回だった。成績の一部は、毎週出る課題で決まっていた。正体を知らされずにサンプルを渡され、化学的に分析する課題だ。学生の一部がほかの学生の作業を妨害するらしい。こっそりサンプルをほかの物質に取り換えてしまうのだ。それを聞いて、私は自分が渡されたサンプルの一部を保存しておくようになった。私がそんなことをされても、自分は正しく分析したと証明するためだ。その学期の最後に渡されたサンプルで、私の答えは間違ってると言われた。そんなわけはないと思い、それを証明するために、取っておいたサンプルを取り出して検査してくれと申し出た。私の訴えをどうするかは私が取っている実習を担当する助手が判断することになったが、この人は頑として何の行動も起こさなかった。ここで失った点のせいで、この学期の私の総合成績は、1番ではなく4番になってしまった。私は怒り狂い、2学期には化学の授業を取らず、専攻は物理学に変えた。おかげで私は有機化学の授業は取らなかった。これは生き物すべてにとって主要な構成要素である炭素化合物を研究する分野だ。つまり生物学の土台である。

このとき早まったせいで、私は学校も専攻も変えることになり、おかげで人生の道筋がまるごと変わってしまった。振り返ってみると、変わってよかった。私の興味も私の将来も、物理と数学のほうにあったからだ。何十年もあと、人間が健康にもっと長生きするためのアイディアを追求していて有機化学の知見が必要になったときには、必要な分だけ自分で学んだ。

UCLAの物理学科へ

当時のカリフォルニア大学ロサンゼルス校（UCLA）はUCBほど数学や物理学でいい学校ではなかったけれど、その年の終わりに私はUCLAに転校した。1つには、UCBでは親しい友だちができなかったから、あそこは寒くて寂しい場所に思えた。それに比べて南カリフォルニアは勝手がわかっている。師でありほとんど親代わりのジャック・チェイスン先生や、高校時代からのいちばんの親友2人であるディック・クレアとジム・ハートがいることも、心の支えになったし地元意識を高めてくれた。加えて、北の地での住まいは最悪だった。2学期に私が住んだのは学生寮だった。賄い付きの部屋では断トツに安かった。たしかクロイン・コートという名だったと思う。新入りの私は最悪の部屋を割り当てられた。出入り口がいくつもあって、5人の相部屋だ。昼も夜も四六時中人が出入りしていた。あそこでは何一つできなかった。眠ることさえできなかった。

決定的だったのは、カリフォルニア大学の奨学金はUCLAに移っても有効だったことだ。転校してすぐ、私は大学住宅協同組合の寮に入った。これも学生が独自にやっている寮だ。全国で広まっていた協同組合組織の1つであり、UCBの協同組合と同じように、国連の縮図みたいに世界中から学生が集まっていた。ここの協同組合は寮を2つ持っていて、それぞれロビンソン・ホールとランドフェア・ハウスという名だった。大恐慌の頃、UCLAに通うためにお金を貯めた学生数人が設立した組織だ。私が入ったとき、寮生は150人になっていた。

気の合う女友だち

1950年の秋に私が最初に出会った人の1人がヴィヴィアン・シネターだった。細身のブロンドでかわいらしく、専攻は英文学だった。そして何より、ものすごく賢かった。彼女も2年生になるときに、ロサンゼルス・シティ・カレッジからUCLAに移ってきた。私たちは学生のグループを通じて知り合った。信仰や人種、支持政党が何だろうと人を平等に扱おうという運動をしているグループだった。私たち2人とも書くのが好きだったから、グループの新聞を作ろうと申し出た。

学生たちを苦しめていた不当の1つに、この地域には黒人の人たちの髪を切ってくれる床屋がないという問題があった。もう1つ、UCLAの専門科目で南北戦争を教えるのは学科の主任教授で、南部連合は奴隷制度によって、虐げられた黒人の人たちにとって一種の幸せな福祉国家を成していたと主張していた。ヴィヴィアンと私は力を合わせ、アジビラを何百枚も刷ってばら撒いた。教授の主張は勘違いも甚だしく歴史を歪めている、私たちはそう書き立てた。怒り狂った教授は講義をまるまる1回、自分を弁護し、アジビラを書いた連中を顔も見せない卑怯者と罵るのに費やした。書いた連中のほうはというと、顔を見せて退学になる危険を冒してもなんも得しないじゃないの、なんて思っていた。

新聞の紙面を作って過ごす晩、ヴィヴィアンと私はありとあらゆることを話した。私たちはとてもたくさんの点で似ていた。2人とも、家族の中で初めて大学を卒業する人間になろうとしていた。それから、何が正義で何がフェアプレイかの感覚も同じだった。彼女の場合、そんな感覚を持つようになったのは、1つには両親がユダヤ系ハンガリー人の移民で、大人数に及ぶ親類縁者たちとともに、ヨーロッパで何世紀にもわたって迫害を受けてきたからだった。彼女の親戚には、第二次世界大戦中に強制収容所で亡くなった人がたくさんいる。そのうえ、彼女たちはアメリカでもなおユダヤ人差別を受け続けていた。でも、フェアプレイはヴィヴィアンにとって差し迫った自身の問題でもあった。彼女は3人姉弟のいちばん上で、下には1歳ちょっと年下の妹さんとさらに2つ下の弟さんがいた。妹さんは強烈に我の強い人で、できるもんなら他人の取り分までぶんどってやろうという人だとヴィヴィアンは感じていた。ヴィヴィアンのお母さんは、1つには妹さんと言い争うのがいやだったこと、1つには妹さんの押しの強さに感心していたことがあり、あなたはいちばん年上なんだから折れなさいよとヴィヴィアンに言い聞かせていた。そんなこともあって、ヴィヴィアンは、人は誰でも公平に扱われないといけないと固く信じるようになった。私も同じことを信じていた。

ヴィヴィアンは用心深くてしかも相手のえり好みが激しい。お母さんや妹さんはやたらと誰かとくっつけたがる人たちだった。ある晩、新聞作りに行こうとヴィヴィアンを迎えに行くと、お母さんと妹さんが彼女を脇へ引っ張っていってこう尋ねた。「なんでこの人じゃダメなの?」。彼女は（正しくも）こう答えたと思う。「まだ子どもじゃないの」。私たちが出会ったとき、私はまだ18、一方彼女は21に近かった。同じ歳の人に比べて彼女は大人びていたが、私は彼女ほどではなかった。だから2人とも、この人と付き合おうなんて思わなかったのだ。彼女は文学専攻、私は物理学専攻だったが、選択科目でいくつか彼女も取っている授業を取った。私たちはいい友だちになった。月日が経つうち、私たちはそれぞれほかの人と付き合い、そのあいだに私はちょっとずつ子どもではなくなっていった。

ケチな教授にケンカを売る

どっちを向いても賢くてステキな同級生がいたから、女の子とのお付き合いというまったく新しい世界が私の目の前に開けた。1年近くいろんな女の子とデートしたあとのある晩のこと、パーティで部屋の向こうにいるあっけにとられるような美形に目を奪われた。背の高いブルネットで姿かたちはまるでファッション・モデルだ。アレクサンドラは絵に描いたようなべっぴんさん、頬骨は高く、茶色い目は大きく、顔の周りを覆う髪はクレオパトラ風だった。お互い一目ぼれして以来2年間、私たちはずっと付き合っていた。彼女は演劇専攻で、自分も出る芝居に私を引っ張り出して一言セリフまでくれた。私は幕が開いているあいだ、ローマの兵隊の恰好でほぼずっと突っ立っていた。オレは役者向きじゃないな、頭の中ではそう思っていた。

3年生のとき、学生生活の危機が訪れた。その頃、アレクサンドラとデートすると家に帰るのは2時なんてことがしょっちゅうあったし、長い時間働いてやっと暮らしていけるぐらいだった。だから私は疲れ切ってやたらと怒りっぽかった。8時からの物理学の授業に出てきたときは特にそうだった。

教授は高名な物理学者の息子だったが彼自身は凡庸だった。いつもビクビクしていた。学生から質問されるのが怖いので、講義はカードの束に書いたことを黒板に写すだけだった。学生がものを言いにくいようにずっと背中を向けている。で、私たち学生は板書を自分のノートに写す。彼はもう何年もそんなやり方をしていて、講義の内容は毎年ほとんど変わらない。バカかと思った。先にカードのコピーを配ってくれたら講義の前に読めるから、興味深い質問もできるのに。もちろん彼は、誰かに何か尋ねられて自分が答えられないのが怖いのだ。

退屈した私は、講義中にUCLAの学生紙『デイリー・ブルーイン』を読み始めた。これで教授の自尊心が傷ついた。執念深い敵を作りたくなければそういうのは絶対に避けないといけない、私がそう知ったのはずっとあとになってからだ。とても怒った彼は、私が完全に新聞に没頭していそうなときを狙って、カードを黒板に写すのを何度も急に止め、質問を私に投げつけた。そのたびに私は正しい答えを言ってまた新聞に戻った。

そうしてある朝、事態はついに来るところまで来た。私は前の晩に遅くまでアレクサンドラとデートし、そのまま早朝に、長ったらしい、でも単純な宿題をやり終えた。宿題は講義の初めに提出だ。私は、提出しようと階段教室を急いで前まで下りていき、教授に渡すときにちょうど講義の開始を告げる8回のチャイムの1回目が鳴った。教授は私を見て「ダメだね」と言った。私は宿題をテーブルに叩きつけて怒鳴った。「『ダメだね』ってどういうことですか！」。続けて私は彼の講義がどんなもんだと思うかとうとうと述べた。ほかの学生たちはびっくりして見つめていた。それから私は席に着いた。誰も口を開かなかった。講義は前回と同じように続けられた。今から思うと、私はいつも、ケチで凝り固まった凡人を見るとイライラしていた。ずっとあとになって、そういう連中と角を突き合わせたってしょうがないのを学んだ。そういう連中は、できるものなら避けて、できないものなら適当にあしらってやるのがいい。

私の人生を助けてくれた2つの質問

1週間後、私は学生部長に呼び出された。私の不敬な行動に対し、さまざまな措置が検討されている、退学も含まれていると言う。そうなったら私の学生生活はおしまいになるし、そのうえ、この1951年は朝鮮戦争のさなかで、1S登録つまり徴兵猶予という学生の特権も失うことになる。学生でなくなると私は1A登録になる。真っ先に徴兵されるグループだ。ほぼ間違いなく、何週間も経たないうちに入隊することになるだろう。当時はもう、UCLA近くの徴兵委員会が呼び出すのは1S登録の学生が大部分だった。界隈に一握りいた1A登録の人たちはとっくに呼び出されて入隊していた。今では1S登録の学生たちも戦争に駆り出されようとしていた。毎週のように、私の周りにいた人たちが何人かずつ消えていった。運よく私は父が住んでいた地域の徴兵委員会の管轄下であり、ロサンゼルスでもその界隈には学生はほとんどおらず、1A登録の人はたくさんいた。この地域では1Sである私は最後に呼び出される1人だった。ということはつまり、UCLAの学生であるかぎり、1S登録なら私は学生でい続けられる可能性が高い。

私の一件は制裁の推奨付きで学生部長補佐に回された。この頃には、未熟でひどい態度をしているとどんな目に遭うか、いやというほど思い知らされていた。部長補佐はびっくりするぐらい私に同情してくれた。話し合いの結果、こんな取り決めをした。私はちゃんと面と向かって教授に謝罪する。この学年の終わりまで、私は執行猶予の身分だ。今後は全力でいい態度をする。学生の自治団体の役職には立候補しない。この最後の条件は何のことだかわからなかったけれど、学生部は無党派でしかも過激な学生たちに悩まされ、マッカーシズムと国への忠誠が吹き荒れる中、学生団体が大学当局を困らせるようなことがあってはと懸念していたのを知った。

研究室に出向いて教授に会ったときには、私は自分の振る舞いがバカで礼を失していたのがよくわかっていた。教授には、私のやったことは不適切でした、あんなことをしたのを後悔していますと心の底から謝った。でも、彼の講義について私の言ったことにはもっと深刻な問題が残っていた。私は彼の自尊心を傷つけたのだ。だから、私が自分の言ったことを取り消さないかぎり、彼は私を許しはしない。私は私で価値観と自尊心があり、こびへつらったりでまかせを言ったりはぜったいにできない。だから別の出方を考えないといけなかった。で、こう説明した。先生の教え方は独特なのだとわかりました。学生の身にはなかなかわかりませんでしたが、先生のような力量の教授は、まずおられません。これで、私は思ったとおりのことを口にしているのだがどうにでも解釈できる。教授はこっちの思う壺にはまり、私がたくらんだとおりのほうの解釈を選んだ。私が研究室を出るときに彼が見せた笑顔は輝かんばかりだった。私の将来は救われた。それから私のお行儀はよくなり、私は、なんというか、もっと大人になった。

そんなことをやっている3年生のあいだ、私の成績は下がった。4年生になって回復したが、執行猶予も食らったわけで、だから成績優良でファイ・ベータ・カッパに選ばれたのにはびっくりした。もっとひどいことになってもおかしくなかったのに運よくそうはならなかった。やらかす前に、こう自問していればあんなことにはならなかった。こうするのはどうなってほしいからだ？　それから、こうするとどうなると思う？　どちらへの問いの答えも私には好ましくなかった。この2つの問いは、その後私の大事な転ばぬ先の杖になった。

ラスベガスの宿なしたち

アレクサンドラのご両親は中流の中でも上のほうのユダヤ系で、プラスティック事業で成功していた。私が彼らを訪れたとき、親切で礼儀正しい扱いを受けたけれど、同時に、ご両親は娘に大きな期待を抱いていて、信仰もなくお金もなくたいした見込みもない学生では、とても足りなかった。4年生で卒業まで数カ月の頃、私たちは泣く泣く別れた。私はまだ若すぎ、幼すぎで、女の子に安心だの安定だのを約束するには早すぎたからだ。私は落ち込み、落ち込みすぎて卒業式にも行かなかった。この暗い気分を分かち合えるほど親しい人もいなかった。アレクサンドラとは知り合い程度のヴィヴィアンでさえアレクサンドラの卒業パーティに呼ばれた。私は呼ばれなかった。私の友だちたちも卒業してちりぢりになった。

卒業にたどり着いた自分へのご褒美として、私は6週間の休みを取り、友だちの1人と一緒に、私の古ぼけた安いセダンでマンハッタンまで出かけることにした。途上では車で寝て、ニューヨークでは4週間アパートを借りた。私たちは倹約して過ごし、お金はできるだけガソリンと食べ物に充てた。

国を横断するドライブの初めの真夜中、私たちはラスベガスにたどり着いた。車の中で寝ていても警官に嫌がらせされない場所はどこだと探していて、ただっぴろい、見るからに打ち捨てられた公園にたどり着き、トイレの近くに車を停めた。シャワーを浴びようというので、素っ裸になり、蛇口から水を引いてきて、自分の車のヘッドライトで照らしながら身体をこすった。そのとき声が聞こえた。大勢いる。公園は宿なしでいっぱいで、家族連れの人もたくさんいた。翌朝になって、彼らのほとんどはギャンブルで財産を失った人たちなのがわかった。運よく、その夏の夜は過ごしやすかった。翌日、出発する前、私たちは向こう見ずにも目抜き通り《ストリップ》に並んだカジノの1つに行き、プールサイドでぶらぶらしていた。そこで女の子の3人組に出会った。その子たちが私たちに小銭をくれて、スロットマシンをやってよと言う。私はちょっと心配だった。まだ21歳になってなかったから、ギャンブルをやると法に触れる。始めてすぐ、私はちょっとしたジャックポットを出した。鐘が鳴り、ライトがピカピカし、何ドル分かの硬貨がマシンのコイン受けに降り注いだ。この賞金で私たち5人分の食べ物と飲み物を買い込んだ。

初めてラスベガスに行ったこのとき、私の頭には相反する、でもとても鮮烈な光景が焼きついた。1つはピカピカで豪勢な目抜き通り《ストリップ》で、そこでは働きもせずに簡単に大金が手に入る。それと対照的なもう1つは公園にいた大勢の宿なしだ。夢の暗黒面の犠牲者たちである。この光景はずっと頭から離れなかった。ピカピカの遊び場にカモが誘い込まれてギャンブルに興じる。数学を知っている私からすると、カモたち全体では負けにしかならないギャンブルだ。勝った人は祭り上げられ、もっとカモを呼び寄せるのに使われる。そうして大多数の人たちは、しょっちゅう賭けすぎ、大きく賭けすぎで大金を失い、ときとして破産もする。ずっと将来、自分がそんな彼らに大逆転の一手を提供することになるなんて、このときは思いもしなかった。

誰もカジノに勝てない理由

私の道連れはウェイト・リフティングをやっていて、1年前から私は彼と一緒に身体を鍛えていた。そんなことになったのは、ある晩、寮の裏で地下にある暖房設備の部屋を通りかかったときだ。鉄がガシャガシャ鳴る音が聞こえた。何だろうと思い、思い切って入ってみると、寮の住人で筋肉隆々の男が3人、バーベルを上げ下げしていた。ものすごく鍛えてるみたいだね、でもそれだけやってどれだけ強くなれるんだろうと口にしたら、彼らがこんなことを言う。それじゃミルクシェイクを賭けよう。これから1年間、週に3回、1回1時間、身体を鍛えれば今の2倍は強くなれるよ。チャールズ・アトラスの有名な広告に出てくる44キロのひょろひょろの子じゃないけれど、私は彼らの挑戦を受けた。その年の終わり、ニューヨークへのドライブの直前、私は以前の2倍以上の重さを持ち上げられるようになり、喜んで賭けの負け分を払った。私が運動と健康にずっと関心を持っているのはこのとき以来である。

この旅のあと、私は仕事と研究の日々に戻った。大学院1年生の1953年から1954年、私はコロンビア大学の物理学の研究助成金に応募し、認められた。あとはニューヨークで暮らしていけるだけのお金を手に入れればいいだけだったが、できなかったので辞退し、UCLAにとどまることにした。修士課程で勉強していた翌年のある日曜日の午後、私は寮の食堂で勉強を一休みして、ほかの学生数人と一緒にお茶を飲んでいた。ラスベガスへ行ってきた誰かが、どうして誰もカジノには勝てないか説明していた。このときいた学生たちのあいだでは、それが一致した意見だった。それはまた、世間一般の意見でもあり、何世代にも及ぶギャンブラーたちの痛い思いがそれを裏付けていた。

マーティンゲール・システム、またの名をダブリングアップ法は、ギャンブラーたちが勝ちを手にしようと作り上げたあまたあるギャンブルの戦略の1つだ。ルーレットで、倍率が2倍、つまり勝てば賭けたのと同じ額がもらえるときによく使われる。「赤」とか「黒」とかに賭けるときだ。標準的なアメリカのホイルには、赤が18個、黒が18個、緑が2個、合わせて38個の数字がある。倍率が2倍のとき、38回のスピンで、赤か黒にずっと賭けていれば平均では18回勝ち、20回負けると予想できる。差っ引きで2回の負け越しだ。この分の悪さを克服するべくマーティンゲール・システムはこんなやり方をする。まず、たとえば赤に1ドル賭ける。負けたらそのたびに、次もスピンでは前回の2倍の額を賭ける。賭けるのはずっと赤だ。そうしていればいつか勝てる。いつかは赤が出るからだ。それでそれまで負け続けた分を取り返し、加えて1ドルの儲けが出る。それからまた、1ドル賭けるところから始めて同じやり方を繰り返し、繰り返すたびにやっと勝てたところで1ドルの儲けを手にする。この作戦の落とし穴はというと、ダブリングアップを繰り返すと賭けるお金がすぐに莫大になり、破産するかカジノが認める賭け金の上限に達するかのどちらかが起きることだ。

ルーレットは物理で予測できるか?

ギャンブルで賭け続けた場合の結果の順列は無数にあるから、特定の戦略がうまくいくかどうかはトライアル・アンド・エラーでは判定できない。戦略を1つずつ数学的に分析するのも望み薄だ。新しい戦略がいつだって次々に出てくるからである。数学が成し遂げた偉業の1つは、そんな戦略はすべて破綻すると定理1つで証明したことである。それほど厳しくない仮定の下で、賭ける額をどんなふうにあれこれ変えても、カジノに対する分の悪さを克服することはできないと証明できるのだ。

高校のときにルーレットを物理学的に予測することを考えたのを思い出し、私はお茶をすすりながら、ほかの学生たちに向かってこう言った。数学をどう突き詰めても無理だって結論になるんだろうが、でもルーレットで勝つのは可能だよ。高校以来、6年間さらに物理学で学んだことを駆使して、私はこう説明した。円の軌道をたどって回る球の速度は摩擦でだんだん遅くなり、最後に重力が勝って球は螺旋を描いて真ん中へと落ちてくる。方程式を立てればこの過程の途上にある球の位置を予測できるはずだ。ホイルの回転部分は球とは逆方向に回っているから、球が回転部分に落ちてきたところで軌道が変わるが、方程式をもう1本立てて回転部分の位置を特定すればいい。そんな方程式での予測には限界があって、それは予測できないランダムで不規則な動きがあることだ。数学や物理学ではそれをノイズと呼ぶ。通念では、ノイズが大きいから予測しても無駄だということになっていた。私はそんなことはないと思い、調べてみることにした。

そのとき、過去数百年で最も偉大な数学者の1人であるアンリ・ポアンカレがルーレットを物理学で予測するのは不可能だと「証明」していたのを、私は運よく知らなかった。彼の証明は理にかなっていて、球の最終的な位置を予測しようというときに、控えめで十分ありうる程度のランダム性を仮定するだけでちゃんと成り立つ。

この当時、私は物理学の博士課程の講座は全部取り終え、筆記試験にも合格していた。スティーヴン・モシュコウスキー教授の指導の下、私は最後の関門である博士論文（独自の研究論文）を書いているところだった。原子核の殻構造が題材だ。残る課題は、論文を完成させ、論文に関する最後の口頭試問に合格することだった。でも、複雑な量子力学の計算を完成させるには、私はもっと数学を勉強しないといけなかった。当時、UCLA物理学科の学生はほとんど数学の講座を取らなくてもよかったし、数学に関しては私もあんまり勉強してはこなかった。問題の量子力学には高度な数学が必要で、研究を完成させるにはものすごく数学を突き詰めないといけないのがわかった。数学の博士号だってとれるぐらいだ。どうやら物理学の博士号と同時か、それこそ物理学より先に数学の博士号がとれそうだった。これはとても惹かれる選択だった。UCLAの物理学科では、博士課程の学生が博士になるには10年以上かかることもよくあった。

ヴィヴィアンとのデート

物理学に打ち込んでいると、ヴィヴィアンと会うこともなくなった。同じように、ほかの友だちの大部分とも連絡を取らなくなった。するとヴィヴィアンがクリスマスカードを送ってきた。こんなことが書いてあった。「他人のフリしないでよね」。彼女に電話を掛け、数週間後に初めてのデートででかけたのはハリウッドにある小さな劇場で、観たのはジャン・ルノワールの映画『河』だった。映画評では絶賛されていたけれど、退屈で延々と終わらなかった。映画館を出たとき、デートは大失敗じゃないかと2人ともそれぞれ思っていた。でもそのあとで軽いごはんを食べて話していると、昔の仲間意識が戻ってきて、そのうえ新しい発見もあった。このときにはもう、私たちはほかの人たちと十分に付き合ってきていて、自分たちがとてもお似合いなのがよくわかった。ヴィヴィアンが大好きなジェイン・オースティンの小説の1つみたく、私たちはやっと、お互い相手と一緒にいたいんだとわかった。私にとって幸運にも、家族から早く結婚しろとせっつかれていたのにヴィヴィアンはまだ独身だった。彼女は、この人でないと、という人でないと結婚するものかと決めていた。

私たちはいろんな面で似ていた。2人ともよく読むし、芝居や映画や音楽が好きだった。2人ともとても子どもが欲しかったし、子育ての考え方も一致した。子どもたちには彼らが望む教育をすべて与えよう、専門家や権威が与える叡智をそのまま受け入れるのでなく、自分で考えることを教えよう、自分に聞こえる呼ぶ声に従って人生を歩む、そんな人になれるように励まそう、そう話し合った。私たちは2人とも内向的で、私は特にそうだった。2人とも、学究の生活が楽しみだった。賢くて学のある人たちに囲まれ、教えたり研究したり、そして旅したりの生活だ。お金はそんなにないだろうけれど、必要なだけは稼げるだろう。私たちにとって大事なのは、どんな時の過ごし方をするか、そしてその時を通じて交わる人たち、家族、友だち、同僚だった。

私たちの関心はたくさん重なっていたけれど、違いもあって、おかげでいっそうお互いを高めることができた。ヴィヴィアンは、数学や科学よりも文学や人、心理学、芸術、演劇が好きだった。でも彼女はいい科学者が持つ、明快で論理的な考え方ができる人で、それに基づいて人や社会を見ていた。私は合理的で科学的な考え方で自然界を見る。私が人間界から得る見方を、彼女は大きく広げてくれた。私が彼女に物事を教え、彼女は私に人を教えてくれた。

未来の義母に気に入られる方法

ヴィヴィアンのご両親、アル・シネターとアデル・シネターは1920年代にニューヨークで出会っている。ユダヤ系の移民であり、一文無しで学もないままアメリカにやってきた。新しい国で必死に働き、事業に成功して心地よい中流の生活にまで上り詰めた。加えて、2人は同じようにアメリカに来たたくさんの親族を何十年も支えて成功に導いた。2人それぞれの親戚10人と両親、それに親戚の子どもたちまで支援の手を伸ばしている。ヴィヴィアンは大家族の中で初めて大学を出た人であり、今、またしても一族の初めてになろうとしていた。ユダヤ教徒でない人と結婚するのは彼女が初めてだったのだ。幸い、彼女のご両親は2人とも私を気に入ってくれた。

アルもアデルも私を歓迎してくれたし受け入れてくれた。でも、話が決まったのは、ある晩彼らの家で食べさせてもらった晩ごはんのおかげかもしれない。アデルは伝説の料理人で、次から次へと料理が出てくる。サワークリームの載ったボルシチ、チキンパプリカ、ロールキャベツ、ジャガイモのラトーカにはやっぱりサワークリームが載っていて、なんて調子でまだまだ続く。学生寮に何年も住んでいると、最高のごちそうといえば妙に甘い味のする青筋の立った馬肉にデザートは桃缶、そんなもんだったから、私はいつも腹を空かせていた。アデルは、ごはんのときは誰にでもそうしていたように、もっと食べなさい、お代わりしなさいと言ってくれた。お行儀よくしないといけない、でもこの料理天国を見過ごしていいのか、私はそんな板挟みに悩みながらも答えはおうおうにして、はい、だった。そして晩ごはんが終わったと思った刹那、アデルは大きなお皿に私が見たこともないような何ものかを載せて持ってきた。チーズ・ブリンツというそうだ。彼女が盛ってくれた2切れを食べて待っていると、そらきた、もう2つ食べなさいと言う。そしてもう2つ。さらにもう2つ。もうお腹いっぱいですと言ったときには……20個食べていた。家にあった分をほとんどいただいてしまった。

その年の6月、私は物理学修士になってすぐ、ヴィヴィアンに結婚しようと言った。ヴィヴィアンは、うん、と言ってくれて、ご両親も、このいつまで経っても学者の安月給しか稼げない義理の息子を喜んで受け入れてくれた。ただ、結婚式はユダヤ式でやらないといけない。そうしないと一家が後ろ指をさされると言う。私たちはユダヤ式でいいですよと言ったが、まだ問題はあった。私たちを結婚させてくれるラビがいるんだろうか。最終的にはそのお役目を引き受けてくれる人が見つかった。若い改革派のラビでウィリアム・クレイマーという。この人は5年前までは国の上院礼拝堂のラビだった。その後1960年に、黒人エンターテイナーのサミー・デイヴィスJr.とスウェーデン人の女優メイ・ブリットの結婚式を執り行っている。この結婚を巡って政界は真っ二つに割れ、ジョン・F・ケネディその人が2人に、選挙が終わるまで待ってくれと頼んだ（が聞き入れてもらえなかった）ほどだ。彼らの結婚はアメリカ中の保守派を怒らせた。

さかのぼること数年、デイヴィスは自動車事故で片目を失っていた。また彼はユダヤ教に改宗していた。ある日ゴルフをしているとき、ジャック・ベニーがデイヴィスにこう尋ねた。「お前のハンディキャップは?」。デイヴィスの答えは広く知られている。「オレのハンディキャップ? オレは片目でニグロでユダヤだよ」

下って1世代後、クレイマー師は私の娘2人の結婚式をそれぞれ執り行ってくれた。1人目の式のとき、彼はこう言っていた。「リピーターのお客さんはほんとありがたいです。でも、お願いですから、34年経ったらまた来るよなんて言わないでくださいね」

結婚祝いはジャケットの「半分」

式のあとはまったく順調だったが、披露宴にお招きした、高校時代に私が好きだった先生がこう吹聴して回ったのには参った。「この子は同胞《はらから》と結婚するに違いないって、ずっと思ってたんですよ!」(同胞とは、この場合、イディッシュの言葉で、同じようにユダヤ教の人、中でも同郷の人を指す)。幸いにも、お年を召した親類の人たちはよく聞こえないふりをしてくれて、物事はまた順調になった。

運よく、義理の親族の人たちに、私が式に持ってきた自分の持ち物を見られることはなかった。私の着古した服は留め金の壊れたスーツケース1つに全部収まった。しょっちゅうまとめて洗濯するから色が混ざってどれもお皿を洗った水みたいな灰色で、紫だのベージュだの黄色だの、もとの色がほんのり残っている。さかのぼること数年、ルームメイトと私は合わせて40ドルでハリス・ツイードのジャケットを手に入れた。代わりばんこでデートのときに着た。結婚祝いに、ルームメイトは結婚祝いだと言って自分の持つ半分を私に譲ってくれた。私にも財産はあって、本の詰まった箱が山ほどと、自分で作った本棚だった。板にコンクリートのブロックを積んだもので、当時の学生はだいたいそういうのを作っていた。

1956年の1月に結婚してから、私は数学の授業を取り始めた。ヴィヴィアンは私の思い切った賭けに賛成してくれた。つまり、基礎知識として必要な学部専門レベルの数学の講座を取らずに直接に大学院レベルの研究に取り組むことにした。飛び込んでみて浮くか沈むかやってみよう、足りない分は自分で全力で埋めよう、そういう作戦だ。夏が来る頃、ヴィヴィアンが生活を支えるべく働いてくれていたが、どうしても追加の収入が必要になり、私も3カ月間フルタイムで働くことにした。工学部の学生で寮のときからの友だちであるトム・スコットから、ナショナル・キャッシュ・レジスター（NCR）が求人しているよと聞いた。すぐに書類を埋めて面接に合格し、週に95ドルももらえる仕事にありついた（8倍するとだいたい2016年のお金になる）！　私の仕事は専門レベルの現代代数を従業員に教えることで、教科書は私が選んでいいという。私が選んだのはバーコフとマクレインの『現代代数学概論』だ。数学を学ぶ人が伝説と崇める文献である。私は毎日、この本で勉強して、学んだことを翌日に講義した。

世界最高の物理学者でもわからないこと

スコットの友だちでNCRで働く女の子の1人が、ヴィヴィアンと私をホーム・パーティに招いてくれた。彼女が紹介してくれたボーイフレンドがリチャード・ファインマンだった。彼は床の間に座ってボンゴを叩いていた。カリフォルニア工科大学（カルテック）の教授で38歳、彼はその頃すでに、世界最高の物理学者の1人と称えられていた。その後、ファインマンはノーベル賞を取り、さらにのちには7人の宇宙飛行士が亡くなったチャレンジャー号の悲劇的な事故のときに、氷水とゴムのOリングで原因を説明し、全国の注目を集めた。

ファインマンからラスベガスのルーレットについて、私はこんな逸話を聞いた。赤か黒かに5ドル賭ける男を見たファインマンはその人に、カジノ相手に賭けをするなんて負けるに決まってる、私でよければカジノの役をやらせてくれないかと申し出た。2人は卓から卓へと動きながら、ルーレットが回る前に男が赤か黒かに賭け、ファインマンがそれを受けた。男が負ければファインマンに払い、勝てばファインマンが払う。やってみると、男の運が不利を上回り、勝ちは80ドルに達した。ファインマンはそこで賭けを降りた。ファインマンはカジノの役で、いつかは勝ち越したのだろうけれど、それ以上負けるリスクに耐えられなかったのだ。ここでのファインマンは持ち金が80ドルしかないカジノみたいなもので、そんなカジノはお客1人に幸運が続けば簡単に破産する。この話が本当だとして、世界でいちばん賢い物理学者の1人でも、取ったリスクに見合う持ち金がどれだけ大きいかわからないということなのかもしれない。リスクとリターンのトレードオフを正しく理解して相手にするのは基本中の基本だが、そう簡単に理解できることではない。ギャンブラーや投資家がよく思い知らされていることだ。

物理学でルーレットを予想できるかどうかわかる人が誰かいるとしたら、ファインマンを置いてほかにいない。私はこう聞いてみた。「ルーレットで勝つ方法ってあるだろうか?」。そりゃ無理だと彼が言うのを聞いて私は安心し、いっそう元気が湧いた。私ができると信じていることをまだ誰も試してはいないということだ。これをやる気の素にして、私はいくつか実験を始めた。

結婚してからそう経たないある晩、ヴィヴィアンのご両親が晩ごはんに来てくれたのだが私が出てこない。ちょっと探してみると、私はベッドルームで、木でできたヘンなV字型の長い桶で何かやっていた。桶は一方の端が床から持ち上げてあって、私は上げたほうの端につけた印からビー玉を投げている。投げたビー玉は桶の底を転がって床に落ち、また転がっていく。ビー玉が止まったところにはそれぞれ印がつけてある。ルーレットを予測するための実験なんです、私はそう説明した。この仕掛けがどうルーレットにつながる? ルーレットホイルの球の通り道を「展開して」長方形にし、それを真ん中で丸めたと想像しよう。ちょうど長い「桶」みたいな形になる。一方の端を持ち上げて決まった高さからビー玉(ルーレットの球)をそこに落とす。ビー玉の重さはここでは球を投げ入れるときの力になる。手の代わりに重力が役割を果たす。床を転がるビー玉の速さは摩擦でだんだん遅くなる。ルーレットの球が円形の軌道をたどるうちにゆっくりになるのと同じだ。私が知りたかったのは、ビー玉が止まる位置をどれぐらい正確に予測できるかということだった。このおおざっぱな実験の結果に私は勇気づけられたけれど、義理の両親のほうはそうでもなかった。娘が「お医者をしているうちの義理の息子」とか「弁護士やってる義理の息子」なんて呼べる相手と結婚してくれたらと願っていたのに、なんなんだこいつは？　彼らは考え込んでしまった。

ラスベガスでホイルを観察

1年ほど経って、私が個人指導をしていた歳のいったお金持ちの学生が私の関心を知り、新品で2分の1サイズのルーレット・ホイルの模型をくれた。ヴィヴィアンの手を借りながら、私は回転する球の動画を撮り、動画それぞれに100分の1秒刻みのストップウォッチも映り込ませて各フレームが正確にどのタイミングかを見られるようにした。予測は正確とはいいがたかったけれど、ホイルにも球にもたくさん欠陥があった。もしそういうのが、私が思ったとおりカジノのホイルにもあるのだとしたら、私にも勝つチャンスがあるはずだ。ヴィヴィアンは、ルーレットの実験なんてやっていると、論文を仕上げたり就職先を探したりする時間が減るよと言っていたけれど、それでもびっくりするぐらい寛大だった。一方、私にとってこれは、子どもの頃やっていたのとまったく同じ科学ごっこだった。やっているとくつろげるのだ。ほかの人なら本や映画に感じる楽しみなのだろう。大儲けしようなんて思っていたわけではまったくない。私が惹かれたのは、ほかの人たちが無理だと思っていることをやってのけられるかも、という思いだった。ちょっとしたいたずらみたいなものだ。何事かをやらかす楽しみである。

ちょっと時間が余ったときにはルーレットの実験をやりつつ、私は数学の博士論文に力を注いだ。指導教授にアンガス・テイラーを選べたのは運がよかった。一流の数学者であり、同時に才能ある教師でもある人だ。数学の世界ではシャーウッドとテイラーと呼ばれている解析学の教科書を書いた人の1人であり、この本は初版が出た1942年以来、広く使われていた。彼を初めて知ったのは、彼が教える上級解析学の講座を学生として取ったときで、その後彼の講座のリーダー（課題論文の採点をする人）もやった。キラキラした目と歯に衣着せぬ語り口で人を評するスコットランド人であり、明快なモデルを使って理論と例と問題のバランスが絶妙にとれた講義をする。

数学科の講義助手（TA）に応募する時期が来て、先生たちから3通の推薦状をもらう必要があった。数日後、学科の事務員から自分に関する書類を借りて細かいところをチェックしていたら、もらった推薦状が間違って中に含まれていた。そのうち2通は大げさな誉め言葉でいっぱいだったけれど、テイラーが書いた残る1通は控えめだった。彼はこんなことにも触れていた。いわく、彼が完璧に満足できるところに私が達するまで、しばらく時間がかかったそうだ。加えて、私は素早く考えられるけれどいつも正確とは限らないとも書いていた。ヴィヴィアンにも言ったのだけれど、私は心配になった。これじゃ講義助手の仕事はもらえないんじゃないだろうか。

結果を聞く学科長との面談で、学科長はこう言った。推薦状のうち2通は素晴らしい評価だった。成績も同様だ。でも君を講義助手に雇うかどうかを決めたのは3通目の推薦状だ。つまりテイラー教授が書いたものである。私は頭がぐらぐらしてきた。でも彼は続けて、めったにないことなんだが、テイラー教授がとても好意的なことを書いていたのだよと言った。私は父を思い出した。いい人間なのだが、同時に、めったに人を誉めない。私が試験で99点を取ったら彼はこう聞くのだ。「なんで100点取れなかったんだ?」。テイラーの指導で力をつけ、私は思ったより早い1958年の春に博士論文を仕上げることができた。でも、ほかの学校で研究員の職を探すにはもう遅すぎた。

数学科は、仕事を探す私を1年にわたって講師として雇ってくれた。そんな中、本物のカジノのホイルを研究したいということもあり、その年の終わりにヴィヴィアンと私はUCLAのクリスマス休暇をラスベガスで過ごした。そこにいるあいだにルーレットのホイルをいくつか観察してわかったことがある。少なくとも手を触れないでわかる範囲では、ホイルはとても手入れが行き届いていて、だいたいは水平を保っており、あからさまな欠陥はなかった。そんなカジノのホイルを見て、私はいっそう、予測できるはずだと自信を深めた。必要なのは、と私は思った。本物のホイルと性能のいい実験器具がいくつか、それだけだ。

CHAPTER

4

ラスベガス

自分に有利なときだけ賭ける

ヴィヴィアンと私はクリスマスの休みにラスベガスへ行くことにした。ラスベガスはギャンブラーたちを呼び寄せようと、お得なバケーションの場に変身していたからだ。数学の博士号持ちの26歳である私はお金を気軽に扱えるほど稼げてはいなかった。それに、当時の私は、50年以上もお金を運用する仕事をしたあとの今と同じようにこう信じていた。お金持ちになれるいちばん確実なやり方は、ギャンブルや投資では自分にエッジ（勝算）があるときにだけプレイすることだ。カジノを打ち負かす方法を見つけた人を私は知らなかった。だからラスベガスでギャンブルに興じるのはどうしてもやらないといけないことではなかった。

1958年のラスベガスを見た身にとって、今みたいにバカでかい高層ホテルが並んだキラキラな目抜き通り《ストリップ》が人でごった返し、目の前の車道は何車線もあって24時間渋滞が続く、みたいなことになるとは想像もできなかった。サンズ、デューンズ、リヴィエラといった伝説的なカジノはどれも、今はもうない。ギャングとイカサマに彩られた業界は数十億ドル規模の大企業に取って代わられた。その昔、長くまっすぐ伸びた車の少ないハイウェイの両側には、何百メートルも続く砂地がひろがり、回転草が転がっていた。そんなところにぽつんぽつんと1階建てのカジノホテルが1ダースほどあるだけだった。

さあ休暇に出ようというとき、同僚のロバート・ソーゲンフリー教授がブラックジャックをやるときの新しい戦略を教えてくれた。この戦略はカジノで行われるどんなゲームにも使えて、プレイヤーはカジノ側の優位を最小限に抑えられるという。ブラックジャックの次に分がいいのはバカラで、カジノ側の優位はたったの1・06％、その次はクラップスで、賭け方によっては、ほんの1・41％にできる。この戦略でブラックジャックに挑むとカジノの優位は0・62％で、ここまで迫れるならと、私でさえ数ドル賭けて楽しんでみようと思うほどだった。4人の数学者が陸軍で働いているときに考案した戦略であり、プレイヤーが直面しうる局面での判断を数百通りもカバーしていた。私は戦略の大事なところを手のひらに収まる大きさのカードに詰め込んだ。私がカジノに足を踏み入れたのはただ一度、前に書いたスロットマシンでコインを何枚か賭けた、あの冒険だけだ。

ホテルの部屋に腰を落ち着けてから、私たちはカジノに向かった。酔っ払いやタバコを咥えた連中、それにスロットマシンの横を通り過ぎ、ブラックジャックのテーブルが2列に並んでいるのを見つけた。あいだのスペース、いわゆる「ピット」にはチップを入れた金庫や予備のカードがあり、カクテルを勧めるウェイトレスが上客、またの名をカモを、アルコールの桃源郷へといざなっている。そんなあれこれをみんなピット・ボス、つまりピットの責任者が厳重に監視している。午後もまだ早かったけれど、やっている一握りのテーブルは繁盛していた。なんとか席を確保して、私は自分の軍資金、つまり銀貨10ドル分をまるごと、自分の「賭け金置き場」の手前にある緑のフェルトを貼ったテーブルにどすんと置いた。勝てるなんて思ってはいなかった。オッズはほんの少し私に不利だったからだ。ただ、ルーレットをうまく予測する道具は作れると思っていたし、まともにギャンブルをしたことはなかったから、カジノを経験するいい機会だと思っていた。カジノのことは、歴史も仕組みもなんにも知らないに等しかった。レシピを目にしたことはあっても台所に足を踏み入れたことはない、そんな人みたいなものだ。

ブラックジャックの標準的なルール

私がやろうとしていたゲーム、ブラックジャックは21とも呼ばれていた。スペインでは21という名で通っていたからで、セルバンテスの1601年の小説にも出てくる。18世紀の半ば、ヨーロッパではギャンブルがおおはやりした。その頃のフランスでもヴァンテアン、つまり21と呼ばれていた。その後20世紀になってアメリカのギャンブル業界がこのゲームを取り入れ、特定の組み合わせの手にボーナスをつけるようになった。たとえば、プレイヤーに配られた最初の2枚のカードがスペードのA《エース》と、2枚ある黒のジャック、つまり「ブラックジャック」のうち1枚なら賭け金の10倍の配当が受け取れる、といった特別ルールがそうだ。ボーナスのほうはすぐに廃止されたがゲームの名前のほうはそのまま残った。以来、カード2枚で合計21、つまりA《エース》のどれかと10カウントのカードの手がブラックジャックと呼ばれるようになった。

ゲームは、プレイヤーが自分の賭け金を自分の目の前の「スペース」に置くところから始まる。それからディーラーがみんなにそれぞれカードを2枚ずつ配り、自分にも2枚配る。ディーラーのカードの1枚目はみんなに見えるように表を上にし、2枚目は裏を上にして1枚目の下に置く。それからディーラーは自分のすぐ左の人から、プレイヤーそれぞれ順番に自分の手をどうしたいか尋ねていく。

プレイヤーはカードの合計が21を超えないかぎりカードを引き続けられる。21を超えた人は誰でも「どぼん」で即座に負けになる。A《エース》はプレイヤーの選択で1と11のどちらにもカウントできる。10、ジャック、クイーン、キングはどれも10に、ほかのカード、つまり2、3、そして9まではどれもその数字どおりにカウントされる。典型的には、ディーラーは合計が17以上になるまではカードを引き続けなければならず、17以上になったら「スタンド」、つまりそこで止めてその手で勝負しなければならないことになっている。一方、プレイヤーのほうはいつでもスタンドできる。ディーラーのエッジは、プレイヤーのほうが先にどぼんする危険を冒さないといけないところだ。ディーラーのほうも21を超えていると、実質的には引き分けだが、その場合プレイヤーのほうが即座に負けになる。プレイヤーの負けが先に決まるから、ディーラーと同じ戦略をなぞると6%ほどプレイヤーは不利である。

一方、ディーラーは決められた行動を採らないといけないと決まっているがプレイヤーのほうはそうではないから、選べる行動はプレイヤーのほうが多い。プレイする上でいろんな手を選べるこの自由さはびっくりするぐらい強力だ。選択肢の1つにこういうのがある。追加のカードを引いたりスタンドしたりする前なら、2枚同じ数字のカード、たとえば9を2枚手にしたプレイヤーは、スプリット、つまり2枚を別々に分けて、元の賭け金と同じだけ賭け金を上積みできる。そうしておいて、2つのうち右の手から1つずつ順番に勝負できるのだ。どんな数字の組でもスプリットをするのがいいというわけではない。たとえば8を2枚手にしたら普通はスプリットするのがいい作戦だ。でも、10カウントのカードをスプリットするのはそうではない。また、プレイヤーは最初に配られた2枚のカードを両方とも上に向けて置き、賭け金を2倍にすることができる。この作戦を選んだプレイヤーは追加のカードを1枚だけ引ける。それ以上は引けない。この作戦はダブルダウンと呼ばれている。ディーラーと違い、プレイヤーは、手が21以下のあいだはずっと、カードを追加で引くこともできるしスタンドすることもできる。

ブラックジャックに取り憑かれる

私が席についたとき、同じテーブルにいたプレイヤーたちは大負けしていて、それでもなお勝負を続けていた。私は手の中の作戦を書いた小さな紙きれのことが心配になった。放り出されるだろうか？　こういうカンニングペーパーを使うのは禁止なんだろうか？　でも、問題はむしろバカにされることのほうだった。私がゲームを止めて作戦カードを見ていると、ディーラーが見下して「ありがたい」アドバイスをしてくれた。こういう手のときはこんなふうにプレイするんですと言う。皆さん、ほら、私はこんなおのぼりさんだって相手にしてあげるんですよ、そうですおのぼりさん相手にプレイしてるんですというわけだ。ご見物の皆さんは私が定石を外れた賭けに出るのを見て、8なんてカードでスプリットするやつがあるか、そんな手で倍の賭け金を積むなんて、ディーラーの手は強力なA《エース》なのにと嘲笑っている。手札は弱っちい12、ディーラーの表に向けたカードはまだ4だというのにスタンドするか普通？　あいつが持ってる銀のチップ10枚なんて、すぐにディーラーに巻き上げられるぞ。さて、どうだろう？

　ゆっくりじっくり考えてプレイできたので、私はなんとかトントンを保っていた。そこでおかしなことが起きた。私に来たカードはA《エース》と2だった。A《エース》は1と11のどちらにもカウントできたから、私の手は3か13だった。それから2、そして3が来た。これで私にはA《エース》、2、2、3が来たことになり、だから合計は8または18だ。ディーラーの表を向いたカードは9で、裏を向いて隠れたカードは10かもしれないしそうでないかもしれない。でも、18はとてもいい手だ。ここでもう1枚引くのは間違いなくバカだけだろう。作戦カードはもう1枚引けと言う。で、そうした。ご見物は大喜びし、来たカードが6なのを見てクスクス笑う声がいくつか聞こえた。これで私は手にしたA《エース》を1にカウントするほかなくなった。手は合計で14だ！　「そら見たことか」とご見物。6枚目のカードはA《エース》で、合計は15になった。「当たり前にどぼんだろ」なんて余計なことを言う人がいた。そうして私は7枚目のカードを引いた。6だった！ これで私の手は、A《エース》、2、2、3、6、A《エース》、そして7枚目が6で、合計は21になった。こんなことはまず起きない。

場をショックが漂い、集まった人の何人かが口々に、25ドルの賞金がもらえるぞと言う。ディーラーはそれはないと言った。リノにはそういうところもあるようだがここではやってないそうだ。そんなルールでやっているカジノがあることも私は知らなかったので、7枚目で21が出せると読めたからこそ18を捨てたのだというフリをしたらおもしろいんじゃないかと思った。わからないじゃないか、賞金くれるかもしれないぞ。もちろんもらえなかった。でもバカにしておもしろがっていたご見物の態度は一変した。ナメた感じは消え、敬意と畏怖すら感じられた。

15分後、10ドルの持ち金のうち8・50ドルを溶かしたところでやめることにした。でも今や、ヴィヴィアンの失望もなんのその、私はブラックジャックに取り憑かれた。まあ、普通の意味で、ではなかったのだけれど。あの日、ブラックジャック卓を包んでいたのは無知と迷信だった。おかげで私は、いいプレイヤーでさえこのゲームを支配する数学がわかってない、そう信じるようになった。家に帰る頃には、必勝法を見つけてやると決めていた。

「長い目で見ればカジノは必ず勝つ」は本当？

ギャンブルの歴史と、何世紀にもわたってギャンブルの数学的分析につぎ込まれた労力を知っていたら、私もブラックジャックに立ち向かおうなんて思わなかったかもしれない。ラスベガスのキラキラした目抜き通り《ストリップ》と、アメリカのほとんどの州に宝くじとカジノをもたらしたギャンブル・ブームを見れば、誰だってわかる。ものすごくたくさんの人がものすごくたくさんのお金を失っている。毎年何百億ドルもだ。そのうえ、カジノで行われるほとんどのゲームは、賭け方を工夫してもカジノのエッジを克服することはできないと数学が証明している。ギャンブラーたちは何世代にもわたって、ありえないものを見つけ出そうとしてきたのだ。プレイヤーたちは長い目で見れば必ず負けるのがわかっていないのだ。彼らはそれぞれ、どちらかというと短いあいだだけ賭けをする。だから中には運よく勝つ人も出るのだ。

エッジを計算できて、ペイオフがそれまでの賭け方やほかのプレイヤーの出方に左右されないゲームはどれもそうだ。コイントス、クラップス、キノ、ルーレット、マネー・ホイル、どれもそうだ。たとえばルーレットなら、道具を使って予測しないかぎり無理である。競馬や株式市場だと話は違う。確率は計算できないし、ほかのプレイヤーの出方がペイオフを左右するからだ。

長い目で見ればカジノが必ず勝つという考えは通念にも裏付けられている。通念によると、ブラックジャックでカジノが負けるなら、カジノはルールを変えたりブラックジャックを提供しなくなったりしているはずだろう。そういうことにはなっていない。でも、実験をしてルーレットの目は予測できると確信した私は、ブラックジャックに関するそういう主張を受け入れる気にはならなかった。だから自分で確かめることにした。プレイヤーが勝てる定石はあるだろうか。

CHAPTER

5

ブラックジャックをやっつけろ

400年以上できなかった証明

私がブラックジャックに惹かれたのはお金が理由ではなかった。確かに、お金がもっとあれば使い手はあったんだろうけれど、ヴィヴィアンも私も、お金のかからない学者の生活をする気でいた。ブラックジャックに関心を持ったのは、部屋にこもって考えるだけで勝ち方を見つけられるかもしれないからだった。それに、まったくなんにも知らないギャンブルの世界を探求したらおもしろいだろうというのもあった。

ラスベガスから戻った私はカリフォルニア大学ロサンゼルス校（ＵＣＬＡ）の図書館に行き、数学と統計学の研究論文が置いてあるところに向かった。カジノで使った戦略が書いてある論文を棚から取って、立ったまま読み始めた。私も数学者だから、必勝法なんてあるはずないというのは聞いていていた。でもなんであるはずないのかは聞いたことがなかった。４００年以上も前に、偶然のゲームに関する本で確率の理論が始まったことは知らなかった。その後数世紀にわたって、必勝法を見つけ出そうという試みで確率論は発達し、いつしか、カジノで行われるギャンブルで必ず勝てる戦略は、ほとんどの状況下ではありえないという証明にたどり着いた。自分で調べてみるという私の習慣がここで役に立った。

数式を目で追っていくと、急に、ブラックジャックには必勝法があることと、それを証明する道が、両方わかった。私は、自分がカジノで使った戦略は、プレイするあいだどのカードが配られる確率もほかのカードが配られる確率と同じだと仮定していることから手をつけた。これでカジノのエッジはほんの0・62％になる。これはプレイヤーにとってどのゲームよりいいオッズだ。でも私は気づいたのだ。実は、ゲームが進むにつれ、オッズはデックにどのカードが残っているかで変わってくるし、だからエッジはプレイの進行とともに、ときにカジノが有利になったり、ときにプレイヤーが有利になったりと変わっていく。プレイヤーがカードの記録を取り続けていればそれに沿って賭け金を変えることができる。数学の上級講座で勉強したアイディアに基づくイメージに手を借りて、私はプレイヤーのエッジはときにとても大きいものになると確信した。加えてもう1つ、卓の上で進む実際のプレイの情報を集約して利用するにはどうしたらいいかもわかった。

私はまず、すでに出たカードがわかっているときにいちばんいい戦略を見つけることにした。それに基づいて、オッズが自分に有利なときにたくさん賭け、そうでないときは少なく賭ければいい。小さな賭けではカジノに何度も勝たせ、大きな賭けではだいたい自分が勝つようにするのだ。自分が有利なときに賭けるやり方を何度もやっていれば、そのうち浮きになるだろうし、それを保てるはずだ。

賭場の手練れたちのアドバイスは間違い

UCLAの図書館を出て家に帰り、次はどうするか考えた。ロジャー・ボールドウィンにほとんど一瞬で手紙を書きあげた。ブラックジャック論文を書いた4人の1人だ。詳しい計算を教えてください、論文が行っていたゲームの分析を進めたいのですと書いた。彼は太っ腹にも、ほんの数週間で実際の計算を送ってくれた。大きな箱2つに実験マニュアルを書いた書類が詰まっている。数千ページにわたって、論文の著者たちが卓上計算機で行った計算が書かれていた。彼らは陸軍に従軍しているあいだにそれだけの計算をやり遂げたのだ。1959年の春、UCLA数学科で講義の仕事と研究をこなしながら、私は計算過程を隅々まで極めた。自分と必勝法をつなぐ膨大な計算の道のりを進む歩みがだんだん速くなるにつれ、私の興奮は高まった。

ボールドウィンの戦略は、すでに出たカードについて何もわからないときに最適な戦略だった。彼らの分析はデックが1組であると仮定している。当時のネバダではブラックジャックはそのルールでしかプレイされていなかったからだ。また、ボールドウィンたちは肩で風切る手練れたちのアドバイスは間違っていて、従えばカジノに無用にエッジを2%追加で献上するだけであると示していた。

ブラックジャックで使うべき戦略の表は、表を向いたディーラーのカードのありうる値10通りと、プレイヤーに配られうるカード2枚の値55通りからなる組み合わせすべてについて、プレイヤーはどう出るべきかを指し示せなければならない。そんな550通りの状況のそれぞれでプレイヤーが採るべきいちばんの手を見つけるには、次に配られうるカードは何か、そしてそのそれぞれについてペイオフはどうなるかを計算できないといけない。ありうる場合の数は何千通りもあるし、採りうる手はそれこそ何百万通りもある。そんな計算を550通りの状況それぞれについて行わねばならず、デック1組全部を相手にしようとすると必要な計算は膨大だ。戦略表は、最初に来たカード2枚がペアならスプリットするかしないかを示せないといけない。それから、ダブルダウンするかどうか、つまりベットを2倍にする代わりに、最初の2枚のあと、カードを1枚しか引かないことにするかどうかも決められないといけない。そして最後に、カードをもう1枚引くかそこで止める(「スタンド」する)かを判断しないといけない。勝てる戦略を見つけたら、山のように積み重なるそうした判断を、小さな図にまとめて紙切れに書くことにした。ボールドウィンの戦略でやったやり方だ。そうしておけばパターンが見える化できるし、ありうる550通りの場合それぞれについてどうすればいいか思い出すのもたやすいだろう。

採りうる戦略は3300万通り

ボールドウィンたちが行ったデック1組に関する計算は近似だった。卓上計算機で厳密な計算をしようとすると人が一生かけても終わらないからだ。1959年に私が取り組んだ仕事は彼らのものよりずっと広い範囲に及んでいた。複数のデックの一部が配られると実現しうる場合の数は数百万通りにも及ぶ。そのそれぞれに対して、正しい戦略を導き出さなければならなかった。私がどんなことを相手にしていたかをわかってもらうために、たとえば、当時は普通に行われていたやり方で、ディーラーがまずカードを1枚「捨てた」としよう。つまり、デックのいちばん上に載ったカードを取って、あとで配ってしまわないように表を向けてデックのいちばん下に置くのだ。プレイに使われるカードは51枚になる。これでまず分析するべき場合が10通り発生する。捨てられたカードの値は、A《エース》、2…9、10と10通りあるからだ。では、よくあるように、捨てられたカードが何かわかっているとき、わかっていることを利用するにはどうすればいいだろう？　ボールドウィンの分析を10通りの場合に当てはめて、550通りありうる状況に対する戦略表を作ればいい。戦略表は11個できる。デックがまるごと全部揃っている場合に対するものが1個、それに1枚欠けているカードがどれであるかに対応したものが合わせて10個だ。

次に、欠けているカードは2枚だとしよう。つまり使われるカードは50枚だけだ。残ったカード50枚の組み合わせは何通りあるだろう？　取り出されたカード2枚の値が異なっている組み合わせは［(A《エース》、2)、(A《エース》、3)…(A《エース》、10)、(2、3)、(2、4)…(2、10)、以下続く］と45通り、それに2枚の値が同じである場合が［(A《エース》、A《エース》)、(2、2)…(10、10)］と10通りあるから、合わせて55通りだ。これで必要な計算は55個、戦略表も55個増える。ボールドウィンたちがやったみたいに卓上計算機を使ったら、戦略表1個につき12人年かかる。そうやって、デックの一部からなるそうした組み合わせそれぞれについて戦略表を作っていくとすると、52枚からなるデック1組当たり、だいたい3300万通りの組み合わせがあって、3300万個の戦略表が詰まったバカでかい資料室を作ることになる。

計算量にして400万人年、それで手にする戦略表は貨車がいっぱいになるほど、ローロデックスに並べれば余裕で8キロほどの長さになる。そんな仕事に立ち向かうべく、私は問題を単純化しようと考えた。デックの一部に対する戦略やプレイヤーのエッジは、主に、カードが何枚残っているかよりも、むしろ残るカードのうちそれぞれの種類のカードが何割、何%を占めているかで決まるとあたりをつけた。

やってみるとそれが正解で、ということは、たとえば、残るカードが全部で40枚、そのうち10カウントのカードが12枚であるのは、残るカードが全部で30枚、そのうち10カウントのカードが9枚であるのや、残るカードが全部で20枚、そのうち10カウントのカードが6枚であるのと、効果はだいたい同じであるということだ。これら3つのデックに占める10カウントのカードの割合はどれも同じ10分の3、つまり30%だからだ。カード・カウンティングをするとき、大事なのは主に割合で、数そのものではない。

私はそれぞれのカードの割合が変わるとプレイヤーの戦略やエッジがどう変わるかから調べ始めた。A《エース》を4枚とも取り除いて計算を行い、どうなるか調べ、次に2を4枚とも取り除いたらどうなるか、3を4枚とも取り除いたらどうなるか、と調べていくことにした。

あやうく大事故

私がこの仕事を始めたのは1959年の春学期のことだった。1958年6月にUCLAで博士号を取った翌年で、そのまま教鞭を執っていた。そんなことになったのは、私や指導教授のアンガス・テイラーが思っていたよりも早く博士号をもらえたからだ。私はまだポスドクの教職に応募していなかった。応募できるのはもう1年先のことだと思っていた。テイラー教授が動いてくれて、UCLAで一時しのぎの役職を用意してくれ、そのうえ翌年の仕事を探すのも助けてくれた。私がいちばん気に入ったのはマサチューセッツ工科大学（MIT）のCLEムーア寄付講座の講師、それにニューヨーク州スケネクタディのゼネラル・エレクトリック（GE）での仕事だった。GEでの仕事は、物理学を使って宇宙計画のために軌道計算をすることだった。しばらくのあいだはおもしろいんだろうと思ったけれど、でも、学界で得られるような、自分の関心の向くままに進む自由は得られないだろうとも思った。大学教授になればそんな望む生活が手に入るだろうと思い、私は最初の一歩にMITを選んだ。

1959年6月、私はMITに移った。移動用に、警察の競売で黒いポンティアックのセダンを800ドルで買い、それで家財道具を積んだUホールの2輪トレイラーを引っ張って国を横断することにした。もう2カ月で最初の子どもが生まれる予定だったから、ヴィヴィアンはロサンゼルスの実家にとどまり、私が先にマサチューセッツ州のケンブリッジに行ってアパートを見つけ、夏学期の助成金で数学の研究をすることにした。助成金をもらうための条件として、8月半ばまでＭＩＴで仕事をすることになっていたし、それからほんの数日で出産予定日だったから、私はお産に間に合うかとても気をもんでいた。ヴィヴィアンと私は夏のあいだ、ほとんど毎日電話で話した。検査結果がいつも良好なのは幸いだった。

ＵＣＬＡの客員研究員だった日本人の数学者2人がニューヨークまで同乗させてくれる車を探していた。私は喜んで彼らを連れていくことにした。代わりに、彼らにも車を運転してもらう。でも、すやすや眠っていると夜中の1時にたたき起こされた。オハイオの人里離れた高速道路で、ブレーキが悲鳴を上げ、車がガクガク揺れたのだ。茶色と白のブチを纏った大きな牛が、道の真ん中で優雅にたたずんでいた。車は牛からほんの数メートルのところで停まった。ブレーキは車にしかついていなかったし、トレイラーに山ほど積んだ荷物で、車の重量は2倍になっていた。おかげで停止距離も2倍になっていた。出る前にそのことは口が酸っぱくなるほど説明しておいたのだけれど、どう見てもうまく伝わらなかったようだ。残りの道のり、私は眠気と戦いながらずっと自分で運転する羽目になった。

さっそく100ドルふんだくられる

ケンブリッジに着くと、私には考えないといけないことが山ほどあった。ボストンのあたりにくるのは初めてで、知っている人は誰もいなかった。常任の職員や教授たちは夏休みでいなかった。でも、学部が素晴らしい部屋を借りてくれていた。ケンブリッジにある古い大きな3階建ての家の1階だ。そんな家はそれまで見たことがなかった。部屋の広さにも、家主さんであるアイルランド系の未亡人が親切なのにも、私は驚き、また喜んだ。彼女は5人の息子さんのうち若いほうの2人と一緒にそこに住んでいた。

私は、昼間は数学の研究をした。晩ごはんのあとは、ほとんど人気のない建物のあいだを通ってコンピュータ室に出向き、毎晩、モンロー社の機械式計算機に8時から明け方近くまで数字を打ち込んでいた。機械式計算機というのは、電気で動く機械仕掛けのケダモノで、やたらと騒々しく、バカでかいタイプライターぐらいの大きさだ。足し算と引き算と掛け算と割り算ができて、計算能力は今どきで言えば手に載る大きさのいちばん単純でいちばん安い電子機器でもやれる程度だ。エアコンなんてなかったから、ケンブリッジの蒸し暑い夏の夜、私は上半身裸になり、カチカチいうキーボードに指を走らせ、計算機はブーンブーンとかゴーゴーとか音を立てた。

とある朝の3時頃、いつも車を停めているところに来てみると車が消えていた。警察に電話しようと建物に戻ると、親切な夜警の院生が、警官を呼んでも問題が増えるだけかも、と教えてくれた。電話してみると、車は警察がけん引していったという。あそこに停めても法に触れてないぞと言うと、担当の警官は、毎晩同じ場所に停めてあるんで捨ててあるんだと思ったと言う。私は市街の夜間法廷へと急いだ。私の相手をした判事は金切り声で、黙らないとこの場で100ドルの罰金を科すぞと脅してきた。私を車で連れて行ってくれた親切な学生が教えてくれたのによると、警察はそういう車を管理する駐車場と取り決めをしていて、モメて長引くと駐車代がすごい勢いで増えていくそうだ。翌朝私は100ドルほどの身代金を払って車を取り戻した。1週間分の稼ぎだ。ボストンへようこそ。運よく、新しい我が街は、美しいところでもあり、科学や教育、文化、そして芸術が豊かな場所でもあった。

イライラする数週間が過ぎ、計算は積みあがっていった。近道を通ったり効率的なやり方をしたりして、それにすごい速さで働いたというのに、あまり進展はなかった。手計算でやったら数百年、ひょっとすると数千年かかりそうだった。そんなとき、MITはIBMの704コンピュータを持っていて、教員の1人である私はそれを使えるのだと知った。コンピュータ・センターの本で、私はプログラミングとそのための言語、FORTRANを独学で学んだ。

載るか反るか

1959年8月、私はロサンゼルスに飛んで帰った。最初の子どもが生まれる4日前のことだった。生まれてきたのは女の子で、名前をどうするか、2人して何週間も悩んだ。好きな名前はいくつもあったけれど、2人ともこれだと思うものがなかった。私たちはヴィヴィアンの兄弟のレイに助けを求めた。UCLAでスピーチ学を専攻していて、英語に関しては天賦の才がある人で、その後、法曹界で抜きんでたキャリアを歩むことになる。彼はローン（Raun）という名前を思いついた。夜明け（dawn）とか小鹿（fawn）とかいった、明るい気分になる言葉と韻を踏める名前だ。そんな名前は聞いたことがなかったけれど私たち２人とも気に入ったので、名前探しはそれで終わった。

１カ月後、私はヴィヴィアンと赤ん坊を連れてＭＩＴに戻り、講義と研究の仕事が始まった。当時も今もＭＩＴの数学科は世界最高峰の１つで、若い教員に求められるものは多かった。毎学期、講座を２つ受け持ち、それで毎週６時間は教室で過ごすことになる。加えて研究室では週に12時間から15時間は準備のために使うことになる。さらに、宿題を出し、試験を行い、採点もしないといけない。その一方では、自分独自の研究を行って、学術誌に発表しないといけない。論文を学術誌に提出すると、名前を隠した専門家、いわゆる査読者がそれを審査する。審査に通ることが掲載してもらうための条件だ。通らないことも多い。学界のピラミッドでのし上がろうと思う人はみんな、こんな真言を知っていた。「載るか反るか《パブリックオアペリッシュ》」。そんなこんなはあっても、私はブラックジャックの「任意の部分集合」を扱うプログラムの研究をＩＢＭの７０４コンピュータで続けた。モジュール１個分のコンピュータ・コード（つまり「サブルーティン」）を１つずつテストし、修正するのだ。

７０４は初期のメインフレーム・コンピュータの１つであり、ＩＢＭが開発し、時とともに強力になる一連の電算機の１機種だった。当時、ユーザーは１ドル札ほどの大きさの穴の開いたカードでコンピュータに指示を出した。カードには縦の楕円のマークがそれぞれ10個、80列に並んでいる。そのカードを1枚ずつ穴開け機に入れて、タイプライターでやるみたいにキーを叩く。キーを1つ叩くたびに機械は縦に並んだ列に穴を開けて、次の列に移る。開いた穴のパターンは、キーに刻まれた文字や数字、記号を表す。

パンチカードの束をゴムでひとまとめにしてコンピュータ・センターの所定の場所に置いておくと、それが回収され、IBM704はそれを読みこんで指示どおり動く。計算結果が出るのには数日かかった。MITはこのコンピュータをニューイングランドの大学30校（アムハースト大学、ボストン・カレッジ、ブランダイス大学など）と共同で使っていたからだ。

3・29%もプレイヤー有利になる状況とは

私が奇妙な新しい言語を習得するにつれて、仕事のスピードは上がった。私はコンピュータ・プログラムを書く作業を、いわゆるサブルーティンに分割した。そうしておいて1個ずつテストし、修正し、照合した。数週間が過ぎ、数カ月が過ぎ、私はサブルーティンを次々と完成させていった。そうしてやっと、1960年の初めに、それらをまとめてコンピュータ・プログラムを完成させた。最初に出た結果によると、すでに出たカードの履歴を可能なかぎり完璧に記録しておかなかった場合、カジノの優位は0・21%だ。どの立場でも、ゲームは実質的に五分五分だ。カード・カウンティングをやれば、そんなに頑張らなくてもプレイヤーは優位に立てる！　しかし、IBM704でも、与えられた時間内に必要な計算を全部行うことはできなかった。だから私は計算の一部に近似を使った。近似を使うと得られる結果はちょっと保守的になるのがわかっていた。ということは、実際のゲームでは、コンピュータが出した結果よりも有利になるということだ。

コンピュータが強力になるのに合わせて、私は近似を少しずつ減らしていった。20年後の1980年頃、やっとコンピュータの計算能力は十分に高まった。デック1組でのブラックジャックについて得られた最終的な結果は、『ディーラーをやっつけろ!』刊行当時のルールではプレイヤーが+0・13%有利、だった。私の戦略を使ったプレイヤーは、カード・カウンティングをしなくても、ゲームの初めからずっと、カジノに対して少しだけ優位に立てていたのだ。でも、私のやり方が本当に強力なのは、デック1組が全部揃っているときだけでなく、残るカードがどんな組み合わせでも分析できる点だった。ゲームのあいだ、すでに出たカードがゲームにどんな影響を与えるか、私の方法なら分析できるのだ。

そうして私は未知の領域に足を踏み入れるようコンピュータに指示を出した。A《エース》が4枚とも欠けている場合を分析したのだ。出た結果を、すでに結果の得られているカードが全部揃っている場合と比べれば、A《エース》がゲームに与える影響がわかる。数日後、私は期待に胸を膨らませ、パンチカードの分厚い束を「済み」の箱から取り出した(そういえばカードのゲームを分析するのにカードを使っているんだなあと、ふと思った)。IBM704は手計算なら1000人年かかる作業をコンピュータの計算時間にしてたった10分で済ませていた。私はとても興奮して結果を読んだ。

コンピュータは、私が正しいと言うかもしれなかったし私の希望を吹き飛ばしてしまうかもしれなかった。結果は、A《エース》が全部出てしまうとプレイヤーは2・72％不利になると出た。カードが全部揃っているときはカジノが0・21％有利だから、プレイヤーは2・51％いっそう不利になったということだ。カジノがだんぜん有利になるわけだが、同時に、これは素晴らしい結果でもあった。

この結果は、UCLAの図書館で私に訪れた「わかったぞ！」の瞬間の、ゲームに勝つ方法があるという考えを決定的に裏付けるものだった。つまり、カードが配られ手が進むとともにカジノが有利になったりプレイヤーが有利になったりと、有利・不利は大きく揺れ動く。また計算によると、特定の組み合わせのカードをデックから取り除くとオッズは一方に振れ、同じ組み合わせのカードを加えるとオッズは逆方向に同じだけ振れる。ということは、A《エース》がたくさん入ったデックはA《エース》が少ないデックよりも、プレイヤーが大幅に有利だということだ。たとえば、A《エース》が普通の2倍の割合で入っているとする。26枚のカード（デックの半分）が残っていて、そのうちA《エース》は4枚とも残っているとき、プレイヤーは当初の0・21％不利の状態よりだいたい2・51％有利になり、合わせて2・30％の優位に立っている。

2、3日に一度、私はコンピュータ・センターに計算結果を取りに行った。それぞれが手計算だと1000人年に相当する作業だ。こうして、デックから特定の数字のカードを4枚とも取り除いた場合の影響が判明した。A《エース》4枚を取り除くのがプレイヤーにとって最悪で、その次が10カウントのカードを4枚だ。カジノのエッジはそれで1・94％改善する。「小さい」カード、つまり2、3、4、5、そして6を取り除くとプレイヤーのエッジのほうが大きく改善する。5を4枚とも取り除くのがいちばんで、オッズは0・21％のカジノ有利から3・29％プレイヤー有利に大きく変わる。

カード・カウンティングの理屈

得た結果を使って、私はカード・カウンティングを使った勝てる戦略をさまざまに組み立てることにした。MITのIBM704を使った分析で、5カウント戦略、10カウント戦略の大部分、そして私が究極の戦略と呼ぶ手法ができた。究極の戦略はそれぞれのカードに値を割り振るやり方だ。値は、A《エース》はそれぞれマイナス9、2はプラス5、10カウントのカードはマイナス7というように、それぞれのカードがゲームに与える影響に基づいて決まっている。頭の中だけでそういう計算をするのはほとんどの人にとって難しすぎるけれど、もっと単純なカード・カウンティング戦略がたくさんあって、そういうのでも十分にうまくいく。簡単さと儲かり具合のバランスがいちばんうまくとれるやり方の1つは、小さいカード（2、3、4、5、6）が出たらプラス1、中ぐらいのカード（7、8、9）が出たら0、大きいカード（10、J、Q、K、A《エース》）が出たらマイナス1にカウントするやり方だ。私がコンピュータで得た結果を使えば、今日ブラックジャックで使われているカード・カウンティング戦略はほとんど全部、詳しく分析することができる。

直観的にも、この結果は納得できる。たとえば、手札が16ならディーラーはもう1枚引かないといけない。大きいカードを引いて手が21を超えればディーラーは負け、小さいカードを引けば生き延びる。5を引くのがいちばんで、手は21になる。だから、デックに小さいカードがたくさん残っていればディーラーは有利、大きいカードが残っていればディーラーは不利だ。一方、デックに占めるA《エース》や10カウントのカードの割合が高いとき、足して21、つまりブラックジャックになるカード2枚の組み合わせはたくさんある。プレイヤーもディーラーも、ブラックジャックを出す可能性は約4・5%だが、プレイヤーは賭け金の1・5倍を得るのに対し、ディーラーはプレイヤーの賭け金を取れるだけだから、差し引きで有利なのはプレイヤーだ。

出た5の枚数をカウントすればとても単純な勝てる戦略を作れる。プレイヤーは、5が1枚でも残っているときは小さく賭け、1枚も残っていないときには大きく賭けるとする。5が全部出尽くしている可能性は、残るカードが少ないほど高い。残るカードが26枚のとき、その中に5が1枚もない場合は約5%の確率で起きる。残るカードが13枚のときは30%だ。そのときのプレイヤーのエッジは3・29%で、プレイヤーがそういう場合にほかのときよりも大きく賭ければ、長期的にはそのプレイヤーが勝つ。

実際にカジノでプレイするために、私はずっと強力な勝てる戦略を作った。残るデックに占める10カウントのカードの割合が変動するのを利用した戦略だ。私の計算によると、10カウントのカードの影響は5の影響よりも小さいけれど、10カウントのカードの数は5の数の4倍ある。だから「10カウントのカードの割合」のほうが大きく変動する。おかげでプレイヤーが手にするチャンスはより多いし、より大きい。

ラスベガスで試してみよう

1960年の夏、家族を連れてボストンからカリフォルニアに車で帰るとき、乗り気でないヴィヴィアンを説き伏せて、ちょっとだけラスベガスに寄ることにした。10カウント戦略を試すためだ。繁華街のフレモント通りにあるカジノの1つでブラックジャック卓に座った。軍資金は200ドル（2016年のお金で1600ドルぐらい）あり、手には私の新しい戦略を書いた手のひらサイズのカードを持っていた。カードは見ないようにしよう、人の関心を引かないようにしようと思っていた。今回のカードはこれまでのものとは違っていた。ディーラーの表を向いたカードが何であるかの場合ごとに、自分はどうするべきかに加えて、いくら賭けるかや、10カウントのカードの割合が変化するのに合わせて自分の行動はどう変わるべきかも書いてあった。具体的には、全部揃ったデック1組には10カウントのカードが16枚、それ以外のカードが36枚入っている。だから私は「36、16」からカウントを始める。10カウント以外の10カウントに対する割合は36割る16で2・25だ。

ヴィヴィアンと私は一緒に席につき、彼女は私に付き合って毎回25セント賭けた。プレイが進み、私は出た10カウント以外のカードと10カウントのカードを数え、残るそれぞれのカードの数を頭の中で減らしていった。賭け金を積まなければならないときやどうプレイするか決めないといけないときは、そのとき残っているカードの数を使って割合を計算した。割合が2・25を下回るならデックには10カウントのカードがたっぷりあり、2・0だとプレイヤーのエッジはだいたい1%だ。私は自分が有利なときはエッジの大きさに合わせて2ドルから10ドルを賭けた。有利でないときは1ドルだ。

ヴィヴィアンは私の損がだんだん積みあがって32ドルになるのを心配そうに見守っていた。この段階でディーラーがあざけってこう言った。「追加のお金を用意されたほうがよろしいでしょうな。ご入り用でしょうから」。雲行きの怪しさを感じ取ったヴィヴィアンは「行きましょう」と言う。私のほうは、損はしたものの、得た結果に満足していた。戦略カードに目をやることなく10カウント戦略でプレイしながら実際のカジノでのスピードについていくことができるのを証明できたからだ。理論的に32ドルの損失は十分に想定の範囲内だったから、自分の得た結果に疑問は感じなかった。その日はもう見るべきものは見たから、私はカジノを出た。またしてもお金を失ったけれど、知識は得たつもりだった。

偉い学者が他人の研究をパクる

その秋、MITの数学者の友人たちに私の得た結果を話すと彼らは驚くべき発見だと言った。私のアイディアをほかの誰かも見つけたり、あるいは私から盗んだりして、自分の発見だと言って発表してしまう前に、早く発表するべきだと言う人もいた。その点に関してはお尻を叩かれるまでもない。一度ひどい目に遭っているからだ。UCLAにいるとき、私の博士論文の指導教授であるテイラーが、数学に関する私の研究を著名なカリフォルニアの数学者に送ってコメントを求めてはどうかと提案してくれた。返事はなかった。11カ月後に南カリフォルニアで開かれたアメリカ数学会で、テイラーと私はその偉大なお方の発表を聞いた。お題は私の発見で、私の得た結果が事細かに、彼独自の研究の一部として語られていた。そのうえ、もうすぐ自分の名前で有名な数学の学術誌に論文として発表すると言う。私たちは2人とも唖然としてしまった。テイラーはそののちカリフォルニア大学全体の学術担当の副総長にまでなった人だ。高潔な人物であり、経験豊富な数学者で、私が相談する相手といえばこの人だった。その彼もどうしていいかわからない。だから私たち2人とも、どうしようもなかった。

科学の世界では、物事が発見されるタイミングというのがあり、複数の研究者がほとんど同時にそれぞれ独自に同じことを発見するということがある。ニュートンとライプニッツが微積分、ダーウィンとウォレスが進化論を同時期に発見した例がよく知られている。私がブラックジャックの研究をするのが5年早かったら実現は難しかっただろうし、5年遅かったらずっと容易だっただろう。コンピュータの計算能力も使いやすさもずっと高まっていたからだ。

早く発表したほうがいい理由はもう1つあった。よく知られた現象だが、問題を解くのは、解けるのがわかっていればずっと容易だ。だから人の口を介して話が伝われば遅かれ早かれほかの人が私の研究を後追いするだろう。そんな話は大学の頃に読んだSF小説にも出てきた。ケンブリッジ大学の物理学の教授の元に、過去に例を見ないほど優秀な学生20人が集まった。教授は学生たちを5人ずつ4つのチームに分け、最高の難題を宿題に出した。学生たちは答えが出ると思っているから、彼らは問題が全部解けるまで頑張り続ける。彼らを困らせようと、教授はこんな嘘をついた。ロシアの人たちがついに重力を無力化する方法を見つけた、だから君たちの仕事は彼らがどうやったかを突き止めることになった。1週間後、4つのチームのうち2つが答えを持ってきた。

情報理論の父と意気投合

ブラックジャックに関する私の研究がそんなことにならないように、私は『米国科学アカデミー紀要』に発表することにした。私の知っているどの論文誌よりも早く掲載してくれてほんの2、3カ月しかかからないし、そのうえ一流だ。掲載してもらうためには会員の誰かに承認をもらい、紹介文を書いてもらわないといけない。そこで私はMITにいる数学者で唯一の会員を探し当てた。クロード・シャノンだ。シャノンは情報理論を創り出したことで知られている人だ。彼の理論は現代のコンピュータやコミュニケーション理論、その他さまざまな分野に欠かせないものとなった。

学科付きの秘書が渋るシャノンに短いアポイントメントを取ってくれた。正午の約束だ。でも秘書は、シャノンはほんの数分しかくれないと思いますよ、それ以上を期待しないほうがいいですと教えてくれた。彼は興味のない話題や人にはあんまり付き合ってはくれないそうだ。ちょっと気圧されつつ、でも運がいいと感じながら、私はシャノンの研究室にまかり越した。彼は痩せて隙のない、中背だが筋肉のついた身体をした男で、いくらかくっきりした目鼻立ちをしていた。私はブラックジャックに関する顛末を簡潔に話し、私が提出した論文を見せた。

シャノンは私を微に入り細を穿つ口頭試問にかけた。私がブラックジャックのゲームをどう分析したか理解し、同時に穴を見つけるためだ。数分だったはずの会見は活発に議論するうち1時間半に及び、途中2人してMITの学食に昼ごはんを食べに行った。彼は話をこう締めくくった。どうやら君はこの分野で大きな理論的発見をしたようだ。残る仕事は細かい点を詰めて精緻化するぐらいだろう。彼は論文の題を「ブラックジャックで勝つ戦略」から「21での有利な戦略」に変えたほうがいいと言う。学界向けにはそういう穏当なののほうが受け入れてもらえやすいそうだ。学術誌の紙幅は限られているし、それぞれの会員が1年に提出できる論文の数にも上限があったから、もっと短くしろと言うシャノンの提案を私はしぶしぶ受け入れた。書き直したらすぐ彼に送って、科学アカデミー向けの紹介文を書いてもらうことになった。

研究室に戻るとき、彼はこう尋ねた。「君、ギャンブル方面でほかに何かやってることあるの？」。私はちょっとためらって、でも自分のもう1つの大きな秘密をばらすことに決めた。ルーレットの目は予測できるはずで、それにはどうすればいいかを説明し、予測用に小さなコンピュータを作ってそれをこっそり服の下に着たらどうだろうと思っていますと答えた。私がこれまでの進捗をなぞって語るあいだにも、私たちのあいだをいろんなアイディアが飛び交った。数時間後、ケンブリッジの空は暗くなり、やっと私たちは別れた。協力してカジノを打ち負かすんだという計画に、2人とも高揚していた。

思いもかけず全米デビュー

一方、私は自分のブラックジャック戦略を、ワシントンDCで開かれるアメリカ数学会の年次総会で発表しようと考えていた。発表の内容は「富の公式：ブラックジャックというゲーム」と題した要約にまとめ、プログラムの小冊子（「案内」と呼ばれる）向けに提出した。提出した私の要約は、それぞれの発表の内容を概観する、典型的には専門的で難しい多数の要約の1つになるはずだった。

私の要約を受け取った選定委員会では、ほとんど全員が却下しろという意見だった。あとになってそう教えてくれたのはジョン・セルフリッジだ。この人は整数論の研究者でUCLA時代からの知り合いであり、委員会のメンバーだった。しばらくのあいだ、既知の最大の素数を発見した人であった時代があった、そういう人である（素数とは、1より大きい正の整数でその数自体と1以外では割り切れない、そんな数字である。小さいほうから並べると2、3、5、7、11、13、……となる）。運よくセルフリッジが、この人はちゃんとした数学者で、彼が言うならおそらく正しいだろうとほかの委員を説得してくれた。

委員会が私の発表を却下しそうになったのはどうしてだろう？　プロの数学者のもとには、よく知られた問題を解いたと称する手紙がしょっちゅう届く。そしてそんな手紙を送ってよこす人はほとんどいつも変人で、数学をよく学んでもおらず、すでに解決した問題であることを知らないか、証明の過程で単純な間違いを犯しているかのどちらかなのだ。彼らが解いたと称する問題は、おうおうにしてずっと前にもう解けないと証明されている。たとえば角の3等分問題（コンパスと定規だけを使って任意の角度を3等分する）なんかがそうだ。一方、平面幾何学を学ぶと同じやり方で任意の角を2等分できる簡単な方法が出てくる。角を2等分する問題をちょっと変えて3等分する問題にするだけで、簡単な問題がいとも簡単に解なしになってしまう。

ギャンブルで勝つ方法も状況は似たようなものだ。カジノでよく行われているギャンブルの大部分では、勝てる戦略なんてないことを数学者たちが証明してきた。そして明らかに、カジノを打ち負かす方法があるならカジノはゲームのルールを変えるだろう。そうしないと彼らは破産だ。委員会が私の発表を却下しようとしたのも無理はない。皮肉なのは、彼らが却下しようとした理由、つまりギャンブルで勝てる方法など存在しないと数学者たちが明らかにしたことこそが、勝てるのだと示そうと私が思ったいちばん大きな理由だったことだ。

総会に出かける2日前の晩、『ボストン・グローブ』紙のディック・スチュワートが電話してきたので驚いた。私が発表する内容に関する問い合わせだった。そうするうち、同紙はカメラマンを送ってよこした。私は電話で、自分の方法を簡単に説明した。翌朝、私の写真とスチュワートの書いた記事が1面に載った。何時間も経たないうちに通信社が記事といろんな写真を国中あちこちの新聞社に配信した。空港へ向かおうというときにはヴィヴィアンは洪水のように押し寄せる電話の対応でくたびれ果て、そう経たないうちに、まだ赤ん坊だった私たちの幼い娘、ローンは電話が鳴るたびに泣くようになった。

CHAPTER 6

羊の日

数学会にマスコミが押し寄せる

私は飛行機でワシントンDCに降り立った。冬の空は鉛色、その冬初めての雪が舞っていて、そののち大変な吹雪になった。街にはまだ人があふれていた。新しいアメリカ合衆国大統領、ジョン・F・ケネディが就任して間もない頃だ。

アメリカ数学会の総会は古めかしいウィラード・ホテルで開かれた。いかにも学者らしい人たちが40人か50人か、それぐらい来てくれるかと思っていたら、部屋いっぱいに数百人もの人ががやがやと集まっていた。数学者たちに紛れて、サングラスにハデハデでバカでかい小指の指輪、ついでに葉巻を咥えた連中、カメラにメモ帳のいでたちの記者たちが散らばっていた。数学会の流儀に則り、私は事実だけをありのままに話す語り口で行こうと決めていて、出た5の枚数を数えて勝つ方法を説明することから始めた。10カウントのカードの枚数を数える方法のほうがずっと優れていることを説明し、それから、私の方法で明らかになったカード・カウンティングの手法がほかにもいろいろあることにも触れた。専門的でそっけない私の発表にも聴衆は臆さなかった。発表を終えて、私はどう見ても数の足りてない発表の原稿のコピー50部を目の前のテーブルに置いた。新鮮な肉を争ってむさぼる獣みたいに、見る間に人だかりができた。

求めに応じて総会の事務局が、発表のあとに記者会見の場を設けた。その後は大手ネットワークテレビ局に出演、それからラジオ局のインタビューがいくつか続いた。科学者や専門家の人たちは、だいたい私の説明を理解し、勝てるという私の戦略を信用した。カジノやマスコミは違った。『ワシントン・ポスト』紙には皮肉った感じのこんな社説が載った。うちの街にはギャンブルの必勝法を見つけたとおっしゃる数学者がいる。こんな広告を思い出した：1ドルでどんな雑草も確実に息の根を止められます。お金を送って届いた手引きにはこう書いてある。「根っこをひっつかんで死ぬほど引っ張れ」。あるカジノのスポークスマンはあざけってこう発表した。いわく、必勝法をお持ちのプレイヤーの皆さんは、空港まで車でお迎えにあがります（あれから50年待ったけれど、いまだに車は迎えに来ない）。また別のカジノのスポークスマンは私がブラックジャックの正確なルールを詳しく教えてくれと自分たちのカジノに質問状を送ってきたのをバラした。私はぜんぜんなんにも知らない人で、ゲームのルールさえわかってないと彼は言っていた。実は、2、3年前に計算に手をつけたとき、そんな質問の手紙をネバダのカジノ26カ所に送り付けていたのだ。何がしたかったのかというと、カジノそれぞれでルールがどれだけ違っているのかを調べようとしたのだ。特に、普通のところよりも有利なルールになっているところがないか知りたかった。26カ所のうち、なんにも知らない学者にお返事をくれるほど親切なカジノが13カ所あった。

『ワシントン・ポスト』紙の若い記者でトム・ウルフという人がインタビュー後に追加の取材をしに来て、同紙に彼の書いた記事が載った。「ブラックジャックでカジノに勝てる　数学者が主張」。彼は疑っているというより知りたがっていた。前向きだけれど徹底していた。ウルフはその後、アメリカでいちばん有名な物書きの1人になる。

その頃、ワシントンの空港には雪が60センチほども積もっていて、だから私は電車でボストンに向かった。長い帰り道、私はこんなことを考えていた。ギャンブルを数学で理論化する研究で、私の人生はどう変わるんだろう。理屈のうえでは、人生は偶然と選択が混ざり合ってできている。偶然のほうは、生きていくあいだに配られるカードだと考えることができる。選択のほうは、配られたカードをどうプレイするかだということになる。私はブラックジャックを調べることを選んだ。その結果、偶然が思いがけず新しいチャンスを私の前に並べてくれた。

ボディーガード志願者からの手紙

9月にクロード・シャノンに初めて会って以来、私たちは週にだいたい20時間をルーレットの研究に費やしていた。ときに、私には教える授業があり、純粋数学の研究を行い、学科の集まりに出席し、ブラックジャックの研究論文を書き、父親としての生活にも慣れようとしていた。

シャノンの研究室でルーレットに関する仕事をしたあとの晩ごはんで、彼は私に、私の人生で今回のことを上回る出来事は何か思いつくか、と尋ねた。そのとき私の頭に浮かんだことは、たぶん彼の頭に浮かんでいたことと同じだろうと思う。名声や称賛や名誉は大歓迎だし人生にうるおいをくれるが、そういうのは追い求めるものではない。当時も今も、大事なのは何をするか、どうするかだと私は思う。過ごした時間の質や一緒に過ごした人たちが大事なのだ。

一方、AP通信がウルフの書いた記事を全国に配信し、マサチューセッツ工科大学（MIT）の数学科には手紙や電話が何千本も届いた。秘書たちは何週間も忙しく、みんなの我慢の限界が試された。私は、手紙や電話に全部答えてたらやってられないと思いいたった。たとえばある人は、自分はポンセ・デ・レオンの生まれ変わりだという25ページにわたる詳細な「証明」を送ってよこした。返事は書かなかったが、その人はまた長々とした追伸を送ってきて、自分と私、ポンセ・デ・レオンのあいだの関係を並べ挙げ、彼の物語に私がどれだけ大事な役割を果たしているかを書き連ねた。自分に手を貸すのは私の義務だとおっしゃる！

別の人は私のボディーガードになるという。カジノをやっつけるなら必要だそうだ。私が返事を書かないでいると、怒った感じの手紙を送ってよこした。軍隊の経験や銃の扱いに慣れていることをあれこれ挙げている。45口径の自動拳銃で「20メートル以上の距離でも目と目のあいだを撃ち抜ける」という。私の身の回りにいることでいろいろ学べる特権さえもらえればタダで働くそうだ。その後来た最後の手紙には警告が書いてあった。このままだと、彼に守ってもらうべきだったと私が後悔するときには彼は私の周りにはいないことになると言う。こんな嫌味も書いていた。私は、彼がボディーガードをやりましょうと申し出た「ほかの連中とまったく同じ」だそうだ。

いちばん多かったのは、論文のコピーと「どうやるか」を詳しく書いた説明をくれという手紙だった。私は発表の原稿と論文のコピーを何百部も作って送った。情報はタダであるべきだという学界の精神に則り、ＭＩＴ数学科にも力を貸してもらってなんとかやれていたが、それも手に負えなくなって放り出してしまうまでのことだった。

総会で研究を発表する前、その後大騒ぎになって耳目を集めることになるなんて思ってもみなかった。むしろ、学者さんたちが私の研究を知って結果にとても驚き、でもいつか、私が出した結論は正しいと同意してくれる、そんなふうに思っていた。でも実際には、静かでゆったりした学界の流儀で物事は進まず、私は得体のしれない連中に取り囲まれた。連中と来たらどいつもこいつも私の欠片を食いちぎって行こうとする。こんな「名声」なんて欲しくなかった。

必勝法を試すとき

私の戦略をカジノで試すなら資金を援助しようという申し出は、数千ドルのものから10万ドルのものまでさまざまだった。私の学術的仮説がカジノのテーブルで本当に機能するかを試すかどうか、私は判断を迫られた。そうしてやっと、私はネバダに出向くことにした。学者によく向けられる神経を逆なでする煽り文句、「ほほう、あんた、そんなに頭がいいなら金持ちになれてないのはどうしてだ?」をいい加減黙らせようというのもあった。私自身、人として持つプライドや名誉から、私は論文の読者に対し、私の言っていることはバカらしいとあざけって言ってるやつらがいるけれど、私の戦略は本当に使えるのだと証明する義務があると感じていた。決め手になったのはあるカジノのスポークスマンがテレビで私の戦略を評してこうのたまったことだ。「お肉屋さんに連れていかれた羊がお肉屋さんを殺すことだってあるでしょうが、私どもが賭けるのはいつもお肉屋さんのほうです」

いちばん有望な申し出をくれたのはニューヨークの億万長者で、私がその後書いた本では、XさんとYさんという名で登場することになる。Xさんからは何度も電話がかかってきた。右も左もよくわからないところで知らない人にもらったお金を危険にさらすなんてと、ずいぶん迷ったのだけれど、結局、私は会ってみることにした。

それは2月のいかにも冬らしい午後、ケンブリッジにある私たちのアパートの外で、落葉して殺伐とした木々が暗い灰色の空を背に立っていた。何階建てだか、木造の家が通り沿いに立ち並び、穴の開いた木の壁や玄関にすすが染みついていた。降った雪が新たなすすの膜に覆われていた。午後4時になり、あたりはもう暗くなり始め、先方はまだ来なかった。そうするうち、ミッドナイト・ブルーのキャデラックが寄ってきた。金髪美人が2人乗っているのが見えた。1人の顔が助手席の窓から覗き、もう1人が運転席から降りてきた。この人たち誰なんだろう? Xさんはどこに？　そう思った。助手席のほうの金髪が後ろのドアを開け、短い白髪頭の男が現れた。長くて黒いカシミアのオーバーコートを着ている。彼らがうちの呼び鈴を鳴らしたので、やっとこの人がXさんに違いないとわかった。彼はエマニュエル・「マニー」・キンメルだと名乗った。65歳ぐらいで、ニュージャージー州メイプルウッドに住むお金持ちのビジネスマンだという。ギャンブルの世界のことは自分でもよく知っているそうだ。それから彼は、ミンクのコートのべっぴんさん2人は姪だと言った。そう言うんだからそうなんだろうと私は思ったが、ヴィヴィアンの顔は、ちがうでしょと言っていた。

勝負の世界で理論は通用するか？

キンメルは数時間にわたって私とブラックジャックをプレイしながら、私の研究についてあれこれ尋ねた。その脇でヴィヴィアンは、18カ月になる私たちの娘をあやしながら、「姪」たちと話していた。途中、若いほうの姪が無防備にも、口を滑らして自分の個人情報を漏らしそうになり、もう一方の姪が口の端っこでこうささやいた。「落ち着きなさいよってば」

しばらく話して、キンメルはネバダに行こうと言う。私の身体が空いたらすぐに行くことにした。つまり4月に1週間もらえるMITの春休みだ。帰る前に、彼はオーバーコートのポケットからもつれ合った真珠のネックレスの束を取り出して、ほどいておいてと言ってヴィヴィアンに渡した。この真珠はその後も家にとどまり、50年経った今、ローンが身につけている。

カジノで実証しようという話に、ヴィヴィアンは心配したけれど、同時に応援してくれた。一方では、数学の細かいことは彼女にもほかのほとんどの人にもわからなかったけれど、私がだいたい裏付けのないことを口にしないのを彼女は知っていた。数学や科学の話なら特にそうだ。まだ机の上の計算と理屈でしかなかったけれど、真っ向勝負なら私が勝つと彼女は信じていた。でも、勝負は現実の世界で行われる。記号や数式の世界で行われるのではない。カジノはまっとうに勝負してくれるだろうか？　それともイカサマをしたり、クスリだか暴力だかで私を骨抜きにしてしまったりするだろうか？　あの姪だという子たちはどうだろう？　ヴィヴィアンの目にはどう見ても姪じゃないのだけれど？　私はイケイケのお金とイケイケの女たちの世界に踏み入ろうとしているわけで、ほかにもどんな危険が待ち受けているかぜんぜんわからなかった。私を後押ししてくれている人たちはどうだろう？　怪しい商売をしているどんなカジノからも私を守ってくれるほど、彼らは力があるんだろうか？　プレイを始めてしばらくは間違いなく一時的に損が続くだろうけれど、そんなあいだ、彼らは持ちこたえてくれるだろうか？

思うに、私の主張は国中に知れ渡っているから、ここで引き下がっては私が言ってることは全部でまかせだと言う連中の思う壺だろう。私は自分が正しいと心の底から思っていた。私の家族や友だち、同僚にも間違いなくそう思ってもらわないといけない。私が立ち向かおうとしているゴリアテは向かうところ敵なしだったかもしれない。でも、私はほかに誰も知らないことを知っていた。ゴリアテは目先しか見えず、動きは鈍くて遅く、頭も悪い。そして私はこちらの土俵で勝負する。ゴリアテの土俵には乗らない。決め手になったのはヴィヴィアンだ。彼女は用心していたし、危ない勝負は避けてと言っていたけれど、勝つのは私だと信じていた。

いちばん勝てる戦略は「1%でも有利なら上限まで賭ける」

奇襲攻撃に備えるべく、毎週水曜日に飛行機でボストンからニューヨークに飛んだ。その日は授業がなかったからだ。マンハッタンにあるキンメルのペントハウスに着くと、キンメルがディーラーを務め、私は10カウント戦略でプレイした。カード・カウンティング戦略はほかにもいくつかあったのだけれど、キンメルは10カウントにこだわり、ほかは何一つ耳を貸さなかった。私にとってもそれは好都合で、というのは、10カウントの戦略表はもうできていたけれど、ほかの戦略はまだそこまで行っていなかったからだ。10カウント戦略では、デックにA《エース》や10カウントのカードがたっぷり残っているときに大きく賭ける。何時間かやったところでキンメルの執事が昼ごはんを出してくれたけれど私たちはプレイを続けた。会合が終わると毎回、キンメルは私に、費用の足しにと100ドルか150ドルのお金と、なんでかわからないがサラミをくれた。家に帰る便の機内でサラミはいつも、間違いようもない芳香を放っていた。

キンメルの友だちで、一緒に私たちの試みを支援してくれる人であるYさんがときどき私たちの会合にやってきた。姪の1人も、やっぱりときどき見にきた。Yさんはエディ・ハンドという人で、ニューヨーク州北部のお金持ちのビジネスマンだ。40代で髪は黒く、中肉中背だった。

ぶっきらぼうな不平不満とユーモアがまじりあった独特な話し方をする。何週間かするうち、チップは卓の私の側に積み上がり、それにつれてキンメルはどんどん熱心になった。会合は6回を重ね、私たちはネバダに乗り込むことにした。

カジノの卓に着いてプレイする場合、採れる手口は主に2つだ。1つめは私が「ワイルド」と呼ぶやり方で、プレイヤーがほんの少しでも、たとえば1%以上有利なときに上限まで賭け金を吊り上げる作戦だ。典型的に、このやり方がいちばん儲かるが、手持ちは激しく増減するから、大きな損を持ちこたえるには大きな元手がいる。キンメルとハンドは、まず10万ドル用意する、必要ならもっと出すと言う（当時の10万ドルは2016年のお金でいえば80万ドルになる。物価の調整については巻末資料Aを見よ）。

私はこの戦略を採りたくなかった。ギャンブルの世界のことを、私は知らなすぎる。相手はイカサマしたり私を騙したりするのじゃないか？ 損が5万ドルまでかさんだらどうしよう。毎分毎分、私の月給を超える額を賭け続けないといけなくなったら私はどうするだろう？ そこまで溶かしても、キンメルとハンドは踏みとどまってくれるだろうか？ 彼らがそこで私を見放すとしたら、私たちの元手は実は5万ドルで、最初からもっと慎重に賭けるべきだったが事前にはそれを知らないことになる。ときに、私の目的は、援助してもらって大儲けすることよりも自分の戦略を実証することのほうにある。そのためには、ほとんど確実に、でもほんのいくらかだけ勝つほうが、損をするリスクを大きくとって一攫千金を狙うよりも、目的に合っている。私は用心深くプレイすると決めた。私が1％有利になったときにはいちばん小さい賭け金の2倍、2％有利になったときには4倍、そして5％以上有利になったときには10倍を賭けることにした。賭け金は50ドルから500ドルのあいだということになる。500ドルは、その頃、だいたいのカジノが認める賭け金の最高額だった。これなら元手は1万ドルで十分だと思った。

金主を激怒させた行動

キンメルはしぶしぶだったが了解してくれた。MITの春休み、私たちはニューヨークの空港で落ち合った。肌寒い4月の午後だった。1時間お喋りして、飛行機に乗り込んだ。真夜中にはリノ近くまで来た。あたりは三途の川みたいに真っ暗な中、先のほうに、ギンギラな灯りがぽつぽつ見えた。着陸に向けて飛行機が旋回を始め、初めて街全体が見えた。血の河みたいに真っ赤なネオンのクモが眼下に脚を広げてるみたいだった。これから1週間で私の身に何が起きるのだろうと怖くなった。見知らぬ世界に飛び込もうとしていることを、私よりもヴィヴィアンが心配していて、彼女は毎日電話してねと言っていた。彼女とつながっている、彼女を通じて私の慣れ親しんだ世界とつながっている、そう思い出すだけで私は安心できた。当時、長距離電話は高かった。お金を節約するために、私はコレクトコールで「エドワード―ソープ」を呼び出した。ミドルネームのイニシャルで何千ドル勝っているかを伝えるべく、暗号を事前に決めておいたのだ。「エドワード」の前にイニシャルがついたら何千ドル負けているか、だ。イニシャルがAなら1000ドル未満、Bなら1000ドルから2000ドルのあいだ、Cなら2000ドルから3000ドルのあいだ、以下同様に続き、Zなら2万5000ドルと2万6000ドルのあいだだった。電話がかかってきた人の名前を聞いてから、ヴィヴィアンは丁寧に、ソープさんは「今いません」と交換手に告げる手はずである。

何時間か眠ってから、私たちはホテルの朝ごはんの席で落ち合った。疲れた。目がしょぼしょぼする。私はエッグ・ベネディクトとオレンジジュース、それにブラックのコーヒーを浴びるほど腹に入れて元気を出し、3人で勝負に向かった。最初のカジノは街の外にあり、そこでは1ドルから10ドルを賭けることにした。リスクの大きさに慣れてきたら賭け金を増やしていくのだ。そのうち賭け金は50ドルから500ドルになるだろう。家を出る前、私は、元手は1万ドルだけでいいと言い張った。キンメルはその10倍がいいと思っているのはわかっていた。10万ドルの元手で1％有利なときには500ドル賭けるのだ。でも、まず1ドルから10ドルの範囲で賭けて肩慣らしをする、私はそう言い張った。私はキンメルに、大きな勝負に出るまで、私は自分のペースで一歩一歩進まないといけない、そう念入りに説明した。でも彼は、私がよちよち歩むのを眺めて待ってないといけないことに我慢がならなかった。イライラが募るにつれ、キンメルの青白い顔色が真っ赤になった。髪の毛は真っ白だったから、いっそう際立っていた。あとになって知ったことだが、アメリカや、共産主義者に乗っ取られる前のキューバのカジノで、彼は何万ドルも勝ったり負けたりするのが普通だったそうだ。

1時間ほどプレイして、私は何ドルか勝っていた。イースター前の金曜日だったから、そのカジノはそこで3時間店じまいだった。リノのダウンタウンに戻り、とても有利なルールでプレイできるカジノを選んで入った。そこではカードは最後の1枚まで配られるし、プレイヤーはどんな手でもダブルダウンでき、またどんなペアでもスプリットできた。加えてこのカジノでは、一部のカジノで認められている「保険」を掛けることができた。ディーラーの1枚目は必ず表を向けて配られるわけだが、それがA《エース》のとき、プレイヤーは、元の賭け金の半分を追加で賭ければ「保険を掛け」られることになっていた。ディーラーの2枚目が10かまたは「絵札」だった場合（2枚の合計が21になる。これを「ナチュラル」という）、保険料の2倍の保険金が支払われる。

殺気立つ金主

豪華な晩ごはんを食べて休憩したあとは、15分から20分続けてプレイしては数分休むというパターンを続けた。休んだあとは、いつもどおりいちばんプレイヤーの少ない卓を選んでいた。私はゆっくりプレイした。間をおいて考え、出るカードを全部、じっと見る。カジノの人たちは、私がよくあるまやかしの戦略のどれかを使っているのだろうと思った。この手の戦略では、あらかじめ決まったパターンで賭けをする。そんなパターンでカジノ側の有利さを克服できることになっている。そういう戦略はいくらでもある。どれもうまくいかない。そんな戦略を使うプレイヤーはカジノによくやってくる。カジノは大歓迎だ。負け続けてくれるあいだは、だけれども。

私が何をやらかしていたにせよ、1ドルから10ドルのお金を賭けてプレイするうち、私はちょっとずつ沈んでいき、負けは100ドルになった。そこまでたどり着くのに8時間かかった。そのあいだ、キンメルは、殺気立ち、うんざりし、興奮し、最後には、こんなのが秘密兵器なわけがないと、私に見切りをつける寸前までいった。

もう朝の3時だ。ここ数時間でその場にいたプレイヤーはほとんど帰ってしまっていた。私は卓を1つ独り占めすることができた。新しいディーラーは愛想の悪い人で、一方私は疲れて気が短くなっていた。お互いとんがった言葉を投げつけあってから、彼女はこれ以上ないってぐらいのスピードでカードを配った。これにはむかついた。もう相場を上げてもいい頃だと思って、以降は2ドルから20ドルの範囲で賭けることにした。たまたまデックの巡りもよく、そこから何度か勝った。私は損を取り返し、ちょっと浮いて終えた。疲れ切っていたのでそこでやめ、帰って寝た。朝の5時だったけれど、何時だっておかしくなかった。カジノには時計がないし、だいたいは窓もない。ギャンブラーたちは昼が夜になり、また昼になっても気づかない。この孤立した非現実的な世界で、自分が1日の陰気なサイクルのどの辺にいるかわかるものといったら、たぶん、波みたいに寄せては返す、人の流れぐらいだ。

起きたときにはもう正午頃で、私はまだ疲れていたけれど、ヴィヴィアンにコレクトコールをかけた。暗号に基づき、私はエドワード・A・ソープを呼び出した。つまり「うまくいってる。勝っているけれど1000ドル未満だ」という意味だ。交換手にソープさんは電話に出られませんと告げるヴィヴィアンの声に交じったほっとした調子に、私は元気が出た。

投資でも使えるコツ——安心できる水準までしか賭けない

朝ごはんを食べたキンメルと私はまた街の外にあるカジノへやってきた。今度は10ドルから100ドルを賭けることにした私は、数分のうちに2、300ドル勝った。これで私は役に立つ存在になり、喜んだ私の後ろ盾は、自分もプレイすると言い出した。2時間後、私たちの勝ちは650ドルに積み上がり、カジノは「シャッフルアップ」を始めた。シャッフルアップとは、何度かプレイしただけでカードを全部リシャッフルすることだ。有利な状況はデックの終わりが近づいた頃に起こりがちなので、リシャッフルされては儲かる割合が大幅に下がる。私たちは場所を変えることにした。

私のプレイは素早く、なめらかになり、どんなディーラーにもついていけるようになった。賭け金を引き上げるのも平気になった。次に訪れたカジノでは賭けるお金を25ドルから250ドルの範囲に引き上げ、1時間プレイしたあと、さらに50ドルから500ドルに引き上げた。私の計算では、1万ドルの元手で安全にプレイできる上限がこの額だった。このやり方、つまり、私が情緒的に安心できる水準までしか賭けないというやり方のおかげで、私は落ち着き、自制心を保って厳密に自分の戦略でプレイすることができた。ブラックジャック卓でそう学んだことは、投資の世界に移って賭けるものがもっともっと大きくなっても、ずっと価値ある教訓になった。

ハンドは土曜の晩にやってきた。3人でリノの繁華街にある有名なハロルズ・クラブへ行くことになっていた。

ここは1930年代にはさびれたビンゴ・クラブだったが、オーナーのハロルド・スミスSr.がアメリカ一の有名なカジノに立て直した。アメリカ中の高速道路沿いに全部で2300枚の看板を立て、海外向けにはカジノでもてなした軍人たちが噂を広めてくれた。加えて、スミスは女性のディーラー、24時間営業、常連のお客をターゲットにしたカスタマー・サービスなど、数々の新機軸を打ち出した。このやり方はとてもうまくいき、ハロルズ・クラブは大金を賭けるギャンブラーたちが好んで訪れる場所になった。20年前、私の家族がシカゴからカリフォルニアへ車で行ったとき、10歳だった私は道沿いに頻繁に現れる看板に心を惹かれたものだった。リノのハロルズ、さもなきゃハズレ。その心惹かれた場所に私はついにやってきたのだ。

キンメル、ハンド、それに私はハロルズ・クラブの1階に足を踏み入れた。よくあるカジノに比べて明るく、広かった。スロットマシンが並んだところを通り過ぎ、席について、25ドルから250ドルの範囲で肩慣らしをした。キンメルとハンドはすぐ横で見ていた。私の後ろ盾たちは、1回の賭け金の上限が500ドルなら、ほかのプレイヤーがやってきてちまちま賭けるのに邪魔されないようにプレイさせてくれるかと店に尋ねた。するとピット・ボスは、私たちを上の階にある、大金を賭けるプレイヤー専用の貸し切りの部屋に連れて行ってくれた。そこでは私専用のディーラーが割り当てられ、専用のテーブルも3つのうちから選べるようになっていた。私にとってはこれ以上はないぐらいいい環境だ。でも15分ほど経って私がほんの500ドル浮きだったとき、小屋主のスミスが息子のスミスJr.を従えて通用口から入ってきてディーラーの後ろに立った。今から思えば、彼らはキンメルとハンドのことを知っていたのだろう。2人が賭けてきた大金を考えて、何かカジノに大きな痛手をもたらす企みを抱えてやってきたのではないかと心配していたのだ。社交辞令と丁重なやり取りがあったけれど、スミスたちは言うことははっきり言った。あなた方が何をやらかしてるのか存じませんが、おかしなことができないように、デックはしょっちゅうリシャッフルさせてもらいますよ。

小屋主たちはディーラーに、デックに残ったカードが12枚から15枚になったら毎度リシャッフルするよう指示した。それでも私が勝った。彼らはデックの残りが半分を過ぎたらリシャッフルした。最後には2回プレイしただけでリシャッフルするようになった。私はそれでももう80ドル搾り取って、そこで店を出た。

有利な立場で賭け続けると……

次に入った店では賭け金の上限はたった300ドルだったけれど、ルールは素晴らしかった。プレイヤーは保険を掛けるのも認められていたし、どのペアでもスプリットできたし、どんな手でもダブルダウンできた。それなのにカードの巡りは悪く、負けがどんどんかさみ、4時間経ったところで1700ドル溶けていた。私はがっかりした。もちろん、短いあいだで見れば、有利な立場に立つカジノが負けることもあるのと同じように、カード・カウンティングをしていても沈むことはあって、何時間も、それこそ何日も負け続けることがあるのはわかっていた。持ちこたえなければ。私はデックの巡りがよくなるのをもう一度だけ待つことにした。

それが起きたのはほんの数分後のことだった。突然、デックが5%有利な状況を生み出した。私は上限いっぱいの300ドルを賭けた。残るチップ全部だ。これで負けたらここでやめようか、チップをもっと買ってこようか考えながら、私は配られたカードを見た。8のペアだった。スプリットするべきだ。どうして？ 16はひどい手だからだ。もう1枚引けばたぶんどぼんだし、スタンドすればたぶんディーラーが17以上を出して負けになる。でもスプリットすれば新しい手を2つ、それぞれ8で始められる。1枚目としてはまあまあの手だ。私は100ドル札を3枚財布から取り出して2つめの8の上に放り出した。8のうち1つめで次に来たカードは3だった。ダブルダウンするのが正しい。私はこの手にさらに300ドル載せ、もう1枚カードをもらった。これで900ドルだ。これまででいちばん大きな賭け金がテーブルの上に載っていた。

ディーラーがカードを引き、表を向けた。6だ。その下には10があり、それからすぐにどぼんした。そうして私は両方の手で勝った。900ドルの儲けだ。これで負けはほんの800ドルまで減った。デックの巡りはそれからも有利で、大きく賭けるべき展開になった。そのプレイもすぐにいい巡りになった。数分の内に私の損は消え、255ドルの浮きになった。その晩はそこまでにしようということになった。

これで2回、10カウント戦略はけっこう大きな損とまばゆいばかりの輝ける「幸運」の連発が混ざり合った結果を出した。あとになって、これは有利な立場でランダムな賭けを続けたときに典型的に起きることだと知った。そして私はそれを、ギャンブルと投資、両方の現実の世界で、何度も何度も日の当たりにすることになる。

あっという間に1300ドルの勝ち

翌朝、私たち3人はまた、街の外のカジノを訪れた。卓につく前に、私はヴィヴィアンに電話をかけた。戻ってみると、私の仲間たちに、カジノは私たちにはプレイさせてくれないそうだと言われた。でも、ごはん代は喜んで持つのだそうだ。フロア・マネージャーにどういうことだと聞いてみた。彼は親切に礼儀正しく、前の日に私がプレイするのを見ていて、賭ける額にしては勝率が高すぎるといぶかしんでいたと言う。何か作戦があるにちがいないということになったのだそうだ。

あとになって、ネバダ州では、カジノは理由なくプレイヤーを締め出していいことになっているのを知った。信じられない話だけれど、カジノは会員制のクラブで、広く一般の人たちに開放されてはおらず、だからカジノは誰だろうと好きなように追い出せるのだという。昔は肌の色なんかが追い出す理由に使われていた。

翌日の午後、私たちは車でネバダ州ステイトラインに向かった。タホ湖の南の端にある街だ。

街はカリフォルニア州との境にあり、ネバダ州側は賑わっていた。州際の向こうのカリフォルニア側は平穏だ。モーテルがあり、喫茶店があり、家が並んでいた。でもネバダ州ではギャンブルが合法であり、ネバダ州に入ってくる観光客をありったけ呼び寄せようと、カジノやホテルがカリフォルニアとの州境ぎりぎりまで並んでいる。

キラキラとした雑踏の中、私たちは午後6時に、灯りが煌々と照らす大きなカジノにたどり着いた。とても賑わっていた。ブラックジャック卓の席につくのも一苦労だった。

私は2000ドル分のチップをテーブルに置き、キンメルは、ただただ見ていることに耐えきれず、私の横でプレイすると言い張った。私が彼に次の手を教え、賭け金の大きさをコントロールしろと言う。これはうまくないやりかただった。彼は作戦をわかってない。それに彼が慣れ親しんだプレイ・スタイルでは優位が失われる。彼に正しいやり方を教えていては、私たちのやっていることがばれてしまう。それに、私は自分もプレイしながらこっそり彼に指示を出し、同時にカード・カウンティングをやって、私たちがそれぞれどれだけ賭けるか判断しないといけない。ただでさえ興奮しがちで人の話を聞かないキンメルだから、私の言うことも聞かず、1万ドルの元手では賭けすぎなところまで賭けてしまうだろう。そう経たないうちに私は1300ドルの浮きになった。ワイルドな賭け方をしたキンメルは2000ドルの浮きだ。そこでピット・ボスがよだれを垂らしながらやってきて、お食事とショウはいかがですかと誘った。ショウのほうは断ったが、フィレ・ミニヨンとシャンパンはたっぷり楽しんだ。数時間のうちにツケは回ってきた。その額？　逃がした儲け1万1０００ドルだ。

2時間で2回も胴元が破産

晩ごはんが済んで、私たちは光り輝く別の高層ビルに向かった。いちばん大きなカジノの1つがそこにあって、ハーヴェイズ・ワゴンホイルという。サクラメントで食肉卸をやっていたハーヴェイ・グロスマンと奥さんのルウェリンがカリフォルニアとの州境に建てた、部屋1つの丸太小屋から大きく成長した。店の名前はドアに打ちつけた荷馬車の車輪から来ている。今、彼らは湖の南岸で最初の高層ビルを建て、12階建て、197部屋に及ぶホテルと、その中のカジノを持っていた。私は出納係《キャッシャー》の檻《ケージ》で2０００ドル分のチップを買って、空いた卓へ向かった。すぐに私は1ドルしか賭けない連中が出入りするのに悩まされるようになった。彼らときたら、のろのろプレイするわカードは隠すわ、おかげでカード・カウンティングが難しくなる。

私は50ドルから5００ドルの範囲で賭けていたのだが、別のプレイヤーが入ってくるたび、当てつけで下限を1ドルに引き下げた。数分の内にピット・ボスがメッセージを携えてやってきて、専用の卓でプレイなさいませんかと聞く。そりゃもう感謝感激だよと私は答えた。専用の卓があるのを見たらほかのお客がどんな気持ちになるかを考えると好ましいことではないのですがと言いつつ、彼は満面の笑みを浮かべて賭け金の下限25ドルならご提供できますがご満足いただけますかとつけ加えた。もちろんだとも。その旨が表示されると卓のお客はみんな散って私だけになった。ちょっとしたご見物の人だかりができたけれども、彼らはおとなしくしていた。たぶん、自分より懐の肥えたご同輩の羊が見る間にツブされるのを心待ちにしていたんだろう。

　私が数百ドル勝ったところでまたキンメルが飛び入りしてきた。前回、そういう真似はもうしないって話だったのに。私の言うことなんか、彼はやっぱり聞いちゃいらっしゃらなかった。できるだけやってみることにした。私はカード・カウンティングを続け、やっぱり私たち2人分の作戦を立てるのだ。私はこっそり彼に指示を出そうとし、彼は私に注意を払わない。でも彼も、賭け金の大きさを上げ下げするのは私の言うとおりにやるべきだというのはわかっていた。大事なのはカードをどうプレイするかよりもそっちのほうだったので、彼の有利な立場は変わらなかった。30分後、私たちは卓のチップ置き場を空っぽにした。ブラックジャック版の胴元の破産である。ピット・ボスの顔から笑みは消えていた。彼は恐れおののいていた。

　従業員たちもパニックを起こしていた。私たちのディーラーは、お偉いさんの彼氏にすがりついていた。彼は騒ぎを見てやってきたのだ。「ああお願い、助けて。お願いだから助けて」。ピット・ボスは、心配になって集まってきた部下たちをなだめて追い払おうとしていた。チップ置き場にお金が補充されると見物の人は膨れ上がった。彼らはカジノというゴリアテに立ち向かう自分たちのダビデを寿ぎ始めた。

　それからまた2時間プレイして、私たちはまた胴元を破産させた。私たちの目の前にチップの大きな山ができた。2人で稼いだ1万7000ドルもその一部だ。私が6000ドル、キンメルは、今度も激しく賭け金をつぎ込んで、山に1万1000ドルを積み上げた。晩ごはんを食べすぎた後遺症が出てきたし、キンメルの手の面倒を見ようと神経をすり減らしたたし、ここまで数日間の疲れも出てきて、私はへとへとだった。正しくカードをカウントするのも難しくなり、私の相棒もしおれかけていた。もうやめようと言い張って、私は出納係に向かった。チップを詰め込んだ私のポケットは鞍袋みたいに膨らんでいた。そんな稼ぎ方をすれば当然目立つわけで、ステキなお嬢さんが3、4人、情熱たっぷりの微笑みを浮かべて私の行くほうを行ったり来たりしていた。

金主、ご乱心

チップをお金に換えてから、私は卓に戻った。今度は私が恐れおののいた。ツイてると思ったキンメルは、ここでやめてたまるかと賭け続け、何千ドルも溶かしていたからだ。私にとってブラックジャックは数学のゲームであり、運不運のゲームではない。運というのは、幸運も不運も、ランダムで予測不能でいっときのものだ。長い目で見ればたいしたことはない。キンメルはそうは思ってなかった。私が引っ張って行こうとすると、彼は興奮してこう叫んだ。「オレは…絶対…ここを…離れないぞ！」。彼を卓から引っぺがすのにかかった45分ほどのうちに、キンメルは1万1000ドルの儲けを全部溶かしてしまった。それでも、私たちはその晩の私の稼ぎを抱えてホテルに戻った。ここまで、旅を通じて1万3000ドルの儲けだ。日課になっているヴィヴィアンへの電話でも、私たちの稼ぎは毎日増えている。さあ、いちばんの楽しみの時間だ。私は芝居がかってエドワード・M・ソープを呼び出した（儲けが1万2000ドルから1万3000ドルのあいだになったという意味だ）。ほっとした元気な声で、ヴィヴィアンは交換手に、彼は今家にいませんと告げた。

最後の日は、最初に練習をしたカジノに立ち戻った。私は1000ドル分のチップを卓に置き、勝ちだした。人伝てに話が伝わり、何分もしないうちに小屋主が視界に現れた。パニックになりつつ、次のプレイが始まる前に彼はピット・ボスに指示を出した。私が賭ける額を変えたらディーラーは次にカードを配る前にデックをまるごとリシャッフルした。私が追加でもらう手札の数を変えても（今では私は一度のプレイで1席から8席までいろいろやれるようになった。それにいちばんうまいディーラーよりも速くプレイできるようになった）、そのたびにカードがリシャッフルされるようになった。前回のちょっとした練習のときのディーラーが向こうに立っていて、敬意のこもった声で、この人はこの前の晩からずいぶんうまくなっていると、何度も何度も言っている。ちょっと私が鼻を掻くと、ディーラーはリシャッフルした！　信じられなくて、私はディーラーに、私が鼻を掻くたびにリシャッフルするの？　と尋ねた。彼女はええしますと言う。試しにもう何度か掻いてみた。彼女、本気だった。不自然な動作をしたら、それがどれだけ些細なことでも、リシャッフルするかと尋ねてみた。やっぱり彼女はこう答えた。「ええ」

これではカジノと五分の勝負にしかならない。カードは全部シャッフルされ、プレイは毎回全部揃ったデックから始められる。これでは有利に立つことはできない。私は50ドルとか100ドルとかのもっと高額のチップを頼んだ。今持っているのは20ドルのチップばかりだったからだ。小屋主が前に出てきて、そういうチップはあなた方には売りませんと言う。そうして彼はまっさらのデックを持ってきた。ディーラーは注意深くカードを裏返して広げ、それから表を向けた。なんで裏返しで広げたんだと尋ねてみた。そういうのは異例ではなかったけれど、カジノはめったにカードの裏を調べたりはしない。今、彼らはそんなことをやりだした。まるまる2分も調べていた。私は眼鏡をかけているのに、ディーラーはこんなことを言う。あなたはとても目がよくて、カードの裏の小さな汚れを見分けられるのでしょう。だから次にどんなカードが出るかおわかりになるんでしょう。これには笑ってしまった。でも、パニクった小屋主は、5分のあいだに新しいデックを4回も持ち込んだ。

30時間で1万1000ドルの勝ち

デックが変わっても私の勝ち方はぜんぜん変わらなかったから、彼らはそのうちこの手をやめた。ひそひそ声で、彼らは新しい説を作り上げた。今度はなんだ、私の秘密はなんだと思うんだと聞いた。ディーラーは、あなたはプレイしながらカードを全部覚えられるのでしょうと言う。だからまだ出ていないカードが正確にわかるのでしょう。記憶術（記憶力を高める学問）の研究者のあいだでは、デックから配られるカードを適切に整理して覚えるのは、練習すればできるようになるのがよく知られている。その方法は私もよく知っていたけれど、そんなふうにカードを覚えても、ブラックジャックをプレイできるほど素早く活用できないのも知っていた。そこで私はディーラーにこう反論した。デックからぶっぱやく38枚もカードが配られて、それを見て、それぞれの数のカードがあとどれだけ残ってるかすぐに言える奴なんて世界中探してもいないよ。

ディーラーは、自分の横に立っているピット・ボスはそれができると言う。私は、やって見せてくれたら5ドルあげるよと返した。2人はきまり悪そうにうつむいて答えなかった。50ドルならどうだと言ってみた。彼らは黙ったままだった。恥じ入っている。一部始終を見ていたハンドがさらに吊り上げて500ドルならどうだと言った。反応はなかった。苦り切って、私たちは店を出た。

MITの春休みも終わろうとしていた。私たちの旅も終わりだ。3人で延べ30時間に及ぶ中ぐらいの勝負から大ばくちまでで、1万ドルを2万1000ドルに増やした。いちばん負けがこんだときでも元手は1300ドル（といろんな費用）以上減らなかった。実験は成功だ。私の戦略は、卓でも理論どおりにうまくいった。私は満足だった。今後ブラックジャックをしに行くことがもしあったら、私の研究のスケジュールや家族の生活の都合に合わせないといけない。キンメルやハンドとまたギャンブルに出かける話はなかったけれど、ただ、可能性は残しておいた。

ボストンに帰る飛行機で、私はカジノのスポークスマンを思い出していた。ブラックジャックで勝てると言う私を鼻で嗤ったあの人だ。「お肉屋さんに連れていかれた羊がお肉屋さんを殺すことだってあるでしょうが、私どもが賭けるのはいつもお肉屋さんのほうです」
羊の日がやってきたのだ。

金主の正体

それから30年ほど経って、作家で調査ジャーナリストのコニー・ブラックが、キンメルが何者なのか、私の知らなかったことを教えてくれた。『ゲームの達人（*Master of the Game*）』を書いていたときインタビューさせてくれと私に電話をくれたのだ。この本は、スティーヴ・ロスがいかにして「義理の父が持つ葬儀社の事業と、ある駐車場の会社を手に入れ、そこから世界最大のメディア・エンタテインメント企業、タイム・ワーナーに仕上げたか」を描いている。この「ある駐車場の会社」こそがキニー・サービス・コーポレーションである。1945年にロスが影のパートナー、エマニュエル・キンメルと立ち上げた会社だ。本によると、キンメルは1920年代から1930年代に密造酒と違法だった宝くじで財を成した。そのとき手を組んだのはアブナー・「ロンギー」・ツヴィルマン（マーク・スチュアートの書いた伝記『ギャングスター#2』がある）で、この人はニュージャージーのドンであり、1935年のアメリカで2番目に強い力を持ったヤクザだった。それを知っている今、1万ドルの元手でほぼ確実にまあまあの勝ち方ができる作戦でプレイしてよかったと思う。10万ドルの元手でひどい損が出るリスクを冒さなくてほんとによかった。それから、昔の自分がどれだけ甘ちゃんだったか改めて思い知った。そういうことに関しては妻のヴィヴィアンのほうがずっとずっと賢い。

キンメルの友だち、ハンドもブラックのインタビューを受けている。私たちが旅した頃、彼の会社は「クライスラーの乗用車やトラックの輸送を一手に引き受けていた」。ニューヨーク州のバッファローを本拠に、彼はトラック運転手組合との紛争を通じて戦いに強くなった。何年かあと、彼は会社をライダー・インダストリーズに売却している。株式市場を相手にしていた頃、彼は売却代金としてライダー株のワラントを受け取っていたのを知った。株価をチェックした日現在で、ワラントの価値は4700万ドルだった。彼とキンメル、そして私でリノからラスベガスに向かう飛行機に乗っているとき、ハンドは急に昔を懐かしがり出した。『タイム』誌のコラム「マイルストーン」を読んでいるときだ。短いコラムは、彼がかつて付き合っていた女性が2人、結婚することになったと述べていた。1人は銅山を相続したチリの女性、もう1人はテニス選手の「ゴージャス・ガッシー」・モランだ。この人はウィンブルドンの大会で試合にレースのパンティ丸見えで現れて大騒ぎを起こしている。

ブラックによると、キンメルは1982年にフロリダで亡くなっている。享年86歳であり、若い奥さんを残しての旅立ちだった。名前はアイヴィ、2人いたキンメルの「姪」のうち年上のほうで、妹とキンメルと一緒に、大昔、あの陰鬱な午後にボストンで私たちを訪れた人だ。キンメルは私に、彼女と出会ったのは彼女が働いていた宝石店だったと語っている。彼らはキンメルの前の奥さんが亡くなってから結婚している。2005年、ヴィヴィアンと私はヒストリー・チャンネルの1時間の番組に出た。私のブラックジャックにまつわる話を扱った番組で、アイヴィも登場する。彼女は私がキンメルに宛てて送った1964年の手紙の写しをまだ持っていた。手紙で私はバカラに関する新しい発見を書いている。最後に話をしたとき、ハンドは南カリフォルニアのモンテチトの所領で豊かな暮らしを送っていた。その後彼は南フランスに引退した。

一方、私はブラックジャックからさらに学ぶことがあった。投資と、世界の仕組みの両方について、ブラックジャックが教えてくれた。

CHAPTER
7
場外乱闘

世界初のウェアラブル・コンピュータ

マサチューセッツ工科大学（ＭＩＴ）に戻ってみると、私は食堂で人目を引くようになった。毎週毎週、カジノでぶんどった１００ドル札で代金を支払うからだ。１９６１年以来の通貨価値の下落を調整していうと、今どきなら１０００ドル札で払ってたぐらいの目立ち方だ。

ときに、私のＭＩＴでの任期は2年で、6月30日、つまりほんの3カ月後で終わりだった。学科長のＷ・Ｔ・「テッド」・マーティンは3年目に入ってもＭＩＴにいてくれと言い、インスティテュート・プロフェッサーのクロード・シャノンからとても高く評価されていると教えてくれた。この話に乗れば、すぐにでも先々でも、正式に雇ってもらえるかもしれない。でも、乗るかどうかの判断は難しい。ＭＩＴは数学の世界最高峰の１つになっていた。第二次世界大戦中に政府の事業に携わり、専門学校から科学の一大拠点に変貌した。ちょっと廊下を歩くだけで天才科学者のノーバート・ウィーナー（サイバネティックス）、将来のアーベル賞受賞者イサドール・シンガーなんて人たちと言葉を交わすことになる。ＣＬＥムーア寄付講座は、私もその講師の１人だったわけだが、新しく博士号を得た人たちを迎え入れていた。その後ノーベル記念経済学賞を取るジョン・ナッシュやフィールズ・メダルをもらうことになるポール・コーエンなどがそうだ。数学にはノーベル賞はないが、フィールズ・メダルやアーベル賞がその役目を果たしている。コーエンは私が来る数日前にＭＩＴを離れていた。研究室のドアに書かれた彼の名前が消されていた。

最終的に、私はとどまらないことにした。キャリアという意味では、自分は大物たちに後れを取らないだけの能力がある、私はそう思っていたけれど、でも、数学の業績が足りないとも思った。また、私は自分の専門分野で職場の先達や同僚と共同研究をしていなかった。学界で上を目指そうというとき、そういうほかの人との共同研究がよく決め手になったりする。私が時間をつぎ込んでいたのは、ブラックジャックの研究やシャノンと共同でやっているルーレットを予測するコンピュータの開発だった。でもシャノンとの仕事はどの学問分野にも属してはいない。いわゆる数学ではないし、後押ししてくれる人たちもいないし、そもそも名前もない。つまり、この研究は私の学界での業績にはならないのだ。皮肉にも、あれから30年、ＭＩＴはその後ウェアラブル・コンピュータと呼ばれるようになるものの開発で世界を先導することになる。そしてＭＩＴのメディアラボがインターネット上に公開している年表には、シャノンと私が最初のウェアラブル・コンピュータを開発した人間として挙げられている。

ニューメキシコ州立大学（ＮＭＳＵ）は若くて賢い研究者を募り、また流入する優れた大学院生を強力に支援していた。同校は国立科学財団から５００万ドルの助成金を受け取っていた。スプートニク・ショック後に行われたセンター・オブ・エクセレンス助成金で、こんにちのお金で言えば４０００万ドルを超える額だ。このお金で４年のうちに博士課程を新しく立ち上げることになっていた。同校は私のお給料を大きく引き上げる、ＭＩＴやワシントン大学が提示した年６６００ドルに対し９０００ドル出すと言い、さらに終身の保証付きで准教授にしてくれる。そのうえ、教壇に立つのは週に6時間、教える相手は大学院生で科目も私が選んでいいとのことだった。これなら数学の研究を深め、教えることで自分も学び、自分の研究を行い、博士論文の指導を行い、学生たちと共同で仕事をするチャンスが手に入る。

ニューメキシコの仕事を取るのがキャリアの次の一歩としていちばんのように思えた。同僚たちは、何も当時まだ数学界では辺境の地だった場所までのこのこ出かけて勝ち目のない賭けをしなくても、と言ったけれども、何よりも大事だったのは、ニューメキシコへ行けばヴィヴィアンや赤ん坊のローンに、ずっと気候のいいところでの暮らしをさせてあげられるし、あそこなら私たちの家族の住むところにもまだ近いことだった。

そう決めた頃、私はブラックジャックを扱った本を書くのに同意した。そんなことになったのは、カジノでの実験が成功したのを友だちの何人かに話したからだった。あとはＭＩＴで人伝に話が伝わり、学術出版社のブライスデル（当時はランダムハウスの子会社だった）で営業をしていたイェール・アルトマンが本を書かないかと依頼してきた。私は彼に、すでに考えていた10章分の章タイトルを渡した。彼はそれを見て、これで行きましょうと前のめりに受け取ってくれた。

本のタイトルは『富の公式　勝てるブラックジャックの戦略』だった。この段階でランダムハウスがブライスデルから計画を取り上げてしまった。ブライスデルの社長はずいぶん激しく抵抗したのだけれど無駄だった。ランダムハウスは本を自分たちで一般書として配本しようと考え、タイトルも改まって『ディーラーをやっつけろ!』になった。本が出版されるのは1962年の11月だったから、本が出る前に自分の戦略をネバダのカジノで利用する時間ができた。出版されてからだと、私がブラックジャックをしにカジノに現れてもいろいろ難しいだろうと思った。

本はその後数カ月で書いた。ヴィヴィアンと私は荷物をまとめ、ローンを連れて1961年の夏をロサンゼルスで過ごした。本を書き、数学の研究をし、またネバダへブラックジャックをしに行き、秋にNMSUへ移る準備をし、週に20時間シャノンとルーレットの仕事をし、2人目の子ども、カレンの出産に備え、てんてこまいだった。今から思い返しても、ヴィヴィアンと私でどうやってあれを全部こなしていたのか見当もつかない。

カジノのイカサマ

8月、私はロサンゼルスからラスベガスへブラックジャックをしに行った。「ジュニア」に招かれたからだ。本を書きながら私は、読者が勝つのをカジノがどんな手を使って邪魔するかもっとよく知りたかった。ジュニア（ソニーとも呼ばれていた）はハーバードの法学生で、MITにいるときに私を訪ねてきた人だ。21歳の誕生日にカジノでブラックジャックをやり始めた彼は、エンド・プレイと呼ばれる戦略を使っていた。昔からのギャンブラーたちが発見し、使っていた戦略で、基本的にはこんな考えに基づいている。戦略はデック1組のゲームでカードが全部配られるときに使う。当時のプレイヤーたちは自分の不完全な戦略でだいたいは最悪の結果にたどり着くが、ときどき、残るカードにはA《エース》や10カウントのカードがたっぷり残っていることがある。抜け目のないプレイヤーはそういうときに大きく有利に賭けるのだ。そうやっていると資金は激しく上下するから大きな元手が必要になる。それだとカジノは大きく勝つこともあるけれど、大きく負けることもあるから、彼らはこの手のプレイヤーが大嫌いである。たとえばジュニアはあちこっちで出入り禁止を食らったりイカサマをされたり目の前でリシャッフルされたりする。そこで彼はハリウッドのメイクアップ・アーティストのところへ行き、中国人に見えるように顔を作ってもらった。髪は黒く染め、生え際は剃刀で注意深く変え、そうしてラスベガスのブラックジャック卓に座った。チャイナタウン風の服の下には分厚い綿入れを着た。もうぜんぜん別の人に見えたはずだったが、ピット・ボスが彼を指さしてゲラゲラ笑った。「見ろよジュニアだ。中国人みたいなかっこしてるぞ」

今回の旅路に向けては、ヴィヴィアンが手助けしてくれた。ものすごいスピードでカードを配り、私の顔にタバコの煙を吹きかけ、ややこしい会話を投げつけた。そのあいだ、私はカード・

カウンティングを続け、何%有利かを計算し、いくら賭けるのが正しいか考え、出たカードによって変わっていく適切な戦略に基づいてプレイするのだ。大事なのは一歩ずつ進むことで、それまでやっていたことに十分慣れ親しんでから次の課題を上乗せする。そうして、お手上げみたいに思えた仕事がやっとたやすくなった。

ジュニアは私にまあまあの元手2500ドルを提供してくれた。今日でいえば2万ドルにあたる額だ。彼はラスベガスでずっと私についていてくれて、一方の目でイカサマを見張り、もう一方の目で元手に気を配った。サンズでプレイしているとき、ジュニアを知っているピット・ボスが自分の知っている連中に、ヤツが街に来てるぞとふれて回った。カジノの経営陣は、ジュニアを見かけたら必ず私が近くでプレイしているのに気づいた。すると、私のディーラーは力が入り、リシャッフルとイカサマを始めた。不正なディーリングがものすごい勢いで行われ、誰か専門家が見張ってくれて警告してくれないと、私はこれからプレイできなくなるんじゃないかと心配になった。まあまあの勝ち方をして、私はロサンゼルスに戻った。翌月の1961年9月、ヴィヴィアン、ローン、そして私はニューメキシコ州のラスクルーセスに移った。ここでNMSUの仕事を始めるのだ。

イカサマは大きな問題で、そのせいで勝つはずの勝負に負ける可能性さえあるとジュニアが教えてくれた。でも彼は、イカサマがどんなふうに行われるか、どうやってそれを見抜くかは教えてくれなかった。一方、私は本を書き続けていた。本を読んだギャンブラーたちが何千人も、勝てると思って卓に向かうかもしれない。インチキなディーラーが彼らをカモにすれば入れ食いもいいところだろう。私はイカサマがどう行われるかを理解し、読者に説明しないといけない。彼らがちゃんとイカサマを見抜いて避けられるようにしないといけない。そんな思いで私はまたネバダへ行くことにした。

イカサマを見抜く天才とラスベガスへ

チャンスがやってきたのは、私がラッセル・T・バーンハートとやり取りしていたからだった。手品師にしてギャンブルの研究者であり、私が1961年1月にワシントンDCで講演したあとに彼が連絡してきた。私がまだMITにいるあいだに手紙をやり取りして、それからコロンビア大学近くにある彼のアパートで会い、ギャンブルと手品について話し合った。接待代わりに、彼はパーシ・ダイアコニスを連れてきてくれた。17歳の天才だ。ダイアコニスはカードを使った手品を1時間ほど見せてくれた。私は驚くばかりだった。それからバーンハートの提案で、私たちはダイアコニスの将来について話し合った。数学の教授になって学界でのキャリアを歩むのと、プロの手品師になるのとどっちがいいだろう？　私ならどんなアドバイスをする？

私は知的生活の素晴らしさを語った。おもしろい問題を好きなだけ、いくらでもいつまでも考えることができ、知的な形で挑んでくる同僚や学生と応酬し、自分が選んだ分野を学び、夏には旅したり研究したりできる自由な時間もたっぷりある。私たちの会話の影響があったのかなかったのか、いずれにしてもその後ダイアコニスはハーバードで数学の教授になり、マッカーサー基金の「天才賞」助成金も受け取ることになる。彼はカードのシャッフルの理論を追求した。一般向けに広く報じられたのによると、ちゃんとシャッフルするならどんなカードのデックでも、ほんの7回で実用の範囲では十分にランダムになる、彼はそんな結論に達したそうである。

ジュニアとの旅路のあと、カジノがイカサマをするので困るとバーンハートに言うと、ブラックジャック卓に殴り込むときは友だちのミッキー・マクドゥーガルと自分を連れてってくれと言う。マクドゥーガルは完璧だった。手品師であり、同時に、カードのイカサマを見破ることでとても有名な人だったからだ。著書『カードに潜む危険』は、私的な場で行われるゲームのイカサマを見抜いて回った彼の冒険を描いた本である。また、彼は数年にわたってネバダ州ゲーム管理委員会の特別顧問も務めた。彼の仕事の結果、委員会は数軒の小さなカジノをイカサマで告発するに至った。バーンハートは匿名で1万ドル支援してくれる人を見つけてきてくれた。おかげで元手の問題は解決した。儲けは、諸費用を差し引いたうえで、その人と分け合うことになった。

1962年1月、NMSUの年末年始の冬休み中に私たちはラスベガスで落ち合った。バーンハートは神経質な35歳の独身男、マクドゥーガルはおもしろいこと好きの社交的な60代だ。

カジノに入り、よさそうなブラックジャック卓を見繕った。マクドゥーガルからゴーサインが出るまで控えめに賭けるというのが作戦だった。サインが出たら賭け金を引き上げ、マクドゥーガルかバーンハートから警告サインが出ないかぎり1時間プレイする。1時間でやめたらひと休みして別のカジノに移る。一段落するたびにカジノを変えたり、シフトが変わってから戻ったりすれば、誰かカジノの従業員に見張られる時間を抑えることができる。さらに、あまり大勝ちする前にやめて誰かの注意を引かないようにし、同時に、あまり大損する前にやめて、気づかないうちにイカサマをされても損が膨らまないようにした。数学的にはプレイを中断しても関係ない。私の一生分の賭けは、単に1つの長い一連のプレイであって、それをいくつかの期間に切り分けて、別々の時間、別々のカジノに割り振ってプレイしても、私の有利さには影響がないし、長い目で見て私が期待できる儲けも変わらない。この原則はギャンブルにも投資にも当てはまる。

よくあるイカサマの仕組み

イカサマをされてるぞとマクドゥーガルやバーンハートが伝えてくれると、私はプレイをやめて出ていき、2人にどんなふうにイカサマされていたか教わる。マクドゥーガルは、最初はゆっくりと、それからカジノのスピードで実際にやって見せてくれる。手口がわかったときや、むしろこっちのほうがよくあったが、ポーカープレイヤーが言う「見抜ける」ようになったときは、同じディーラーのところへ戻って賭けを再開し、短いあいだちょっとだけ賭けて、卓でイカサマのディーリングが行われるのをもっとうまく見抜けるように練習した。

ものすごく巧妙にイカサマが行われるのを目の当たりにしたのは、私がいちばん気に入っていたカジノホテルでのことだった。このときの旅でも何度か勝って、私の生涯通算での成績は勝ちが全部で15、負けなしになった。16回目のプレイで、ピット・ボスがやってきて調子はどうですかと聞く。マクドゥーガルがこう答えた。「上がったり下がったり、まるでエレベータだな」。20分後、男が1人、ホテルの表玄関からすごい勢いで入ってきて私の卓に駆けつけ、ディーラーに取って代わった。怪しいと思って私は賭ける額を最小限まで下げた。それから何度か負け、マクドゥーガルが出ようとサインを送ってきた。私たちの部屋に戻ってから、マクドゥーガルは新しいディーラーが使った覗き見とセカンド・ディールをやって見せてくれた。実際のところ、それを見抜くなんて無理だった。

これらはよくある手口で、次に配られるはずのカード、いわゆるトップ・カードを覗き見る技だ。いちばん上にあるトップ・カードがプレイヤーにとっていいカードなら、代わりにその下にあるカードを配る。そっちのカードのほうが悪い可能性が高いからだ。一方、ディーラーが自分にカードを配るときは、トップ・カードがいいカードならそのまま配り、そうでなければ2枚目のカードを配る。これをやらかすディーラーはとても有利でプレイヤーを負かす可能性が高い。凄腕のイカサマ師や手品師だととてもうまくやる。これからやるよと教えられて、目を凝らして見てもなお、見分けられない。ましてやイカサマだと証明するなんてほとんど不可能だ。あの頃、ラスベガスではイカサマがとてもよく行われていて、私は長い時間をかけてプレイしながらたくさんのイカサマの手口を学んだ。私たちがカジノに乗り込むたびに、そのうちイカサマされるか追い出されるか、ディーラーがカードを配るたびにリシャッフルを始めるかするようになった。

味方のはずが……

最後の数日はタホ＝リノ地域へ行って、ネバダ州ゲーム管理委員会の連絡相手に会った。何があったか話してくれと言われ、私たちは2時間にわたってセカンド・ディールやイカサマを仕込んだデック、印のついたカード、その他その他を語って聞かせた。

私たちはカジノとディーラーの名前、それぞれの手口を並べ挙げた。もちろん、私たちの非難は、強いのは「絶対だ間違いない」から弱いのは「状況証拠しかないけど真っ黒に近い」までさまざまだった。ゲーム管理委員会の役人は、推測でかまわないとか思ったことを話してくれとか何度も言ったけれど、私たちは話のどこまでが事実でどこからが推測かをはっきりさせたうえで話をした。なんだかイヤな感じがした。いい加減な話をしろとか、盛った話をしろとか言われているような気がする。そのとき私は、自分は学者だから自然と注意深く正確であることにこだわりすぎているのか、それとも委員会の役人は私たちが信用できない連中だという証拠を探しているのか、どっちだろうと思った。なにしろ、実質的に私たちは委員会そのものを声高に批判していたわけだから。

イカサマが横行していると私たちに延々と語らせたあと、連絡相手は、特別顧問と仕事の話がほかにもあると言い出し、そのあいだを利用してブラックジャックをしてきてはどうですかと私に言った。なんでだったか、バーンハートは一緒に来なかった。イカサマを見張ってくれる人がいないのが不安だと言うと、連絡相手は、ゲーム管理委員会の人を1人、見張りによこすと言う。それがいいとマクドゥーガルは言う。ちょっと前に彼が教えてくれたのによると、ディーラーたちは委員会から来る人を全員見知っているので、そういう人たちが来たときはいつも、彼らがいなくなるまでイカサマをやめるのだそうだ。

手始めにリノの繁華街にあるリヴァーサイドホテルへ行ってみた（何年も経って、私がプレイしたこのカジノホテルは取り壊された。ざまあみろ）。賭けるお金は用心深く5ドルから50ドルにした。カジノは空いていて、私は空っぽの卓の真ん中に1人で腰を据えた。私の「見張り」は、他人の振りをして、1分ほどぶらぶらしてから自分もゲームに加わった。私たちの相手のディーラーは若い女の人で、胸の切れ込みの鋭いブラウスを着てそばかすの散った素肌をさらしていた。最初の何回かは私たちのどちらも彼女に負けた。次のプレイでは私が手にしたのは「厄介な」（10、6）で、ディーラーの表向きのカードは9か10だった。私がもう1枚と言うと、私に向けたカードがデックの中から飛び出し、トップ・カードと3枚目のカードのあいだに端っこが挟まったまま止まった……これにはびっくりした。ディーラーは凍りつき、深くえぐれたドレスの胸元まで真っ赤になった。ピット・ボスは卓の左の端にいて、一部始終を見ていた。彼は私に、トップ・カードが欲しいですかそれとも2枚目が欲しいですかと文字どおり聞いてきた！　2枚目のカードは10カウントのフェイス・カードだったから、それをもらっていたらどぼんするところだったしどぼんするはずだったのだ。そこで、ゲーム管理委員会の役人が耳も聞こえず目も見えない人だったとしても何が起きたかちゃんと頭に入るように、私は大きな声ではっきりこう言った。「2枚目をもらってちゃどぼんするはずだったよな。トップ・カードをもらおう」。来たカードは8で、どっちにしてもどぼんだった。私はチップを現金に換えて店を出た。

見張り相手にかくれんぼ

私の見張り番は外までついてきた。「あんなセカンド・ディールを見たことあるか？」と聞いたらこう答えた。「セカンド・ディール？　なんのことです？」。この役人はディーラーからほんの90センチのところに座っていたのだ。彼は全部見ていて、それでも何も見ていないフリをした。彼がついてきたのはカジノにこいつだぞと教えるためだと気づいた。私はトイレだと言って彼を撒き、別のカジノでプレイすることにした。いい感じで勝ってきて人が集まり始めたが、そのうちディーラーが代わった。ディーラーはその人だけだったのにと思ってあたりを見回すと、人の群れの中に今やおじゃま虫の付き添いがいるのが見えた。それから2時間半にわたって、私たちはかくれんぼを繰り広げた。

翌朝、帰る時間になって、私たち3人はリノをかろうじて逃げおおせた。ひどい雪で地元の空港は閉鎖されたが近くの空軍基地から飛ぶ飛行機が1便見つかり、それをなんとか捕まえた。あとになって、その便を最後にそれから11日間飛行機は飛ばなかったと聞いた。また、後日私は自分を支援してくれたのはウィリアム・F・リッケンバッカーだと知った。有名なエース・パイロットだったエディ・リッケンバッカーが養子にした2人のうちの1人だ（エディ・リッケンバッカーは分速1・6キロを超える速さで飛んだ最初の人で、「ファスト・エディ」という名はこの人のために作られた）。彼と『ナショナル・レビュー』誌の社員たちが資金を出してくれていたのだった。

この旅でわかったのは、うまくプレイして、専門家が汚い手のディーリングを見張ってくれていても、私はもうおおっぴらには大勝ちできないということだ。今後カジノを訪れるときは、目立たないように見てくれを変えて、なんにしても人の関心をひかないようにしないといけない。マクドゥーガルはゲーム管理委員会に、ネバダのカジノで私に付き添った8日間で、委員会のために仕事をしてきた5年間を全部合わせたよりもたくさんイカサマを見たと語った。耳の痛い報告を聞かされた委員会は、その後二度と彼に意見を聞かなくなったそうだ。バーンハートはギャンブルにのめり込み、その後ギャンブルの本を何冊も書くことになる。

小規模のカジノにご用心

一方私は、ラスベガスには怖い裏の顔があるのがわかってきた。かの地は何年もかけて発達してきた。報じられているところによると、1947年にギャング組織の1つが自分たちの持つカジノであるフラミンゴの経営に不満を持ち、南カリフォルニアで仲間のギャングであるバグジー・シーゲルを撃ち殺した。1960年には、エル・ランチョ・ベガスが原因不明の火事で焼け落ちた。その2週間前にこのカジノは、有名なギャングを店から追い出していたそうだ。

1960年代の初めに私がプレイした頃も、何千万ドルもの現金が勘定もされずに出納室から持ち出されていた。儲けは表に出されず、税金を逃れ、国中でギャングの活動に使われた。

私がギャンブルにかかわっていた頃からそう経たないうちに、カード・カウンティングをする人が山ほど現れた。彼らは適当な理由をでっちあげられて牢屋に放り込まれたりお金を取り上げられたり、奥の間でぶちのめされたりした。ある小さなカジノなんかは、従業員が徒党を組んで仕事の合間に酔っ払い相手に強盗を働いていた。1970年代には状況はそこまでひどくはなくなったが、ニコラス・ピレッジの書いたノンフィクション『カジノ』にも描かれているように、それでも十分にひどかった。この本はその後同じ題名の映画にもなった。

その後、ネバダは大きく変貌した。ヤクザのシーゲルが夢見たマフィアのディズニーランドから、企業が経営する表世界の娯楽の場になった。今やラスベガスは昔の姿をギャング博物館に祀って一般公開までしている。ブラックジャック専門家のあいだでは、ネバダやアトランティックシティのような老舗の賭博の場では、イカサマはめったに見られなくなったというのが大方の見解だ。一方、アメリカでも外国でも、小規模で統制の取れていない僻地のカジノでは気をつけたほうがいいとも言う。

『ディーラーをやっつけろ!』は1962年11月に世に出た。好意的な書評に乗って売れ行きは好調な滑り出しを見せ、その後も力強く安定して売れ続けた。そのうえ、ちょっと広告を打つと売れ行きは跳ね上がった。読んでくれた人たちは興奮し、熱狂してくれた。もっと幅広く宣伝する方法があれば、ほんとにベストセラーになるんじゃないか、そう思った。

ラルフ・クラウチはNMSU数学科の理事長である。彼は『ライフ』誌の科学担当の編集者を知っていて、記事を書かせてはどうだと言う。数学に基づくブラックジャックで勝つ戦略というのは科学的であり、しかも一般の関心も引ける題材であり、同誌はぜひ記事にしたいと言ってくれた。でもこの題材は生ものでない。何のことかと言うと、いつでも記事にできるということで、だから掲載予定も立たなかった。一方、『ライフ』誌と同じタイム社の雑誌に『スポーツ・イラストレイテッド』誌があり、そちらが『ライフ』誌より先に記事を載せる許可をもらってきた。

有名人を見世物にしたえげつない手口

時とともに、ブラックジャックのプレイヤーたちにネバダのカジノが突きつける対抗手段はどんどん厳しくなった。経営陣が「空の眼」で私たちを見張るようになった。卓の天井に貼ったマジックミラーを使ったシステムだ。私たちの顔は写真の載ったブラックリストでチェックされた。真っ正直にカード・カウンティングをしていただけでイカサマ師や咎人みたいな扱いを受けた。ブラックリストに載った顔を見つけると、カジノはこいつが来てるぞとお互い知らせ合った。

対抗手段には、カードが1組の半分、あるいはそこまでいかないうちにリシャッフルするなんてことも含まれていた。これだと、カード・カウンティングで有利な賭け方ができる可能性は下がるが、それだけでなく、カジノにとっても高くつく。ゲームの進み方が遅くなるからだ。並のプレイヤーからまき上げるペースが落ち、カジノの儲けも減るのである。プレイヤーをツブして処理する屠畜場にカジノを喩えるなら、シャッフルにかける時間が長くなればなるほど屠畜場の稼働率は悪くなるということだ。

一方、イカサマをすればカジノはもっと手っ取り早く儲けが手に入るうえ、ほかのやり方だと取り逃がすような儲けまで手にできる。そんなことが起きるのを目の当たりにしたのは、ある晩、ラスベガスの目抜き通り《ストリップ》にあるカジノホテルに行ったときだった。晩の10時頃で、当時有名だったミュージシャンのルイ・プリマと彼の新しい奥さんでリード・シンガーのギア・メオンは素晴らしく、周りのブラックジャック卓はいっぱいで、プレイヤーが山ほど順番を待っていた。私はブラックジャックをしに来たので、どこか席が空いてないかと卓を全部見て回った。そこで気づいたのだが、どの卓でもプレイヤーたちはものすごい勢いで負け続けていた。ディーラーはみんな同じ橙黄色のレンズの眼鏡をかけていた。それを通すとカードの裏につけた印が見えるのだ。トップ・カードがプレイヤーに有利だと、ディーラーは代わりにその下のカードを配る。セカンド・ディールだ。プレイヤーはすごい速さですっからかんになって席を立つが、すぐまた次の人がその席を埋める。カジノは濡れ手に粟だ。普通なら待ちくたびれて元手と一緒にほかのカジノに行ってしまったはずの人たちがたくさん、このカジノで元手を置いて出て行っていた。

カード・カウンティングを疑われた人は、だいたい、ただただブラックジャックをさせてもらえなくなった。ネバダの法律では明らかにそれが法に則ったやり方だった。皮肉なのは、カード・カウンティングなんてしてない人たちがたくさん出入り禁止になったことだ。それに、カード・カウンティングをやってるつもりの未熟な連中も同じ目に遭った。そんな扱いを避けるべく、私は変装してみた。コンタクトレンズにサングラス、ひげを身につけ、服装や卓での振る舞いを大きく変えた。おかげでもう少し長くプレイできるようになった。あるとき、変装したまま旅から帰ると、子どもたちは私だと気づかず、ひげ面の知らない人を見た彼女たちはわっと泣き出した。当時ローンとカレンはそれぞれ5歳と3歳だったが、2人は今でもそのときのことを覚えている。一方、赤ん坊のジェフはぜんぜん気にしてなかった。当時彼はまだ1歳だった。

変装してカジノに行くと？

私は自分の変装をリノでも試すべく、共通の友人を介してあるカップルに会った。彼らはカジノで私がプレイするのを見物し、同時に、イカサマやなんかを見張っててくれる。カップルとはそのときが初対面で、私がどんなみてくれか彼らは知らなかった。晩ごはんの席で自己紹介したとき、彼らが目にしたのはひげ面に明るい柄のアロハシャツ、顔を覆うようなサングラスをかけ、ジーンズを穿いた男だった。ごはんのあと、私たちは大きなカジノホテルの1つに向かい、1階より静かで賭け金の上限が高い2階の卓を選んだ。私は卓でカード・カウンティングするのにいちばんの席に陣取った。サードベースと呼ばれる席で、プレイヤー側から見て卓の左端だ。

この席だと私が最後で、順番が来るまでよりたくさんのカードを見ることができるので有利だ。

私は札束をひけらかしてチップを山と積み上げた。それを見たディーラーは私に興味を持った。魅力たっぷりの若い女の子だ。お喋りしているとカジノがお酒をサービスしてくれた。私はそれを受け取った。自分がリラックスするためではない。彼らをリラックスさせるためだ。あたし朝の2時に仕事が上がりだから、その後「何か」しない？ と彼女は言う。そうするうち、私がどんどん勝ちを伸ばすのがピット・ボスの目を引いてしまった。しばらくして彼は、こいつはカード・カウンティングをしていると見切り、それから経営陣が群れをなしてやってきた。朝の1時、彼らは負けにうんざりし、出てってくれと私に告げた。ディーラーはびっくりし、がっかりしていた。彼らは私のことをふれて回ったに違いない。翌日、同じ変装でいくつかのカジノに行ってみたけれど、どこでもプレイさせてもらえなかった。

その日の午後、私は自分の変装の効果を試すことにした。道連れたちとの晩ごはんの席に出向く前に、私はひげを剃り、度の入ったサングラスとコンタクトレンズをはずし、髪型も変えた。スポーツジャケットにネクタイというカクテルパーティ向きのいでたちを身に纏い、完全に変身した。私のノックでドアを開けた道連れたちは、まったく私だとわからずこう言った。「はい？」。彼らが驚いたのがとてもうれしかった。

晩ごはんのあと、私は昨晩と同じカジノへ行き、同じ席に座った。私がポケットからチップを何枚か出して目の前のテーブルに置くのを、同じディーラーが見つめていた。札束は出てこないし結婚指輪もはめている。どうでもいいなこの人。声で気づかれないように、私は口を利かなかった。飲み物はいかがですかとウェイトレスに聞かれたので、私はかろうじて聞こえるぐらいのしわがれた声で囁いた。「牛乳」。今回も勝ち、全部うまくいった。まあ、しばらくは、だけれど。

それからピット・ボスがやってきて前の晩と同じようにしばらく見ていて、それからやっぱり同じように経営陣がぞろぞろやってきた。でも彼らが目をつけたのは私じゃなくてイカサマをやらかしているプレイヤーだった。この人は、運悪く私の隣に座っていた。賭けるお金を出し、最初の2枚のカードを受け取ったところで、来たカードがいいと、この人は賭け金を上乗せした。でもカードがよくないと、一度出したお金をいくらか、そっとひっこめた。1時間ほどにわたってカジノの人たちは何度もこの人に注意していたが、いつまで経ってもイカサマをやめないし店を出もしないので、彼らはこの人を店から追い出した。私のチップの山はどんどん大きくなったが、邪魔されずにプレイできた。翌日、ひげ面の私を入れてくれなかった大店も訪ね歩いてみたが、何の問題もなくプレイできた。

勝つために「取るに足らないやつ」になる

だんだんわかってきた。ブラックジャックで勝つには、カードを数えたり、元手が増えたり減ったりするのを横目で見ながら平静を保ったりするだけではダメなのだ。緑のフェルトを貼った卓は舞台で、私はその舞台に立つ俳優なのだ。カード・カウンティングでプレイし続けたければいい演技をして、取るに足らないやつに見られないといけない。やり方はいくらでも、芝居の役の数だけある。テキサスから来た酔っ払いのカウボーイ。次の勝負を待ちきれない台湾から来たイケイケの奥様。キャスパー・ミルクトースト、おどおどしたインディアナポリスの会計士で、よその店でもう大損している。ミス・スペクタクラー、注目されたくてそればかり気にしていて、いくら賭けるとかどんな手に出るとかのほうはお留守。

デイビッド・シャーマンが書いた長い記事「バイバイ! ブラックジャック」は1964年1月号の『スポーツ・イラストレイテッド』誌に掲載された。で、『ディーラーをやっつけろ!』はどこへ行っても売り切れになった。2カ月後に『ライフ』誌に9ページの記事が載り、本は『ニューヨーク・タイムズ』紙のベストセラー・リストに載った。

名前が売れたおかげで、思ったとおりの反応と思ってもみなかった反応の両方が返ってきた。私にとっては、父が私に抱いていた期待にいくらか応え、それで父の静かなプライドが満たされるのはうれしかった。加えて、父の妹から連絡がきた。1904年に彼らの両親が離婚したとき、この人は彼らの母親と一緒に父の人生から消えていた。『ライフ』誌の記事で、彼女は私を通じて父に連絡を取り、父はアイオワに彼女を訪ねる計画を立てた。彼女は5人のお子さん、それにたくさんのお孫さんと一緒に住んでいた。父が6歳、彼女が4歳のときに離れ離れになって以来、父は生涯を通じてなんとか妹を見つけ出したいとずっと願っていた。でも、父が妹に会うことはなかった。旅に出るほんの少し前、父は心臓発作でこの世を去った。

「足でも何本かへし折ってやれば……」

記事を読んだ人たちがカード・カウンティング派になり、あるいはカード・カウンティングできる気になって、何千人もラスベガスに乗り込んだ。ネバダ・リゾートホテル協会は内密に緊急会議を招集した。29年経ってから、長年カジノの重役を務めたヴィック・ヴィックリーがこの会議の様子を描いている。

「なんでこいつがそんなことできるのかなんて知るか！　ゴリゴリの数学頭だか写真並みの記憶力だか、そんなんだろ」

そう言ったのはセシル・シモンズだ。デザート・インというカジノのボスで、カール・コーエンと電話で話している。コーエンはサンズというカジノのマネージャーだ。1960年代の半ばのことで、彼らはある本のことを話し合っていた。この本はラスベガスのカジノと、21とかブラックジャックとか呼ばれるゲームのやり方にとても大きな衝撃を与えた。

「オレが知ってるのは」とシモンズは怒鳴った。「こいつが本を書いて、みんなにブラックジャックでいつも勝てる方法を教えたってことだけだ。言っとくぞ。この頭でっかちの母ちゃんヤリマン野郎はオレらを滅ぼすぞ……オレらのブラックジャック商売はあがったりだ」……

1960年代、カジノのボスたちが集まると、いちばんの話題といえば、いつでもどこでも決まってソープの本のことだった……

……対策の（話し合いのために）寄合が開かれた……

私たちが……集まったのは……デザート・インだった。東部から来た連中がなんであんなに死ぬほど秘密にしたがったのか、いまだにわからない……私は彼らに、この寄合はあんたらがニューヨークの北部でやったアパラチン会議とは違うんだぞと言ってやった。何年も前に開かれたこの会議は連邦警察の手入れを受けたのだ。

……みんな、昔のジョージ・ラフトが出る映画の撮影現場からたった今出てきたと言っても通りそうな連中だった。彼らは一斉にてんでばらばらなことをしゃべり始めた。それぞれ、自分の思う解決策を怒鳴っている。

ゲンコツ・ハリーの解決策はとても単純だった。「足でも何本かへし折ってやれば……」「いやいや、ゲンコツの、そりゃあかん」。そう応じた議長もほとんど怒鳴っていた。「オレらはもう堅気なんだ。まっとうな商売やってるみたいに考えんと」

……やっとのことで、ルールを山ほど変更するほかなかろうということで落ち着いた……それでカード・カウンティングをできなくするのだ。

1964年4月1日のエイプリル・フールに、協会は会議の結論を発表した。史上初めて、私たちはブラックジャックのルールを変更する。すなわち、ペアのスプリットとダブルダウンには制限を課す。数回カードが配られたところでカードは山全体をリシャッフルすることとする。

結局ルールはプレイヤー有利のまま

それから1964年4月3日、組織的な宣伝活動の1つとして、『ラスベガス・サン』紙に論説記事が出た。記事はこう断言していた。「ネバダに長くいる人なら誰でも知っているように……戦略を携えてやってくるプレイヤー（をカジノ）は大歓迎だ」。「エドワード・O・ソープは……明らかにギャンブルでは日常茶飯事のことをわかっていない。偶然がかかわるゲームはどれもカジノ側が有利……であるのを克服できる戦略など発明されてはいなかった」。そして極めつけの一言はこれだ。「『ソープ博士は数学では優秀なのかもしれません。でも、ことギャンブルに関しては駆け出しにすぎません』。ゲーム管理委員会のエドワード・A・オルセン委員長はそう述べた」。ハラーズ・クラブのジーン・エヴァンスは、そこまでケンカを売ってない語り口でこう語っている。「……当クラブは、デックが毎回リシャッフルされたほうがプレイヤーの皆さんは有利になる可能性があると考えています。A《エース》や絵札のどれもが、いつ出てもおかしくなくなりますから」

私はマスコミに、ルール変更はカジノの商売を損ねるが、カード・カウンティングがうまくやれる人ならまだ十分に有利で勝てるだろうと語った。ヴィックリーはこう書いている。「カード・カウンティングなんてやらない21の常連客たちの……反発は大きく、21をプレイする人の数はものすごい勢いで減り始めた。（数週間のうちに）プレイヤーに有利な元のルールに戻すほかなくなった」。誰ぞが言い訳がましく否定していたことが実は真実なのだとカジノのボスたちは思い知ったのだ。ほんの数週間前に嘲笑っていた新聞の見出しはこんなのに取って代わられた。「ラスベガスのカジノ降参、ルール変更　プレイヤーのほうが上手」。「オッズの魔法使い、ラスベガスの手札を打ち負かす」

頭の中に芽生えた数学のアイディアから、私はギャンブルで勝てる戦略を築き上げた。するとカジノのケダモノたちは私をバカにして、タクシーで迎えに行ってやるよと言い放った。彼らだって正々堂々と勝負すると思い、自分の秘密兵器である頭脳を携えて真っ向勝負を挑んでみると、店に入れてもらえず、イカサマを食らい、ゲーム管理委員会の人間に裏切られ、鼻つまみ扱いされた。巨大なケダモノがパニクっているのを見て私は満足し、自分が正しいのが裏付けられたと感じた。部屋に腰を落ち着けて純粋に数学を使い、それだけでも自分の周りの世界を変えることができる、そうわかったのは気分がよかった。

私は、この分野から手を引くのではなく『ディーラーをやっつけろ！』を抱えた軍団を送り出した。そうすることで、私はカジノとプレイヤーのブラックジャックを巡る大戦争を続けた。カード・カウンティングの発明から50年以上、この戦いは今でも激しく行われている。

CHAPTER

8 今でも使えるブラックジャックの戦略

カード・カウンティングで生計を立てる人たち

私の本が出版されると、ブラックジャック・プレイヤーの軍団がネバダのブラックジャック卓を襲った。本についている手のひらサイズの戦略カードを持って行き、カジノと対等の条件で戦えるルールの賭場を見つけるぐらい、誰にだってできるようになった。なんならカード・カウンティングなんてやらなくたって大丈夫だ。それに、カード・カウンティングをやる人ややってるつもりの人もいた。彼らの中にはうまい人がたくさんいて、ブラックジャックで生計を立てる人までいた。でも、カード・カウンティングの練習には努力が必要だし、粘り強くやらないといけない。自制や規律も必要だし、癇癪を起してはいけない。だいたいの人はそういうのが妨げになって、なかなかうまくはいかなかった。

それでも、ブラックジャックは勝てるゲームだというのがわかって、プレイする人は増えた。その結果、それからの数十年、ブラックジャックはクラップスに取って代わって、卓上で行う代表的なゲームになった。でもカジノは困っていた。カード・カウンティングができる一握りの人は勝つままにさせておいて、その代わり、カード・カウンティングをできない、あるいはやらない大多数の人たちから巻き上げる収入が大幅に増えるのをよしとするか、あるいは、カード・カウンティングする人たちを対抗策で締め上げて、代わりにブラックジャックの大流行に水を差すのをよしとするか。

最初、カジノはルールを変えるほうを試みたが、これは益よりも取り逃がした収入のほうが大きかったので、ルールを元に戻した。次に彼らは、シューと呼ばれる箱を持ち込んだ。これがあると、プレイに4組や6組、それこそ8組のデックでも使うことができた。これでカード・カウンティングは難しくなるはずだった。でも、ハイ=ロウ戦略（後述）を使う人たちだとそれほど難しくはならなかった。この戦略だとデックの数が変わっても採るべき手はだいたい同じだし、そもそもハイ=ロウ戦略ではまだ出ていないカードの枚数を織り込んで採るべき手が決まる。使うデックの数が1組だろうが複数だろうが関係ない。うまいプレイヤーは練習を重ねていっそううまくなり、それからも勝ち続けた。

望ましくない人物の顔写真リストのうちいちばん出回っていたのは、グリフィン探偵事務所がカジノ向けに作ったものだった。この私立探偵事務所は1967年にビヴァリーとロバートのグリフィン夫妻が始めた。前科者やイカサマ師、厄介者を集めたよくあるリストだったが、カード・カウンティングをする人がどんどん載せられ、すごい速さで拡大した。カード・カウンティングをするやつとして目をつけられるとすぐに追い出され、特徴がカジノのあいだにすぐ出回った。しかし、ディーラーやピット・ボスには誰がやっていて誰がやっていないか、見分けられないこともよくあった。やってもいないのにカード・カウンティングをやってると疑われた人たちは、プレイさせてもらえなくなって困惑した。プレイヤーたちはイカサマをされたり奥の間でぶちのめされたりした。最終的にグリフィン探偵事務所は訴えられて裁判に負けた。訴えたのはカード・カウンティング派のトップ2人で、その1人がジェイムズ・グロスジーンだ。この人はブラックジャックの殿堂入りを果たしている。グリフィン探偵事務所は2005年に破産を申し立てた。

徒党を組めば儲けが倍に

カード・カウンティングをする人たちも非公式なネットワークを作り、よりよい戦略を新しく開発した。『ディーラーをやっつけろ!』はチームを組むという作戦を彼らに提供した。プレイヤーが何人か、たとえば5人集まったとしよう。元手はそれぞれ1万ドルで、別々にプレイし、平均で1時間に1%、つまり100ドル稼げるとする。5人合わせて平均で1時間に500ドルの稼ぎだ。彼らがお金を寄せ合って元手を5万ドルにし、1人がプレイすれば、その人は自分の1万ドルの元手でプレイしているときと同じリスクで5倍賭けることができる。それなら儲けのほうも5倍、つまり1時間に100ドルだったのが5万ドルの1%で500ドルになる。話はそれにとどまらない。ほかの4人のプレイヤーもみんな同時にプレイすればいい。それぞれ元手は5万ドルであるかの如く、典型的には別々の卓、あるいは別々のカジノでプレイする。そうやってみんなが一度にプレイすれば全体で稼ぎは1時間に2500ドルになる。元手を寄せ合わなければ全体で1時間に500ドルにしかならない。

次の一手はもう見えている。山っ気のあるビジネスマンたちがブラックジャックに手を出した。プレイヤーを雇い、訓練し、元手を提供し、儲けをプレイヤーと金主で分け合うのだ。名前を挙げるとしたらトミー・ハイランドのチーム、それに今では有名になったマサチューセッツ工科大学（MIT）のグループだろう。MITのほうは『ラス・ヴェガスをブッつぶせ！』に描かれ、2008年に『ラスベガスをぶっつぶせ』で映画化された。アル・フランチェスコはブラックジャック・チームを作った最初の人であり、このアイディアを彼が雇った1人であるケン・ユーストン（1935～1987年）が広めた。ユーストンが書いた『100万ドルのブラックジャック』や『ビッグ・プレイヤー』に触発されてほかにもチームができ、彼らの進撃を止めようというカジノの反撃もまた強まった。ユーストンはブラックジャックの歴史の中で最もハデハデな人である。おじいさんは日本人で4分の1だけアジア系だ。生まれたときにつけられた名前はケネス・センゾウ・ウスイだった。キャリアの初めは証券業界で、パシフィック証券取引所の歴史で最も若くして上席副社長になった。ブラックジャックの魅力に取り憑かれた彼は証券業界を離れ、プロのプレイヤーになった。

カード・カウンティングをする人はカジノが有利なときは賭け金を最小限に抑え、カードの巡りが自分に有利なときは大きな額を賭けようとする。理想的には、デックが有利なときに1000ドル賭けられるほど元手の大きいプレイヤーも、不利なときにはその卓で認められる最小、たとえば5ドルしか賭けない。こうした200対1にも及ぶ大きな賭け金の差はカジノの従業員にとって赤信号だ。でも、差をもっと狭く、たとえば4対1にして、巡りがいいときには1000ドル賭け、悪いときには250ドル賭けると、全体を通じた利益は減ってしまう。

その解決策はビッグ・プレイヤーと呼ばれている。チームを組み、あちこちのブラックジャック卓にプレイヤーを配置してデックの流れを追い、賭け金は最小限にしておく。デックが有利になったらビッグ・プレイヤーに合図を送る。ビッグ・プレイヤーはそれまで卓から卓へあてもなさそうにフラフラし、けっこうな額をいかにも適当みたいに賭けてるように見える。賭けをするまでその卓にはいないので、カード・カウンティングをしているとは見られない。そんな行動を、演技を交えて見せておく。酔っ払いで怖いものなしのお大尽、だいたいは見目麗しいご婦人連れ、ビッグ・プレイヤーはそんな見かけだったりする。

「ハイ＝ロウ戦略」でのカウント3種

一方、ブラックジャックのコミュニティは可能なカード・カウンティングの手法をさまざまに研究し、開発していた。そうした手法は、私がやった元の計算、つまりデックからいろんなカードを取り除いてその効果を見るというやり方に倣っていた。あるカード・カウンティングの手法は、それぞれのカードに、そのカードを取り除いたときの影響を点数化して割り振る。割り振った点がそのカードの実際の影響を正しく映していればいるほど、その手法はより正確にプレイヤーのエッジを捕捉していると言える。

この基本的なアイディアを説明するために、私は究極の戦略と呼ぶ手法を使っている。この戦略は、それぞれのカードにオッズに対する影響に近くなるように決めた整数の値を割り振る。図表8-1の数値は1962年版の『ディーラーをやっつけろ！』から流用している。2行目の数字は、それぞれのカードを取り除いたときにプレイヤーのエッジにどれだけの影響があるかを表す。3行目はその数字を13倍し、四捨五入して整数にしたものだ。究極の戦略は、これを点数として使う。厳密な点数のいい近似になるのだ。点は大きく割れているから、私はこの戦略にはコンピュータがいる、人じゃ無理だと思っていた。この戦略を本で引き合いに出したのは、点数を割り振る戦略を作るときの原理を描いて見せるためだ。それぞれのカードに割り振った点数で、それぞれのカードの効果をより正しく反映できれば、戦略はより強力なものになる、という原理である。その一方で、特定のカード・カウンティング戦略で使う、それぞれのカードの点数が大きく割れていればいるほど、そのカード・カウンティングは使いづらくなる。

たぶん、強力さと単純さのあいだのバランスをいちばんうまく取っているのはハイ＝ロウ戦略、またの名を完全ポイント・カウント戦略だろう。この戦略は1966年版の『ディーラーをやっ

図表8-1 カード・カウンティングの原理
——デック1組からカードを1枚取り除いた場合の影響

カード	2	3	4	5	6	7	8	9	10カウント	A《エース》
エッジの変化	0.36	0.48	0.59	0.82	0.47	0.34	0.03	−0.23	−0.54	−0.68
点数	5	6	8	11	6	4	0	−3	−7	−9

つけろ!』で触れた。こんにちでも最高峰のプロが使っている戦略で、点数を数える戦略の中で最も単純なやり方だ。それぞれのカードに与える点数はマイナス1、ゼロ、プラス1の3通りしかない。まず点数は0から始まる。出たカードが2、3、4、5、6の「小さい」カードなら、累計の点数に1を加える。7、8、9の中ぐらいのカードなら点数は0だ。累計の点数は動かない。大きいカード、つまりA《エース》と10カウントのカードなら点数はマイナス1、つまり累計の点数を1減らす。

プレイヤーがハイ=ロウ戦略を使っていて、1巡目にこんなカードが出たとしよう:A《エース》、5、6、9、2、3。すると点数は、ゼロから始まって、−1+1+1+0+1+1=+3になる。デック1組でのゲームでカウントがプラス3で、ルールがまあまあ有利なら、次の一手はプレイヤーに有利だ。カードが配られるとともに、点数はゼロの周りで上がったり下がったりする。点数がプラスのときはプレイヤー有利、マイナスならカジノ有利だ。点数の大きさが及ぼす効果は、残るカードが少なければ少ないほど大きい。いいプレイヤーになると、カードを捨てる「場」に何枚カードがあるかを見るだけでそのあたりの見積もりができる。

そんな点数を数えるのはどれぐらい難しいだろう？　ちょっと試してみるといい。デックを1組シャッフルして、1枚から3枚のカードを裏向きで取り出して、デックの残りで点数をカウントするのだ。プレイヤーは計算した結果を口に出して言い、裏向きで取り除いたカードを表に返して、自分の計算が正しかったか調べるのだ。たとえば、表を見ずにカードを1枚取り除いてデックの残りをカウントしたらゼロになったとする。デック全部でカウントすれば合計はゼロになる（もうわかっているかもしれないが、52枚からなるデック1組にはプラスのカード20ポイント分とマイナスのカード20ポイント分が含まれている）から、裏を向けたカードは0ポイントのカード、つまり7、8、9のどれかだということになる。これだけでびっくりする結果が出せたりする。

だって君のそのカード、8でしょう

ある晩、私はプエルトリコでプレイしていた。コメディアンでテレビ・タレントのヘンリー・モーガンが一緒だった。1950年代から60年代に有名だった人だ。私は1時間ほど損を続けていた。デック2組のシューの終わり、表を向けたディーラーのカードは10カウントのカードだった。このカジノでは賭け金の上限が1回当たり50ドルだったが、7つある席を全部占領してほかのプレイヤーを締め出したから、もっと賭けることができた。私は点数をカウントする戦略の一種を使っていた。出たカードが2、3、4、5、6、7ならプラス1、8ならゼロ、9、10カウント、A《エース》ならマイナス1だ。この勝負でのカードは次でおしまいで、点数は累計で0だった。ということは、まだ配られておらず、伏せられたままディーラーの手に渡る最後のカードの点数はゼロだ。ディーラーの伏せたカードは8であり、手は18になる。デックはリシャッフルされ、私は7つの手全部で勝負することができた。手のいくつかは17で、これらは何もしなければ負けが決定だがそれを知っているのは私だけだ。そこでカードをよこせと言うことにした。ディーラーの裏向きのカードを知っていて、このままだと負けるとわかっているのでないかぎり、これは自滅の一手である。運悪く、そうやって勝負に出た手は全部どぼんした。

ディーラーはバカにした目でこっちを見て、笑いながらこう言った。「あなたカード・カウンティングするんですってね、アミーゴ。わからないな、オレのカードが何かまで知ってんでしょう?」。ほかのディーラーもにやにやしている。私はこう言った。「わからないな、だって君のそのカード、8でしょう」。ディーラーはげらげら笑いながらほかのディーラーたちやピット・ボスを呼んできた。彼はあざけった調子で、このアメリカ人の物知りと来たら、オレの裏向きのカードは8だって言うんだ、と説明した。スペイン語の罵倒の言葉が飛び交った。

私は疲れていた。ちょっと休もうと思っていた。ここ1時間はときどき計算間違いもやらかしていた。私が間違っている可能性もあった（間違っていたならそのほうがよかったんだろう。たぶん）。で、ディーラーが裏向きの自分のカードを表に返した。8だった。スペイン語の言葉がまた飛び交った。

カード・カウンティングはどれぐらい難しいんだろう? 私は練習すればするほどうまくなった。また、デック1組を20秒から25秒でカウントできるならどんな場のブラックジャックでも簡単についていけるのがわかった。だから私はプレイする前に、毎度必ずこの標準タイムを切れるか自分でチェックした。ブラックジャックの殿堂入りを果たした人には、デック2組を33秒でカウントしてプロたちを感心させた人もいる。でも、私が見た中でいちばんすごかったのは、ラスベガスのパリス・ホテルで開かれた、世界ゲーム保護協議会の第3回大会での実演だった。大会中のある晩、催しの目玉はカードカウンティング・コンテストだった。本当に速いタイムを出すには、カードを扱うのにどの技を使うかが決定的に重要な選択だった。カジノ業界の並み居る強豪を抑えて優勝した人のタイムは、私が見たこともない8・8秒の速さだった。

「反り」に注目

カード・カウンティングを食い止めるべく、カジノは最新技術を投入した。卓の天井にマジックミラーを貼り、そこからプレイヤーの行動をカメラと監視役が見張るのだ。こんにち、この仕事は顔認識ソフトを使って機械がやっている。無線自動識別（RFID）チップでプレイヤーの賭け方の記録を取り、機械がカードの展開を追いかけ、それぞれの手からどんなプレイがされたかを調べる。そうやってカード・カウンティングに特有のパターンを探すのだ。ひっきりなしにカードをリシャッフルする機械は対策として完璧で、しかもゲームの進みを遅らせることもない。でも、カジノは機械の業者に料金を払い続けることになる。

一方、カード・カウンティング派も勝てる作戦をさらに開発し続けた。そんな作戦の1つは、プレイヤーは2枚、ディーラーもだいたいは2枚のカードを手にし、1枚目は表向き、2枚目は裏向きで1枚目の下に配られる点に着目する。ディーラーのトップ・カードがA《エース》か10カウントのカードだとディーラーは裏向きのカードを見て、ナチュラル、つまりブラックジャックになってないかを調べる。なっていれば賭けは即座に清算だ。ディーラーのブラックジャックは、ほかにもブラックジャックが出ていないかぎり、すべてのプレイヤーの手に勝つ。そんなふうに裏向きのカードをチェックするとき、ディーラーはだいたい、自分の2枚のカードの角っこをちょっと曲げて、下の隠れたカードが何か覗き見る。そのうち、A《エース》や10カウントのカードはちょっと反り返ることになる。ディーラーがとても不用心な人だったり、デックの交換が十分にしょっちゅう行われなかったりすると、鋭いプレイヤーは配られる前に反ったカードを見分け、どこにA《エース》や10カウントのカードがあるかを特定する。それだけでとても有利になる。

それと同じ系統の作戦にスプーキングがある。不用心なディーラーが裏向きのカードをチェックするとき、それが見える位置にわざと仲間を立たせるのだ。ディーラーの手がブラックジャックでなければ、プレイヤーはそのときの手でプレイを続ける。仲間がディーラーの隠れたカードを見て教えるからとても有利に立てる。一部のカジノは、プレイヤーが全員自分の手を終えるまでディーラーに2枚目のカードを引かせなくして、スプーキングや曲がったカードを利用されるのを防ぐ。プレイヤーが手順を済ませてから、ディーラーは2枚目を引いて表を向けるのだ。

1970年代、コンピュータを隠し持ってブラックジャックをプレイする人たちが現れた。カジノ業界はそれに対抗し、ネバダの議会に働きかけて、オッズの計算を手助けする機器を持ち込んでプレイするのを禁止する法律を可決させた。でも、プレイヤー側も賢く、それで引き下がったりはしなかった。1組、あるいは複数の組のデックがシャッフルされるとき、シャッフルが十分でなく、デックがランダムにはならないことがある。そしてシャッフルが十分でないと、カードの出方に読めるパターンが現れ、プレイヤーはそれを利用するのだ。

Aが出る可能性は直前のカードで予測

最初の頃の1961年から1962年に私はランダムでないシャッフルについて考えていた。以下はそこから自然にたどり着く戦略だ。どんなやり方でシャッフルするかで、オッズが大きく左右されるゲームがたくさんあるのに私は気づいた。そこで私は二手からなる作戦を考案した。数学モデルを作って本物のシャッフルを近似し、本物のシャッフルを実証的に研究するのだ。

それを利用する最初の単純な切り込み方として、私は1組のデックでブラックジャックをプレイするときにA《エース》がどこにあるかを特定する方法を考えた。どんなふうにやるかを見るために、まずデックをシャッフルし、表を向けて広げる。たとえばスペードのA《エース》を追跡するには、その直前のカードが何かを見る。それがハートのキングだったとしよう。デックをシャッフルし、カットして、この2枚のカードがどうなったかを調べる。追跡を楽にするために、スペードのA《エース》と直前のカードは表を向け、それ以外は全部裏向きにする。さて、カットとシャッフルを1回やってみる。A《エース》と直前のカード、ここではハートのキングのあいだに1枚、あるいは何枚かのカードが入り込み、2枚は離れ離れになるかもしれない。でも、このデックでブラックジャックをプレイするなら、ハートのキングが出たらそう経たないうちにスペードのA《エース》が出る可能性が高い。何度もカットとシャッフルを繰り返すと2枚のカードのあいだにあるカードの数は増える。シャッフルするたびにカットが行われることもあり、その場合、順序が入れ替わって先にスペードのA《エース》が来るかもしれない。この場合予測はできない。デックがよくシャッフルされてないと、プレイヤーは高い頻度で、もうすぐスペードのA《エース》が来る可能性が普通よりも高いときがわかるようになる。

4枚のA《エース》全部でそれができればとても有利だ。

A《エース》がどこにあるか特定するという考え方は、シャッフル後に特定の組のカードがどこにあるかを追跡するという考え方に結びつく。典型的なカジノは決められた手順でシャッフルを行う。ということは分析ができる。プレイヤーは、だいたいはコンピュータの手を借りて、A《エース》や10カウントのカードがたくさん含まれる部分がどこへ行ったか追跡する技を身につけた。迷彩を施すのも効果的だった。彼らシャッフル追跡派はおうおうにして、最初のカードが配られる前に自分が有利なのを見分けることができたからだ。そういうとき、彼らはカードを1枚も見ずに大きく賭ける。そうでないとき、カウンティングで展開が悪い場合も、その後に配られるカードにA《エース》や10カウントのカードが普通よりたくさん含まれているなら、彼らは賭け金を吊り上げる。

1997年、私はヴィヴィアンとユタ州のセントジョージを訪れた。毎年あそこで開かれるマラソン大会に出場するのだ。行きも帰りも、途中でラスベガスに立ち寄った。友だちで著書『ブラックジャックの理論（*The Theory of Blackjack*）』で有名なピーター・グリフィン（グリフィン探偵事務所やその創業者たちとはなんの関係もない）が、その頃トレジャー・アイランドのカジノの支配人をしていたジョー・ウィルコックスに、私たちの同地での滞在費を出せよ（「ご招待」というやつだ）と交渉してくれた。ウィルコックスはいいよ、代わりにスティーヴ・ウィンが持っているカジノではどこでもブラックジャックをしないでくれと言う。ウィルコックスは気のいいホストだったし、部屋もごはんもショウも素晴らしかった。彼によると、カジノはシャッフル追跡派に大負けしていて、彼らにうまく立ち向かえるシャッフル方法はまだ誰も見つけていないようだった。トレジャー・アイランドとほかに2カ所のカジノでディーラーがシャッフルするのを見ていて、どこがいけないかわかった。ちょっと数学を使い、私はカードを追跡できなくする新しいシャッフル方法を見つけた。で、自分の胸にしまっておいた。

イカサマの定義2つ

プレイヤーとカジノの戦いは卓上と奥の間だけにとどまらず、法廷にも及んだ。ネバダのカジノはプレイヤーを出入り禁止にすることができたがニュージャージーの規則ではそうはできなかった。どちらの州でもカジノ業界は、自分たちに有利なようにゲームのルールを決めたり好き放題にリシャッフルしたりして、いつでも自分たちの身を守れた。カード・カウンティングがイカサマかどうかに関して言えば、ネバダ州の法律はイカサマの定義をこう明記している。いわく、「（a）ゲームの結果、または（b）ゲームの報酬の額または頻度のいずれかを決定する基準による選択を改変すること」。頭を使ってうまくプレイするのはどう見ても認められている。重りの入ったサイコロを使うのは条文（a）の定めによってイカサマだし、ブラックジャックで自分のカードを見てから賭けるチップを増やしたり減らしたりするのは条文（b）によってイカサマだ。

カジノとカード・カウンティング派の戦いが展開していくのと同時に、ラスベガス自体も姿を変えた。ギャングが支配していた初期の姿を1964年のベストセラー『緑のフェルトのジャングル（*The Green Felt Jungle*）』が描いている。ギャングによる支配は1980年代に企業による支配に道を譲り、ギャンブル会社を持つ億万長者がそれに続いてぼっ興し、ギャンブル業界は世界全体に拡大した。こんにち、最高のプレイヤーたちはまだうまくやっている。でもチャンスはどんどん小さくなり、新入りが成功するのはどんどん難しくなっている。

プロのプレイヤーたちは、ネバダで身内の集まりを毎年開いてお互い自分の経験を語り合う。この集まりはブラックジャック・ボールと呼ばれている。プロでカード・カウンティング派のマックス・ルービンがホスト、主催は数百マイル離れた南カリフォルニアにあるバローナ・カジノだ。過去、そして現在の世界最高のプレイヤーたちが一堂に会し、ブラックジャックの殿堂入りを果たしたメンバーたちは招待客の名誉にあずかる。バローナの廊下には彼らの肖像画も飾られ、彼らは無料で泊まれるがプレイはさせてもらえない。バローナもブラックジャック・ボールの恩恵にあずかっている。出席する高度なプレイヤーは、バローナではけっしてプレイしないと誓わないといけないからだ。最高のプレイヤーたちを無料で招待する代わりに自分のカジノではプレイさせないこの手口は、カジノが行う投資の中でもいちばん儲かるものの1つだろう。

今でもブラックジャックには勝算あり

私の子どもたち、ローン、カレン、そしてジェフは2013年に、私と一緒にブラックジャック・ボールに出席して、伝説的な匿名の人物であるグロスジーンやなんかの人たちと交わった。グロスジーンはハーバードの数学科の大学院生で、その後もプレイを続け、「有利にプレイする」新しい手法を開発し、利用した。私たちはホーリー・ローラーズとも話した。若いクリスチャンたちが作ったカード・カウンティングのチームで、ロビン・フッドみたいな使命を掲げている。すなわち、お金を（悪の）カジノから（正義の）教会へ移す、それが彼らの義務だ。102人のお客のうち、半分近くはプロとしての通算損益がプラス100万ドルを超えている。残りのお客は誰かのご家族や配偶者、それに大事な人だ。チャンピオンの1人にブレア・ハルがいる。ブラックジャックのチームを率いて得た資金を元手に、シカゴ・オプション取引所で数百万ドルの財産を築いた人だ。ビル・ベンターはブラックジャックでの儲けを元手に競馬で賭けをする世界的な企業を創り、10億ドルも稼いだ。台湾から来た陽気な人が私の隣に座った。名札を見るとB・J・トラヴェラーと書いてある。彼は買い物袋いっぱいに自分の著書を詰め込んでいた。中国の一般の人たち向けに、自分の冒険を描いた本だそうだ。彼は6年かけて64カ国でプレイし、700万ドル近く稼いでいた。いちばんびっくりしたのは、この人がモスクワで、カジノで稼いだお金を自分で持ち運び、それを奪いに来る強盗たちから身をかわしつつ1年間生き延びたことだった。

翌日は目抜き通り《ストリップ》で昼ごはんを食べた。ジョン・チャンが一緒だ。映画『ラスベガスをぶっつぶせ』が取り上げたMITのチームのスター・プレイヤーである。彼はやはり達人である友だちを連れてきた。ごはんのあと、近くのカジノへ行き、3人してブラックジャック卓の前で写真を撮ってもらおうということになった。撮ってもらえなかった。それじゃということで、下限100ドル上限1万ドル、いいルールの卓につき、一手二手プレイすることにした。チャンと友だちは100ドル札の束をいくつも卓に放り出し、それぞれ5000ドル抜き取り、それでチップを買った。「ポケットの中には銀行が1つ」。彼らはそううそぶいた。ディーラーは親切な人で、歳のいった東ヨーロッパ系の女の人だった。彼女は自分の目の前に座ったのがどういう連中なのかまったくわかっていなかった。チャンがときどき定石をはずしたプレイをするのを見て、彼女は素人が間違ったやり方をしていると思い、彼に正しいプレイをアドバイスした。彼は礼儀正しく、教えてくれてありがとう、これからもっとうまくプレイするよと言った。20分後、カジノは数千ドルを失い、一方私たちは出口で従業員に写真を撮られる羽目になった。

今でも普通の人がブラックジャックで勝てるだろうか？　私の答えは条件付きでｙｅｓだ。ブラックジャックのルールはあちこちで変えられ、今では勝つのは難しくなっている場合が多い。たとえば、最初のカード2枚が21、つまりブラックジャックだったときに受け取れる儲けは、もともとは3対2の倍率だったが今ではもっと少ない6対5や1対1に減らされている。直近のルールを査定するニューズレターやサービスもあって、どのルールならまだ勝算があるか教えてくれる。

２００８年にラスベガスで開かれた世界ゲーム保護協議会の第3回大会で、私は基調講演に立った。壇上で私は、『ディーラーをやっつけろ！』を書いたとき、本がこれほどの大きさ、これほどの長きにわたって、カジノ業界を揺るがすなんて予想していましたかと尋ねられた。私はこう答えた。１９６２年には本の影響が5年続くか50年続くか見当もつきませんでした。でも今、あの本はこんにちも影響を与え続けているのがわかりました。

CHAPTER

9 ルーレットの目を読むコンピュータ

ルーレットにも希望あり

今の姿のルーレットが初めて現れたのはパリで、1796年のことのようだ。ルーレットはお金持ちや貴族が好む、大金を賭けてやるゲームになり、19世紀には総本山モンテカルロに祀られ、物語や歌で寿がれるようになった。賭け金は莫大、設定はまばゆいばかり、強烈な運が次から次へと続き、そしてその運はときに幸運もあるがおうおうにして不運である。そんなこんなが相まって、ルーレットは優位に立つカジノを打ち負かす必勝法を探求するかっこうの場になっていた。必勝法は複雑すぎて、ギャンブラーたちには厳密な分析はできなかったが、希望が持てる特徴をいろいろ兼ね備えていた。

人気があった戦略にラブーシェル法、またの名をキャンセレーション法がある。この戦略は、ルーレットでイーヴン・マネーのベットをするときに使われる。つまり、賭けたのと同じ額だけ儲かるか、賭けた額を失うかのベットである。ルーレットでやるイーヴン・マネーのベットの1

つに、赤か黒かの賭け方がある。ルーレットの目は38通りあって、赤の目か黒の目に賭けて勝つ可能性はそれぞれ38分の16だ。ラブーシェル法では、まず数字を並べて書くところから始める。たとえば3、5、7とすると合計は15になる。この額まで勝つのが目標だ。最初の一手は、並べた数字の最初と最後を合計して得られる額を賭ける。この場合3＋7で10だ。それで勝ったら最初の数字と最後の数字は線を引いて消す。残る数字は5だけで、次の一手は5だけ賭け、勝ったら目標達成だ。初手で負けたら数列に10を書き加える。並んだ数字は3、5、7、10になり、次に賭ける額は3＋10で13だ。どの場合でも、負けるたびに数列に数字を1つ書き加え、勝つたびに数字を2つ消す。ということは、3分の1をほんのちょっと上回る割合で勝てば目標に手が届くはずである。うまくいかないわけなさそうでしょう？　ラブーシェル法を使ってみたギャンブラーたちは、ぜんぜん勝てそうな展開にならないので途方に暮れてしまうのだ。

でも、確率論の数学を使うとこんなことが証明できる。ルーレットではどの目も出る可能性が同じで、ランダムな順番で出るのだとする。それならどんな戦略を使おうがうまくやるのは不可能だ。それなのに、19世紀の終わり、偉大な統計学者カール・ピアソン（1857～1936年）がこんな発見をして、ちょっとのあいだ希望の灯がともった。フランスの新聞に毎日ルーレットで出た目が載っていて、そこにつけ込めるパターンが表れていたのだ。この謎はこんな形で解決した。数字を記録する人たちは、ホイルを何時間も眺めている代わりに、1日の終わりに数字をまとめてでっちあげていた。ピアソンが掘り起こした統計的なパターンは、単に、記者たちが完全にランダムな数字をでっちあげられなかっただけだった。

賭けの戦略がうまくいかないなら、ホイルの欠陥につけ込むのはどうだろう？　長いあいだで見ると数字のどれかがほかよりもよく出たりしないか？　1947年にシカゴ大学の大学院生だったアルバート・ヒッブス（1924～2003年）とロイ・ワルフォード（1924～2004年）の2人が、リノのルーレット・ホイルは数字の9をよく出すようだとの結果を導き出した。彼らは200ドルの元手を1万2000ドルに増やしてみせた。翌年彼らは、ラスベガスのパラス・クラブのホイルに目をつけ、3万ドル稼いだ。それで1年休みを取ってカリブ海でヨットの旅をして過ごし、その後、科学の分野で目覚ましいキャリアを歩んだ。数ある業績の中でも、ヒッブスはカリフォルニア工科大学（カルテック）のジェット推進研究所の所長になり、ワルフォードはカリフォルニア大学ロサンゼルス校（UCLA）で医学研究者になってネズミの摂取するカロリーを制限すると寿命が2倍になることを発見した。あとになってヒッブスはこう書いている。「私は宇宙を征服したかった。そして私のルームメイト、ロイ・ワルフォードは死を征服しようとした」

このゲームに勝てる方法なんてないと私に言ったとき、ファインマンはホイルの偏りのことを知っていたはずだ。ヒッブスはその前の年、カルテックでファインマンに指導を受けて物理学の博士号を取っている。なんにせよ、大きなカジノでホイルが偏っているというのはもう過去の話になった。今ではカジノは自分たちの使う器具を念入りにメンテしている。

行くところまで行った機械好き

そんなわけで、クロード・シャノンと私がルーレットを征服するコンピュータを作ろうとしていた1960年はそんな状況だった。大事なのは、カジノはプレイヤーに、球が回っているあいだの数秒しか賭けさせてくれないという事実だった。

マサチューセッツ工科大学（MIT）での私の任期は2年のうち最後の年に入っていたから、私たちは仕事を9カ月で終わらせないといけなかった。3階建てで木造のシャノンの家で、私たちは週に20時間を費やした。家が建てられたのはさかのぼって1858年のことで、ミスティック・レイクスの1つのほとりにあった。ケンブリッジから数マイルのところだ。地下室は機械好きの天国で、電子機器や電気機器や機械が10万ドル分ぐらいはありそうだった。部品に至っては電子部品や機械部品が合わせて数千個はあった。モーター、トランジスタ、スイッチ、滑車、歯車、コンデンサ、トランス、その他その他。電子工学や物理学、化学で試作や実験をやって少年時代を過ごした私にとって、この行くところまで行った機械好きと一緒に仕事ができるのがとてもうれしかった。

私たちはリノの会社から、規制に合った中古のルーレット・ホイルを1500ドルで買った。MITの研究室からストロボ・ライトと、秒針のついた大きな時計を借りてきた。時計は、昔、私が映画の実験をやったときのストップウォッチと同じ役割を果たす。目盛りは100分の1秒に細かく切って、もっと微妙な時の刻みをとらえられるようにした。ビリヤード部屋に作業場を作り、古くてバカでかい粘板岩のテーブルを置いて、ホイルを載せる頑丈な土台にした。

球が落ちるスピードは正確に予測できる

私たちが手に入れたホイルはよくあるやつで、精巧な機械であり、優雅で美しいデザインがゲームをいっそう魅力的にしている。固定部分である大きな土台に円環の軌道がついた円盤が乗っている。ゲームのプレイは、毎回、クルーピエが小さな白い球を投げ入れるところから始まる。球が軌道を回り、だんだんスピードが落ちて、最後に、円錐を切ったみたいに傾きのついた土台の内側にある、真ん中の回転部分に達する。回転部分には数字を振ったポケットがついていて、クルーピエは回転部分を球が回るのとは逆方向に回転させている。

球の動きは複雑で、互いに異なる局面がいくつかある。あまりに複雑すぎて分析なんて考えただけで気が遠くなりそうだ。私たちは、私がもともと考えていた計画でいくことにした。つまり、球と回転部分の動きを局面に分割して、それぞれの局面を別個に分析するのだ。

私たちはまず、回る球がいつどこで外側の軌道を外れるか予測することにした。そのために、球が1周するのにかかる時間を計測した。かかる時間が短いなら球の動きは速く、相対的に遠くまでたどり着く。かかる時間が長いなら球の動きは遅く、軌道からすぐに落ちる。

球の速度を計るために、私たちはマイクロスイッチを使った。固定部分につけた基準点を球が通過するときにスイッチを押すと、時計が動き出す。球が同じところを通るときにもう1回スイッチを押し、それで時計が止まって、球が1周するのにどれだけ時間がかかったかがわかる。

スイッチを押すと、時計が動いたり止まったりするのと同時に、ストロボがとても短い間隔でチカチカ光り出す。ディスコなんかにあるのとよく似た感じだ。部屋の明かりは暗くしてあり、スイッチを押すたびにストロボの光が球を「ストップモーション」させる。それで球が基準点からどれだけ手前、あるいは先にあるかがわかり、スイッチを押すタイミングがどれだけずれているかがわかる。そうやって私たちは球が1周するのにかかる時間を時計で計って蓄積していった。それでデータはより正確になる。また、スイッチを押すタイミングがどれだけずれたかを数量的に測り、さらにずれを直接に見える化することができる。そのかいあって、私たちのタイミングはずっと正確になった。練習を積んで、私たちの誤差は約0・03秒から約0・01秒へと低下した。その後、私たちが武器をすべて隠し持ち、靴に入れたスイッチを足の親指で押してカジノでプレイしたときも、このレベルの正確さを保つことができた。

実験の結果、球が遅くなって円環の軌道からいつどこで落ちるか、とても正確に予測できることがわかった。上出来だ。次は、球が固定部分の内側にある切った円錐形のところを回りながら滑り落ち、回転している部分に至るまでに、時間がどれだけかかるか、そして球がどれだけ移動するかを測った。ほとんどのホイルは、この部分に羽根というか障害物が、典型的には8個ついていて、よく球がそれに当たる。それで球がでたらめな動きをする。障害物に当たるか当たらないか、当たったならどう当たったかで、球の軌跡は短くなることも長くなることもある。実験でわかったのは、障害物が私たちの予測に与える不確実性はとても小さいので私たちが有利なのは変わらないということだった。また、障害物は球と回転部分のタイミングを計るのにうってつけの基準点になった。

最後に、球が動いている回転部分に到達したあと、それぞれ数字が振られたポケットで跳ね回るから、それで私たちの予測に新たな不確実性が生じる。

誤差が0・42以下ならプレイヤー有利

全体としての予測誤差は、いろんな効果を合わせたものになっている。私たちのタイミングが不完全だったり、回転部分のポケット同士を隔てる壁（フレット）に球が当たって跳ね返ったり、球が固定部分に落ちてきたとき金属の障害物に当たって軌道が変わったり、ホイルが傾いていたり、なんてことで誤差が生じる。誤差の合計の分布は正規分布（またの名をガウス分布、あるいはベル・カーブ）で近似できると仮定すると、予測誤差、つまり実際に出た目と予測の違いの標準偏差（不確かさの指標）がポケット16個（0・42回転）以下でないと有利にならない。私たちは予測の誤差をもっと狭い範囲のポケット10個分、つまり0・26回転以内に収めることができた。これなら予測した数字に賭けた額の平均で44％に及ぶ利益が期待できる。予測した数字の両側の数字2つずつ、合計5つの数字に賭ければリスクを抑え、しかもまだ43％有利だ。

物理学を使ってルーレットで勝つには、と考えていると、ロシアン・ルーレットなんて奇っ怪なゲームのことが頭に浮かぶ。勝ち目はない。でも、物理学を使えば生き残れるかもしれない。ロシアン・ルーレットの名前は、ジョージ・サーデスの1937年の小説から来ているようだ。

「ロシアン・ルーレットって聞いたことあるか?」…(中略)…1917年頃ルーマニアに駐在していたロシア軍で、将校の誰かが急に回転式の拳銃を取り出し、弾丸を1発だけ弾倉に入れ、弾倉を回転させて元に戻し、銃口を自分の頭に当てて引き金を引く……

回転式の拳銃で弾倉を回転させるのは、ルーレットのホイルがぐるぐる回るのをほうふつとさせる。弾倉は6個あるから、1発だけ弾を込めると、実包が発射される可能性は6つに1つだと思うかもしれない。でも、正しくメンテされて円滑に作動する拳銃を、弾倉が地面と水平になるように持ち、弾倉が自然に止まるまで回転させた場合、重力と実包の重さで、実包の入った弾倉が下になったときに回転が止まる傾向が生まれる。そこでプレイヤーが弾倉を元に戻したなら、彼(女の人は賢すぎてこんな賭けはしないようだから)はオッズで上手に出ていることになる。重さの偏った弾倉が止まる位置に重力がどんな影響を与えるかは拳銃の持ち方によってさまざまだ。私の下の娘は地区副検事長補を20年以上務めている。彼女によると、科学捜査官たちもそれを知っているそうだ。

いいアイディアはないしょに

シャノンはおもしろいことをたくさん知っていて、独創的なアイディアを考えつく人だ。彼と一緒に仕事をするのはとても楽しかった。秘密を保たないといけないと話し合っていると、噂や秘密が広まる仕組みを研究している社会的ネットワークの学者がこう言っていると言う。たとえばアメリカにいる人をでたらめに2人選び、知り合いを伝っていけば普通は3人以下でもう1人にたどり着ける。それを3次の隔たりという。これを簡単に検証するには、知らない人に出会ったとき、知り合いの有名人の名前を挙げてくれと頼んでみるのがいい。その人の知り合いの有名人には、あなたの知り合いの有名人と共通の知り合いがいるだろう。だから隔たりは、(1)あなたからあなたの知り合いの有名人、(2)あなたの知り合いの有名人からその人の知り合いの有名人、(3)その人の知り合いの有名人からその人、だ。2人をつなげる有名人は2人だから「2次の隔たり」になる。

生まれついての習慣で、私はこの主張をたびたび試した。びっくりするような結果がよく出た。あるとき、マンハッタンからニュージャージーのプリンストンへ電車で向かっているとき、隣に座った感じも身なりもいい、お母さんらしい女の人が、なんだかイライラしているようなのに気づいた。彼女は英語もフランス語もスペイン語もわからなかったが、私のカタコトのドイツ語には反応した。なんでも、フィラデルフィアへ行くのだがいつ降りたらいいのかわからないと言う。

私がひととおり教えたあと、彼女は、自分はブダペストから来たハンガリーの経済官僚で、会合に向かっているところだと話した。私は「何次の隔たりか」のゲームを試すことにした。

「ブダペストにいる知り合いにシネターという人はいますか？」と尋ねてみた。

「もちろん。有名なご家族ですよね」と彼女は答えた。「ミクロシュでしょ、映画のプロデューサーね。あと、エンジニアの人がいますね、それに心理学者の人も」

「ははぁ」と私。「その人たち、うちの奥さんの親戚なんです」

私からヴィヴィアン、それからブダペストのシネター、そして隣の経済学者の人。2次の隔たりだ。今まで、知らない人にたどり着くのに3次を超える隔たりがいることはなかった。

この概念は、世間一般には「6次の隔たり」として知られるようになった。ジョン・グアルが脚本を書いたそんな題名の芝居のおかげだ。数学者のあいだではもっと早い1969年に隔たりの次数という概念が知られるようになった。エルデシュ（Erdős）数というのがそれで、彼ら数学者を、ほかの数学者を介して、多作にして放浪のハンガリー人数学者ポール・エルデシュにつなげる数字である。つながりには「論文を共著したこと」が使われる。エルデシュ自身と共著したならその人のエルデシュ数は1だ。エルデシュ数は1ではないが、エルデシュ数が1の人と共著した人はエルデシュ数が2、といった具合である。

見知らぬ同士を結び付けるのに必要なつながりの数はそんなに多くないという事実で、噂がなぜ素早く幅広く伝わるのかが説明できる。だから投資のいいアイディアを見つけたらないしょにしておいたほうがいいかもしれない。1998年、『ニューヨーク・タイムズ』紙の科学面にこんな記事が載っていた。有名人をめぐるアイディアに相当するものを使って、ネットワークが「広い世界を狭くする」可能性があるのを発見したのは数学者たちであり、また、6次の隔たりという概念を作ったのは社会学者で、1967年のことだったそうだ。でもそんなことはまるごと全部、1960年にはシャノンが知っていた。

ルーレットの基本的な仕組み

シャノンは独創的なおもちゃを作るのが好きだった。そんな1つに、コインを特定の回数だけ縦に回転させて、表でも裏でも、選んだほうの面を上にして倒れさせる装置があった。また、彼の作業場（「おもちゃ部屋」だと言っていた）から台所までケーブルが引いてあり、作業場のシャノンがケーブルを引っ張ると、台所のほうの端に取りつけた指が、静かに、でもふざけて、奥さんのベティにちょっとおいでとサインをおくる、そんなのもあった。

作業の休憩のとき、シャノンはボール3つでのジャグリングを教えてくれた。彼は一輪車に乗ってそんなことをやってのける。また木の切り株2つに鉄索を張り、その上を歩いて渡るなんてこともできた。君も天秤棒でバランスを取ってやってみろと言う。彼はボール3つのジャグリング、一輪車、綱渡りの3つのうち、どれでも2つを同時にやれた。彼の目標は3つ同時にできるようになることだった。ある日、大きな発泡スチロールの塊が2つあるのに気づいた。なんだか雪靴みたいで足に履けそうな形だ。聞くとこれは水上靴で、これを履けば「水の上に乗り歩くことができると言う。この場合、歩くのは家の真ん前にあったミスティック・レイクスなんだけれども。ご近所さんたちはシャノンが立ったまま湖面を動き回るのを見て驚いていた。私もこの水上靴を試してみたのだけれど、転ばずに歩くのは難しかった。

私たち2人の馬がとても合ったのは、2人とも若い頃から科学で遊んできたからだ。あれこれいじくったりちょっと作ってみたりするのは楽しみの1つだったし、それで自分の好奇心の赴くままに進むことができた。

アメリカ版のルーレットでは、ホイルには球の行きつくポケットが38個ある。そのうち36個は1から36までの数字が振ってあり、それぞれ赤と黒のどちらかの色がついている。それぞれの色は18個ずつだ。加えて緑のポケットが2つあって数字は0と00（ゼロとダブルゼロ）で回転部分の正反対の位置にある。このポケット2つがほかの36個のポケットを18個ずつのグループ2つに分けている。数字1つに賭けて勝つと倍率は35対1、つまり賭けたお金が戻ってきて、さらにその額の35倍のお金が受け取れる。0と00がなければこの倍率での見通しはトントンで、というのは、平均で見ると、プレイヤーは1ドル賭けて36回に1回35ドル儲け、36回に35回1ドルを失い、合わせると差っ引きで儲けも損も出ない計算になるからだ。しかし、0と00がそれに加わると、予測する能力のないプレイヤーは、平均では38回に1回35ドル儲け、38回に37回1ドルを失う。38回賭けて差っ引き2ドル失う計算だ。ということは、プレイヤーが数字1つに賭けるとき、対するカジノのエッジは2÷38＝5・26％である。ヨーロッパ版のルーレットはだいたいもっと太っ腹だ。0だけで00はない。

傾いているルーレットは予測しやすい

有利なときにどれだけ賭けるかという問題についてはジョン・ケリーの1956年の論文を読めとシャノンが教えてくれた。私はそれを、まずブラックジャックとルーレットでの賭け金の決め方に応用し、その後、ほかの有利なゲーム、たとえばスポーツでのギャンブルや株式市場でも使った。ルーレットに関しては、ケリーの戦略は数字1つに賭けるより（隣り合った）数字いくつかにも賭けたほうがいいと示していた。なぜかというと期待できる利益を少々手放す代わりにリスクを大幅に下げられるからである。

ルーレットのゲームはクルーピエがルーレットの回転部分を回すところから始まる。私たちはルーレット・コンピュータで回転部分が1回転するのにかかる時間を計る。1回転したらコンピュータは回転がいつ止まるか予測できる。そしてクルーピエがまたルーレットを回すとき、私たちのコンピュータは8つの音程を順に鳴らす。ド、レ、ミ……と音階がだんだん上がっていく8個の音で、ピアノの鍵盤を順番に押していくのを思い浮かべるといい。（真ん中の）ド、レ、ミ、……（1オクターヴ上の）ド、以下繰り返し、だ。私たちは、球があと3回転から4回転するというときに時間を計測することにした。回転が止まるのに計測するのが近ければ近いほど、予測は正確になる。また、あと3回転する頃ならまだベットする時間は十分にある。時間を計るコンピュータのスイッチは、球が初めてホイルの基準点を通り過ぎるときに押す。すると音階が鳴るスピードが速くなる。球が1周して再び基準点を通るときに時間を計るコンピュータのスイッチを押すと、鳴っていた音が止まる。最後に聞いた音の高さで賭ける数字のグループが決まる。時間を計っている人が残る球の回転数を読み誤り、音が止まらなかった場合、煙幕を張ろうというのでないかぎり賭けは行わない。予測が出るのは最後の情報が入力されるのと同時である。つまり計算時間はゼロだ！

シャノンと私がこの仕事をしたのは、エマニュエル・「マニー」・キンメルとエディ・ハンドに付き添われた私がネバダへ行って自分のブラックジャック戦略を検証していたときだった。おかげで、私はルーレットのホイルを調べて私たちの実験室にあるホイルと同じような挙動を示すのを確かめることができた。私の見たところ、だいたいのホイルは傾いていた。それだと予測はいっそう正確になるのがその頃すでにわかっていた。球は軌跡の領域のうち一定の範囲に落ち着く傾向が生まれるからだ。私はシャノンに、チップ半分からチップ1枚分も傾いていることがよくあったよと報告した。実験室で、私たちは厚さがカジノのチップの半分であるコイン（「チップ半分」）を、3つあるホイルの脚の1つの下に置いて実験し、これだけ傾いていればかなり有利に立てるのを発見していた。

タバコ1箱大のコンピュータ

いろいろな設計の実験を行って数カ月、戦略はついに完成を見た。私たちは装置をいくつかの部分に分けた。使うのには2人一組のチームが必要になった。1人はコンピュータを身につける。コンピュータはトランジスタ12個を使っていてタバコ1箱ぐらいの大きさだった。入力はコンピュータを身につける人の靴に隠したスイッチを、足の親指で押して行う。コンピュータは予測を無線で送信する。それには安くてどこでも手に入る、模型飛行機をリモコンで操縦するのによく使われる装置を用いた。賭けをするのはもう1人だ。この人が身につけた無線の受信機からは音階が聞こえてくる。その音階で、どの数字のグループに賭けるべきかがわかる。私たちは2人して共犯者だがお互い知らないふりをする。

賭けをする係の人は、一方の耳に突っ込んだ小さなスピーカーから流れる音を聞く。スピーカーはとても薄いケーブルで無線受信機につながっている。受信機は服の下に隠してある。ケーブルは人目につかないように透明の接着剤で身体に貼って、その上から身につける人の肌や体毛に合わせて色を塗っておく。ケーブルは銅製で髪と同じぐらいの細さなのでもろく、よく壊れた。シャノンは、銅線じゃなくて極細の鋼線を使ったほうがいいんじゃないかと言っていた。1時間ほど電話をかけ続けて、やっとマサチューセッツ州のウスターに卸元があるのを見つけた。

コンピュータを完成させるべく、1961年の4月から5月にかけて、私たちは熱に浮かされたように働いた。その次の月には私がヴィヴィアンと、まだ2歳にもならない娘のローンを連れてMITを離れ、秋から働くニューメキシコ州立大学（NMSU）に引っ越すからだ。ヴィヴィアン、ローン、私が引っ越したときにはまだまだ完成していなかったので、数週間後に私は眠い目をこすりつつロサンゼルスからボストンへ取って返し、天気のいい夏の朝の7時にシャノンの邸宅の玄関にたどり着いた。私はそこで3週間寝泊まりし、プロジェクトの完成を目指してシャノンと2人でしゃかりきになって働いた。その後も何度も微調整と試験を繰り返し、ついに準備が整った。1961年末、私たちのウェアラブル・コンピュータは使えるところまできた。

ロサンゼルスに戻った私はヴィヴィアンに、ルーレット・コンピュータができた、シャノンと私でテストしようと思うと伝えた。8月、ヴィヴィアンと私はラスベガスでシャノンとベティの2人と落ち合った。機材を抱えて近くのホテルに腰を落ち着け、それからうってつけのホイルを探しに出た。私たちの装置は、私たちが見たどのホイルでも勝てるのがわかったので、環境の面で気に入ったカジノを選んで明日行こうということになった。そうして、晩ごはんと明日の作戦の時間になった。

いよいよ実践！

翌朝、私たちは自分の身体に電線を巻きつけた。シャノンがコンピュータと無線送信機を身につけ、靴に隠したスイッチを足の親指で操作する。私は無線受信機を身につけた。新しく採用した鋼線が首を伝って右の耳の穴に入れたスピーカーにつながっている。いざカジノに乗り込もうと私が立ち上がると、シャノンが首を傾げ、妖精みたいな笑みを浮かべてこう言った。「どうすれば君を動かせる?」

シャノンが言ったのは冗談で、ルーレット卓に着いて行動を起こすとき、自分が身につけたコンピュータから私の耳の穴に送るヘンな音(というか、ほんとは楽音なのだけれど)のことを言っていた。ちょっとここで話を止めて、どうすれば私は動くのかという疑問に込められた意味を深いところで考えてみたいと思う。

当時、私は人生の岐路に立っていた。目の前には大きく異なる2つの未来への道が伸びていて、どちらかを選ばないといけない。一方の道では、プロのギャンブラーになって世界を徘徊し、年に何百万ドルだか稼ぐ。ブラックジャックとルーレットのあいだを行ったり来たりすれば迷彩を施せるし、ついでにカジノが有利なほかのゲーム、たとえばクラップスやバカラでもちょくちょくやって、勝った分をいくらか返してやれば完璧だろう。

もう1つの選択肢は、学者生活を続けることだ。たどる道を決めたのは私の人となりだった。つまりどうすれば私が動くか、である。ギリシャの哲学者、ヘラクレイトスはこう言っている。「人となりが行く末を決める」。ここで話を再開して、私たちがルーレット卓へ向かうのを見よう。

私たち4人がカジノにたどり着き、ヴィヴィアンとベティはブラブラしたりお喋りしたりし、シャノンと私はお互いも彼女たちにとっても他人同士だ。私みたいにカジノ慣れしてない彼らは、ちょっと緊張していたけれど、運よく表には出ていない。シャノンはホイルのそばに立ち、球と回転部分の時間を計る。ほんとにやっていることから注意をそらそうと、彼は投げられた球が止まるたびに出た目を紙に書く。不毛で失敗するに決まっている戦略使いのフリだ。一方、私は場の反対側の端にある席に陣取っている。シャノンからもホイルからも遠いところだ。

シャノンはクルーピエが回転を手で後押しするまで待つ。回転部分にある緑の0が基準点に来たときがタイミングだ。シャノンが選んだ基準点は、球の方向を変える羽根の1つがあるところだ。彼が足の親指で靴に隠した水銀スイッチの1つを押す。スイッチが入る。音はないけどカチッ！ 球がまた緑の0まで来たら、もう1回カチッ。2回のあいだが1周にかかる時間である。1回目のカチッのあと、8音の音階、ドレミファソラシドが私の耳の中で鳴り始め、回転部分が1周するたびに最初のドに戻る。これでコンピュータは1周にかかる時間を把握し、それだけでなく、固定部分に対してどう回っているかも把握したことになる。回転はだんだん遅くなるけれど、とても摩擦の小さいピカピカのベアリングに載っているから、なかなかスピードは落ちない。コンピュータはスピードの変化に対しても調整してある。シャノンは数分ごとに、クルーピエがそんな速度の低下を相殺するべく回転を後押しするのに合わせて、時間を計測し直す。

コンピュータを使えば44％も有利に

私も賭ける準備が整う。クルーピエが球を入れる。球がスピードに乗って固定部分の中にある軌道の上のほうを回る。シャノンは球が基準点を何度も通り過ぎるのを見つめている。あと3回転はするが4回転まではいかないと判断したとき、彼はもう一方の足の親指でスイッチを押す。繰り返し流れる音階のスピードが上がる。そして球が次の1回転の終わりまで来たとき、つま先でもう一度スイッチを押す。カチッ！　音階が止まる。最後に聞こえた音の高さで私が賭ける数字のグループが決まる。まだ試運転の段階だから、私は10セントのチップを賭ける。それからホイルが何回か回るうちに、コンピュータが魔法を使い、賭けが当たって10セント硬貨数枚が硬貨の山に変わる。私は毎回、回転部分の隣り合った数字5つに賭ける。ヨーロッパではよく使われる手で、フランスではそういう数字のグループをヴォワジナージュという。「お隣さん」だ。

　私たちはホイルの数字をそんな8組のグループに分けることにしていた。0と00はそれぞれ2つずつのグループに含まれている。それで全グループの数字は40個になるが、ホイルには38個しか数字がないからだ。私たちはそんなグループを「八分儀」と呼んでいた。並のプレイヤーがそんな数字5つにそれぞれ1ドル賭けると38回にだいたい5回勝つ。つまり8分の1をちょっと上回る割合であり、それ以外のときは5つの数字に賭けたお金を全部失う。全体では38ドルの賭けで2ドルの損、つまり5・3％不利だ。でも私たちのコンピュータを使えば5つの数字に賭けて5分の1は勝つから、44％有利になる。

　でも、問題が起きた。調子よく勝ちを重ねていると、隣の淑女が私に目をやってぎょっとした。逃げないといけないのはわかったけれど、なんでかはわからないのでとりあえずトイレに走り込んでそこの鏡を覗き込んだ。私の耳からスピーカーが覗いていて、なんだか未知の虫みたいに見えていた。もっと深刻だったのは、私たちは積んだ小銭を小銭の山にするところまではけっこういったのだけれど、問題があって、そのせいでもっと大きなお金を賭けられないでいた。耳のスピーカーにつながった鋼線が原因だった。この鋼線は鉄でできていたがとても細かったのでよく切れた。切れるたびに私たちは長々と賭けを中断して部屋に帰り、修理してまた私に貼りつけるなんていう面倒な作業をやり直さないといけなかった。

でも、ちゃんと動いているあいだはコンピュータはいい仕事をした。電線はもっと太いのを使って、自分たちは両耳が隠れるところまで髪を伸ばし、その下を伝って耳まで電線を通せば問題解決だ。それから、私たちは気の進まない様子の奥さんたちを「電線を着けてくれないか」と説得することも考えた。きれいに飾った彼女たちの長い髪の下にまるごと全部隠すのだ。

MITの歴史に残る

私が賭けをしているあいだ、それを見ていた人は誰も、シャノンと私が何か尋常でないことをしているなんてまったく気づかなかった。それでも、もしカジノが気づいたら、彼らはいとも簡単に私たちを止めることができるのは私もよくわかっていた。彼らがやらないといけないことといったら、たかだか、球を投げ入れる前に「もう賭けられません」と宣言する、それだけだ。普通だと、これは球が軌道をほぼ回り終える頃近くになってから聞けるセリフである。彼らに見つかってそんなことをされないためには、派手に勝って関心をひいてはいけない。それにはひと芝居打って注意をそらさないといけないだろうということになった。それにはどれだけ労力が必要か、私はブラックジャックでの経験で思い知っていた。私、ヴィヴィアン、シャノン、それにベティも、芝居の稽古だの変装だの注意をそらす作戦だのなんてやりたくない。そもそもブラックジャックの顚末で私のことは知れ渡っていたから、そんなにいつまでも気づかれないままではいられない。加えて、これはどう見ても長々と時間を取られる営みで、私たち4人とも、そんなのはごめんだった。そういうわけで、いくらかためらいはしたものの、このプロジェクトは棚上げすることにした。あれはいい判断だった、振り返るたびにそう思う。

ＭＩＴメディアラボは私たちの作った装置を、その後で言うところのウェアラブル・コンピュータとして世界初と位置づけている。つまり、機能の一部として身体に装着して使えるコンピュータだ。１９６１年の終わり、私は2台目のウェアラブル・コンピュータを作った。同じ原理でホイル・オブ・フォーチュンとかマネー・ホイルと呼ばれるゲームの予測を行う装置だ。ルーレット・コンピュータと同じく、この装置もつま先でスイッチを押して入力を行い、結果はスピーカーで出力し、単接トランジスタを1個だけ使っている。操作するのも1人しかいらない。マッチ箱サイズでカジノでもちゃんと動いた。でも、ゲームのほうがあんまり大掛かりでないので、回転が遅くなってから私が賭けてハデな結果を出すととても目立ってしまう。ホイルが回っているあいだに40対1の倍率で賭けると、クルーピエがホイルの回転を後押しし直す、なんてことがよくあった。

1966年になって、やっと私はルーレットの戦略を公表した。その頃にはもう私たち自身はこの戦略を使わないことがはっきりしていたからだ。詳しい内容はさらにあとになってから世に出した。カリフォルニア大学サンタクルーズ校（UCSC）の数学者が電話をかけてきたので、私は自分の方法を説明してあげた。UCSCは、物理学者の「幸福論のパイ」グループがその後10年でもっと進んだテクノロジーを使って自分たちでルーレット・コンピュータを作ったところだ。私たちと同じように、彼らも44％有利に立てることを発見し、私たちと同じように、ハードウェアの故障に悩まされた。もっとあとになって、ルーレット・コンピュータを使ったグループが大儲けしたとの報道があった。

情報理論の父との別れ

シャノンと私はブラックジャック用のウェアラブル・コンピュータの開発も話し合った。私がブラックジャックの分析に使っていたプログラムを転用すればカード・カウンティングをするコンピュータが作れて、完璧なゲームができる。カード・カウンティングをする人間の中でいちばん凄腕の人の2倍の割合で勝つことも可能だ。たぶんこれはコンピュータがゲームで人類を凌駕する初期の事例の1つだった。その後、コンピュータはチェッカーを完璧にプレイし、チェスや囲碁、ジェパディで人類の最高峰を打ち負かした。それからほかの人たちもウェアラブルなブラックジャック用コンピュータを作って売り出した。あの当時のネバダの法律、具体的にはイカサマに関する条文は、そういう装置を使うのを禁止してはいなかった。でも、ブラックジャックやルーレットを隠し持ったコンピュータでプレイされたカジノの利益はどんどん減った。ネバダ州は1985年5月30日に緊急措置として法律を新しく作り、ゲームや賭け事で結果を予測したり実現確率を分析したり、プレイや賭け方の戦略を検討したり、出たカードの記録を取ったりする装置を使ったり持ち込んだりするのを禁止した。罰則はというと、罰金と懲役だ。これだけ幅広く法の網を広げられると、手のひらサイズの戦略のあんちょこでさえダメなのかって気になる。『ディーラーをやっつけろ!』には1冊1冊、戦略のあんちょこがついているというのに。2009年にある起業家が、ブラックジャックでカード・カウンティングをして次にとるべき一手を教えてくれるアプリを開発し、ずいぶん人気になった。カジノ業界はそれを使う人たちに、ブラックジャック卓でそれを使うのは犯罪ですよと念を押した。

シャノンと私はその後数年、ときどき連絡を取り合った。最初はルーレットの話ばかりだったが、そのうち、そういうのはお互いもういいんだというのがはっきりしてきた。覚えているかぎり最後に書いた手紙は1965年の終わりだったか1966年の初めだったかで、株式市場に関する話だった。そのとき彼が黒板に2[11]という数字を書いたのを私が思い出したのがきっかけだ。計算すると2048で、1ドル投資して11回連続で2倍になっていけばその額になる。彼の投資の目標がそれだった。手紙で私は彼に、株式市場の小さな片隅で使うけた外れの戦略を見つけた、それを使えば年率30%かけられると思う、そう書いた。このやり方で時間をかければ2^{11}を超えられる。私のそんな思い上がりについて、彼はなんにも言わなかった。そしてそれは確かに思い上がりだった。実際やってみると利益率はどちらかというと20%に近かった。

最後に会ったのは１９６８年で、サンフランシスコで開かれた数学会でのことだった。彼が私に最後に言った言葉は強烈だった。「2人とも地面の6フィート下に埋められる前にまた会おう」

シャノンが２００１年に亡くなってから、ベティは彼の論文と装置の多くをＭＩＴの博物館に寄贈した。ルーレット・コンピュータもだ。博物館はそれを、ドイツのパーダーボルンにあるハインツ・ニクスドルフ・コンピュータ博物館に貸し出した。２００８年の春のことで、最初の８週間のあいだに展示を見に来た人は3万５０００人に上った。

１９６１年の8月にシャノンがラスベガスでルーレット・ホイールに歩み寄ったとき、彼は私たち4人以外、誰もそれまで見たこともないものを携えていた。それは世界最初のウェアラブル・コンピュータだった。私にとって、ウェアラブル・コンピュータといえば、呼び名のとおりのものだ。人が身につけて、思ったとおりの機能を果たさせる、そんなコンピュータである。私たちの作った装置はその後のウェアラブル・コンピュータの発達にほとんど影響を与えなかったけれど、でもアップル・ウォッチなんかみたいに、こんにちではどこでも見かけるようになった。

ブラックジャックとルーレットが一段落したところで私はこう思った。カジノのほかのゲームも征服できるだろうか？

CHAPTER 10 バカラ必勝法

冥王星を見つけた天文学者が同僚

1961年の9月、ラスベガスでルーレット・コンピュータのテストをやってから1カ月後のことだ。ヴィヴィアンとローン、そして私はニューメキシコ州のラスクルーセスに引っ越した。この地でニューメキシコ州立大学（NMSU）数学科の教授の仕事を始めるのだ。当時の人口は3万7000人、海抜約1200メートルの高地にある砂漠の真ん中の街だ。ラスクルーセスは州第一の水源であるリオグランデ川のほとりにできた街で、砂漠に大きく広がっている。いちばん近い大きな町はテキサス州のエルパソで、南に72キロ行ったところにある。北に320キロほどのところにあるアルバカーキのニューメキシコ大学に次いで、NMSUはこの州で2番目に重要な大学だった。私が着任したとき、NMSUは農業大学から総合大学へと転身しようとしていた。キャンパスのすぐ東には「Aの山」がある。大きな丘で、白い大きな「A」の文字が書いてあった。「農学部（Aggies）」の「A」だ。こんなことを言う人がいた。いわく、アメフトチームの連中がアルファベットの最初の文字を覚えたら、あの文字は「B」に変えられる。

ニューメキシコで過ごした4年間のことは忘れられない。下の娘のカレンが生まれたのがかの地だし、息子のジェフが生まれたのは近くのエルパソだ。32キロほど行ったところにホワイトサンズの性能試験場と国定記念物がある。ここはちょっとした夏の避暑地だった。白い石膏の「砂」が太陽の光を効率よく反射するからだ。

子どもの頃の天文学への興味がよみがえり、私はニューメキシコの暗い空を小さな望遠鏡で覗いて楽しんだ。天文学方面での目玉は、ラスクルーセスの住人にしてNMSUで教授を務める同僚のクライド・トンボー（1906〜1997年）と2人で食べた昼ごはんだ。彼の名が世界に知れ渡ったのは1930年、アリゾナ州のフラッグスタッフにあるローウェル天文台で新たな惑星、冥王星（近年になって「準惑星」に格下げされてしまったけれど）を発見したときだ。私の生徒、ウィリアム・E・「ビル」・ワルデンはロスアラモス国立研究所で働いていた。彼の計らいで、ある日の午後、スタニスワフ・ウラム（1909〜1984年）を訪ねたこともある。20世紀最高の数学者の1人だ。彼は原子爆弾を開発したマンハッタン計画を担った1人で、のちに水素爆弾の開発に欠かせないアイディア、熱核兵器におけるテラー＝ウラム方式を考え出した。

バカラはブラックジャックに似ている

NMSUで院生向けの授業を教え、数学の研究をしながら、私はこれまで学んだことを使ってほかのギャンブルでも勝てないかを考えていた。ネバダへブラックジャックをしに行ったときに目についたのが、カジノで行われるゲームの1つで、ジェイムズ・ボンドもプレイしているバカラだ。イアン・フレミングの小説『カジノ・ロワイヤル』にも、同じ名前がついた映画のオリジナル版の最初のシーンにも出てくる。バカラは長くヨーロッパでは大きなお金を賭け、ときどき上限なしでプレイされていた。旧大陸で人気のこのゲームは、ちょっとルールを変えてラスベガスの一部のカジノでもプレイされていた。ブラックジャックと似たところがあったから、自然と私の戦略を試すターゲットになった。運よく、ワルデンは数学の応用に関心を持つコンピュータ科学者で、私のために働いてくれることになった。私たちは1962年にバカラの分析を始めた。目標は、私のカード・カウンティングの手法を使うとどれだけうまくやれるかを特定することだった。

ネバダ流のバカラでは、8組のデック、計416枚からカードが配られる。数値はブラックジャックと同じで、ただしカウントされるのは下1桁の数字だけだ。だからA《エース》は1、2から9はそのまま、10、ジャック、クイーン、キングは10ではなくて0である。ゲームでは、まずカードをシャッフルし、真っ白な「カットカード」を表向きでカードの組の終わり近くに挿入する。そうして416枚1組のカードが木でできたカードケース、いわゆるシューに入れられる。1枚カードをめくり、その数字を見て、数字の数だけカードが捨てられる。これは「燃やす」とも言う。このめくったカードが10や絵札なら10枚のカードが燃やされるということだ。

カジノの卓には12席あり、そこにお客やサクラ（カジノの従業員がお金を賭けたりお客のフリをしたりして本物のお客を惹きつけようとする）が座る。主な賭け方は2通りだ。バンカーに賭けるかプレイヤーに賭けるか、である。

プレイヤーたちが賭け金を置くと、クルーピエは、テーブルの上に「バンカー」と書いた場所と「プレイヤー」と書いた場所のそれぞれに、2枚のカードを裏向きで配る。それからクルーピエはそれぞれの手札を表に返す。カードそれぞれと同じように、合計でもカウントされるのは下1桁だけだ。たとえば9＋9＝18だと8とカウントされる。最初に配られた2枚のカードの合計が8か9であるのをナチュラル8、ナチュラル9と言う。それが起きると賭けはそこで終了、カードはもう配られない。プレイヤーもバンカーもナチュラルでないと、どちらの側も、あらかじめ決められた基準に従ってクルーピエからもう1枚カードをもらうかスタンドするかのどちらかになる。手札の値が大きいほうが勝ちだ。値が同じなら賭けた人たちに賭け金が返される。

バカラの分析でも、ブラックジャックに使ったのと同じ方法を使った。2つのゲームが似ているからだ。まず、バンカーとプレイヤーにそれぞれ賭けた場合にカジノがどれだけ有利か、ネバダのルールで正しく計算する。史上初の試みだ。バンカーに賭けたときはすべての賭け方を考慮するとカジノが1・058％有利、引き分けを含めないなら1・169％有利である。プレイヤーに賭けたときはカジノが1・235％有利、引き分けを含めないなら1・365％有利である。こうした計算はプレイヤーがすでに出たカードを記録していないと仮定している。バンカーに賭けるかプレイヤーに賭けるかでカジノの有利さが異なっている。3枚目のカードを引くときの基準が両者で違っていること、そしてバンカーが勝った場合カジノに5%払わなければならないことが原因だ。

「8」と「9」に注目すれば有利に

では、プレイヤーがカード・カウンティングをやったらどうなる?

それを見るために、ワルデンと私は、カード・カウンティングの基本原理と名付けた定理を証明した。厳密に数学的に、すでに出たカードが多ければ多いほどカード・カウンティングによる有利さは高まる。ということは、いちばんいい状況は終わり近くだということだ。でも私たちは、それでもそんなには有利にならないし、めったに有利には立てないのを発見した。

バカラには十分なチャンスがないのは、バカラでカードの組から1枚取り除くことの影響はブラックジャックの場合の9分の1にすぎず、だからカジノの有利さに対する影響もそれに伴ってとても小さいからだ。また、乗り越えないといけないカジノの有利さそのものは1%を超えている。ブラックジャックより大きい。

でも、バンカーに賭けるかプレイヤーに賭けるかという主な賭け方に加え、バカラにはそれ以外に4つの賭け方ができる。バンカーのナチュラル9、プレイヤーのナチュラル9、バンカーのナチュラル8、そしてプレイヤーのナチュラル8だ。バンカーのナチュラル9は、バンカーに配られた最初の2枚の合計が9であるときに勝ち、倍率は9対1である。つまり1ドル賭けて勝てば利益は9ドルだ。ほかの3つも同じ倍率である。

カード・カウンティングをやらないならこれらの賭け方はひどい手で、カジノのエッジは2通りのナチュラル9の場合で5・10%、それぞれのナチュラル8の場合で5・47%にも及ぶ。私たちはカード・カウンティングをやってもバンカーかプレイヤーかという賭け方をするかぎり勝てないが、これらの4つなら勝てるのを発見した！　理論で予想し、さらに計算で実証したのによると、これら4つのサイド・ベットでのエッジはすでに出たカードによって大きく揺れ動く。シューのカードが3分の1ほど使われたところでいいチャンスが現れ、その後はカードが減るたびにどんどん事態が改善していく。

私たちは実用できるカード・カウンティングの戦略を作った。これは、残りのカードに9がとてもたくさん含まれているときはプレイヤーのナチュラル9に賭けるのが有利、8がとても多く含まれているときはプレイヤーのナチュラル8に賭けるのが有利、という事実に基づく戦略である。

カード・カウンティングをうまくやる条件

カジノでテストしてみようと、私は数学科の学科長を務めるラルフ・クラウチを雇った。私たちは8組のデックを使ってカード・カウンティングの練習をした。うまくやるにはプレイしながら残りのカードの枚数、それにその中に8と9が何枚あるかを把握しないといけない。これはブラックジャックのカード・カウンティングよりも難しい。デック8組だとカードは416枚、9は32枚、8も32枚あって、これらの数字3つをずっと追い続ける必要があるからだ。

クラウチは私が出会った数学科の学科長の誰とも違っていた。中背で赤ら顔、陽気でお喋り、そしてものすごく外向的な人だった。数学者と言えばだいたいは内向的だから、そんなふうだと目立つ。よく言われた冗談で「内向的な数学者と外向的な数学者ってどこが違う？」というのがある。答え：人と話すときに自分の靴を見てたら内向的。相手の靴を見てたら外向的。パーティ・アニマルのクラウチは、よく数学科の人たちのパーティを開いた。エサは「ラスクルーセス・パンチ」だ。バカでかいボウルに作るカクテルで、バカルディのラム酒7・5リットル以上に冷凍のオレンジジジュース、パイナップルジュース、それにレモネードを混ぜる。ヴィヴィアンと私はそんなパーティをできるかぎり避け、行かないといけないときは失礼がない範囲で顔を出す程度にしていた。何年もあと、私の娘たちがこのカクテルのレシピと配合の割合（ほとんどラム酒）を見て、こんなもん飲んで誰がまっすぐ立っていられるの？　と言っていた。

ときどき、カード・カウンティングをうまくやるにはどうすればいいですかと聞かれる。私が気づいたところでは、学者みたいな調子でわかっていてもダメだということだ。素早く考え、戦略に忠実にプレイできるところまで訓練を積まないといけない。気性は激しすぎても穏やかすぎてもいけない。つまり、即座に考えを変えられないといけないし、カードや周りの人々や環境に意識を集中できないといけない。「芝居」や「フリ」ができるとなおのことといい。つまりカジノが慣れ親しんでいるタイプのプレイヤーに見せかけられると都合がいい。

クラウチなら完璧だと私は思った。彼のゴルフ仲間で大学の経理をやっているケイ・ハーフェンにもバカラ・チームに入ってもらおうということになった。ハーフェンは控えめで分別があり、何かあってもうろたえない人だ。一緒に練習してみると2人ともとてもうまくカード・カウンティングができるようになった。奥さん連中にも来てもらい、ヴィヴィアンは、私がブラックジャックをしにあちこち旅したときには参加できなかったが、今回は私が安全にプレイしているか直に監視できるのでほっとしていた。プレイしないときには6人で街のあちこちへ行って楽しむことにした。

2人組でバカラに挑む

1963年の大学の春休み、私たちはラスベガスへと車で向かった。デューンズに着いたのは、バカラが始まる午後9時のちょっと前だった。私たちはお互い他人のフリをした。バカラの一画は同じフロアでもほかのゲームをやっているところからビロードのロープで仕切られていた。馬蹄の形に膨らんだほうの立派な高めの卓に席が6つあった。私が席についたときには卓にはもう女の人のサクラが数人いた。ブラックジャックでは私の顔は知れ渡っていたけれど、カジノの人たちには気づかれなかった。少なくとも最初は、ということだけれど。

ゲームが始まると、ビロードのロープの外に人が集まり、大金のかかったゲームを見物しに来た。賭け金は普通の賭け方で最低5ドル、最高2000ドル、サイド・ベットで最低5ドル、最高100ドルだ。2016年のお金の価値でいえばだいたいそれぞれの10倍にあたる。

そこで誰かが叫んだ。「あいつ、本書いたやつだろ」。バカラの責任者の目が飛び出しそうに開いて、彼は近くの電話に駆け寄った。奥さんたちの1人が上の階への電話を盗み聞きした。責任者の態度は、心配から安心、そして喜びに変わった。ブラックジャックは征服したかもしれんがバカラはまた別だ。私たちのスパイはこんなことを聞きつけた。「ははは。やらせてやる!」。てなわけで私たちのプレイが始まった。

最初の晩は楽しかった。新たにシャッフルされた416枚のカードだとどう賭けてもカジノが有利だ。だから最初は最少額の5ドルをバンカーに賭けた。そうしておいて、8や9そして残るカード全部の数を追跡し、有利な状況が訪れるのを待った。賭け金のサイズは、1時間に100ドルの勝率になるように設定した。これぐらい低ければ、また出入り禁止にならずに済むんじゃないかと思っていた。

シュー1個が尽きるのに45分ぐらいかかった。2個目が終わったところで私は休憩、一方クラウチとハーフェンは3個目でもプレイを続けた。彼らはお役目を分担し、クラウチがナチュラル8の、ハーフェンはナチュラル9の賭けの観点からカードを追跡した。それぞれが3つの数字を追跡するより、それぞれ2つを追跡するほうが簡単だからだ。3個目のシューが終わり、彼らは休憩、私はもう2回プレイした。このパターンを繰り返し、ゲームが終わりになる午前3時、私たちは500〜600ドル勝っていた。だいたい予想どおりだ。

翌晩、ゲームが始まるときに席につくと、空気は変わっていた。カジノの従業員は距離を保ってよそよそしく、サクラはサクラで何かおかしなことを始めた。前の晩は、私、ほかのプレイヤー1人か2人、それに女の子のサクラ6人が12個ある席に散らばってゲームが始まった。すぐにほかの人たちが、見かけだけ盛り上がっているこの卓に引き寄せられてプレイし始めた。席が全部埋まるとサクラが1人だけ席を立つ。1席だけ空きがあるのが新しいギャンブラーを呼び寄せるにはいちばん強力なのだ。1席だけですよ。取れるうちに飛びつきましょうよ。新しいプレイヤーが席につくと、別のサクラが1人、席を立つ。サクラが出たり入ったりの求愛ダンスでいつも席は1つだけ空きがあり、それが一晩中続いた。でもこの2晩目には私の両側に陣取ったサクラはずっとそこにいて私をじっと監視していた。そこで私は気管支炎のフリをして、ひんぱんにひどい咳をした。こっそり見張っている奥さん連中は、私に張りついたサクラが自分の健康を心配して抵抗し、そのまま張りついていろと命令されたのを目撃してびっくりしていた。

コーヒーですね、いつものように

私たちが勝ち続けるあいだ、ほかのプレイヤーたちもそれぞれの役を演じていた。ヴィヴィアンは脱色で金髪にしたアジア系の女性に目を引かれた。爪は長くて赤紫、厚いメイクにたくさんの宝石を身につけていた。彼女は毎回、上限の2000ドルを賭け、負けていた。スーパーマーケット・チェーンのオーナーで、数時間のうちに店を1つ手放すことになった。バカラは大きな賭けをする人に好まれるゲームだ。1995年、ネバダ州のカジノでは、バカラの収益はブラックジャックの収益の半分ほどだった。でも卓の数はブラックジャックのたった50分の1だ。つまり、バカラ卓はブラックジャック卓の25倍も利ザヤが大きいということだ。

この2晩目も午前3時にゲームは終わりになった。儲けを勘定したあと、クラウチとハーフェンが飲みにバーに立ち戻った。ピット・ボス、それにカジノの人が2人いて、バカラのシューとカードのデックを8組持っている。彼らはぶつぶつ言いながらカードを1枚1枚調べていた。曲がってないか、しわが寄ってないか、印がついてないか。私たちがなんで勝てるのか、手がかりを探していたのだ。

3晩目、ピットにいる従業員がみんな、あからさまに敵意をむき出しにしてきた。私のやることなすこと全部、露骨に監視されている。彼らをひっかけてやろうと、私はちょくちょく耳の後ろを触った。自分がイカサマ師で、カードに「ドープ」で印をつけてるみたいに。ドープはワセリンみたいな物質で、ほとんど目に見えないが特別なサングラスを通すとよく見える。これで彼らがカードを1枚1枚調べ、ありもしないものを探してもう1晩無駄に過ごしてくれないかと思ったのだ。最初の2晩、カジノは私に何度も飲み物を持ってきてくれた。でも私はコーヒーをくれ、クリームと砂糖入りで、と注文した。その晩は戦争だった。彼らは何も持ってこなかった。

また私たちが勝った。

4晩目、私が座ってプレイしようとすると、空気がまた大きく変わっていた。ピット・ボスも彼の子分たちもニコニコしてゆったり構えている。なんだか、私に会えてうれしいみたいなそぶりだ。それから、なんにも言ってないのに「コーヒー、クリームと砂糖入りですよね、いつものように」と言う。最初のシューもずいぶん進んで調子よく勝ちを重ね、コーヒーを飲むと、急に考えられなくなった。カード・カウンティングもできない。これにはショックを受けた。私は雑音や煙、話声、ものすごいスピードで進むプレイからくる重圧、勝ったり負けたりの興奮、お酒の影響、そういうのにも負けずにうまくプレイしてきた。思ってもみなかったことが起きた。私はチップをまとめて場を離れた。次のシューはクラウチとハーフェンが引き受けてくれた。

奥さんたちは私の瞳孔が大きく開いているのに気づいた。ベラミア・ハーフェンは看護師だった。彼女はこういうのをよく見たと言う。麻薬を使った人が自分の勤める病院に担ぎ込まれたときだ。私はぶっ倒れて眠りたかったけれど、ヴィヴィアンもイソベル・クラウチもベラミアも、私にブラック・コーヒーを注ぎ込み、数時間歩かせて麻薬の影響が薄まるのを待った。クラウチとハーフェンは4晩目が終わりを告げるまでプレイし続けた。またしても私たちが勝った。

4人でずいぶん話し合い、私は5晩目も初めからゲームの卓についた。もはや笑顔もなく、従業員がまたコーヒーにクリームと砂糖を勧めた。私はこう言った。「いらん。水だけ1杯持ってきてくれ」。私のグループがこっそり嘆く。怪しくも長い時間がかかって、やっと水が出てきたとき、何か混ぜ物がしてあるのだろうと思った。確かめようと、私は用心深く、舌に1滴だけ載せてみた。げ。なんだか重曹をまるごと1箱コップの水に溶かしたみたいな味だ。この水では私は1滴だけで十分ぶっ倒れそうな勢いだ。一口飲んだらどんなことになるんだろうと思った。

バカになった頭と開いた瞳孔を抱えて私は席を立ち、ブラック・コーヒーを飲んで歩き回るという手順を繰り返した。そのうち、クラウチとハーフェンは出て行ってくれ、二度と来ないでくれと言われ、彼らの友達たちも同じ目に遭った。

カジノ側の究極の一手

サイド・ベットありでバカラをやっているカジノがもう1カ所あった。サンズだ。1日休んだあと、私は元手を抱えてサンズへ赴き、卓についた。私は目標を1時間に100ドルから1時間に1000ドルに引き上げた。デューンズはサンズに連絡しているだろうから私はそう経たないうちに出入り禁止になるだろうと踏んでのことだ。2時間半で2500ドル稼いだ。そこへカール・コーエンが現れた。サンズの小屋主の1人であり、ここを取り仕切っているのが彼だ。そんな人が私を訪ねて卓へやってきた。コーエンは以前、フランク・シナトラをお仕置きしている人だ。店で騒いだからである。シナトラが文句を言うと、彼が二度と店に来れないようにした。シナトラは少額ながら店の出資者の1人だったのに、だ。そのコーエンが直々に、もうウチのカジノではプレイしないでくれと言う。なんでですかと聞くと彼はこう言った。「理由なんてない。

あんたにはここでプレイしてほしくない、それだけだ」。彼には見たこともないぐらいデカい警備員が付き添っていた。話しても無駄だ。私は店を出た。

6晩目のプレイで、私たちは自分たちの戦略が卓でもうまくいくと証明した。数学による理論的な計算を裏付け、賭けや投資でもケリーの戦術が有効だとの結果を出したのだ。でも、私たちの旅は、ぞっとする終わりを迎えた。

私たち6人は翌朝ラスベガスを出て家路につき、車でラスクルーセスに向かった。アリゾナ北部で山を下る道を走っているとき、ハンドルを握っているのは私だった。時速104キロで走っていると、急にアクセルが故障した。急な下り坂でスロットルは全開、ブレーキは利かなかった。車は時速128キロまで加速して、道を曲がるのも難しくなった。

考えている時間はなく、ブレーキはもう全力で踏んでいたから、私はサイドブレーキを引きながら、低速ギアに切り替えてエンジン・ブレーキが車の減速を手伝ってくれないかやってみた。エンジンも切った。そうしてやっと、車は路肩に止まった。車に詳しい親切な人が車を停めて私たちを助けてくれた。ボンネットを開けて見てみると、どうしてアクセルが故障したのかわかった。部品が1つ、長いねじ穴から外れていた。おかしい、こんなのは今まで見たことないと彼は言う。彼に直してもらって私たちはまた走り出した。生きて、ほっとして、目が覚めた。

私たちは自分たちの戦略が卓でも理論どおりに機能するのを証明した。その結果、デューンズもサンズもナチュラル8とナチュラル9への賭けを受けなくなった。

ＮＭＳＵにいるあいだ、私は本の印税とギャンブルでの儲けを株式に投資していた。でも私は市場のことをあまり知らなかったし、運も悪かった。結果は思わしくなかった。私はもっとうまくやりたかった。投資は新しい種類の不確実性を私にもたらした。確率論を使えばいい選択ができるかもしれない。

やっと目を開かされたのは、ネバダ全部を合わせたよりも大きなカジノがあるとわかったときだ。偶然のゲームで勝つ私の方法は、地上最大のカジノ、ウォール街でも使えるんじゃないか？今までにもまして好奇心に駆られ、調べてみることにした。私は金融市場のことを学び始めた。私の行く先を照らすのはほかでは見ない光だった。ギャンブルで得た知識だ。

CHAPTER

11

ウォール街——地上で最大のカジノ

最初の投資、苦い教訓

ギャンブルは投資を単純にしたものだ。2つのあいだにはびっくりするぐらい似たところがあり、だから私は、ギャンブルのゲームで勝てるなら、市場で平均よりもうまくやれるのじゃないか、そう考えた。どちらも数学と統計とコンピュータで分析できる。どちらもお金の管理が必要で、リスクとリターンのバランスをうまくとらないといけない。大きく賭けすぎるのは、1回1回は有利だったとしても、破滅への道だったりする。ノーベル記念経済学賞を取った人たちが運用する巨大なヘッジファンド、ロングターム・キャピタル・マネジメント（LTCM）がやらかしたのがこの間違いで、1998年に破綻したとき、アメリカの金融システムが揺らいだ。一方、小さな賭け金で安全にプレイしすぎると儲けをみすみす取り逃がす。投資では心構えが大事なのもギャンブルに近い。偉大な投資家は、おうおうにして投資もギャンブルもうまいのだ。

市場を探求するという知的な挑戦と楽しみを味わうべく、1964年の夏は市場を勉強して過ごした。当時ビバリーヒルズにあった大きなマーティンデイル書店に入りびたり、株式市場の古典を読んだ。グレアムとドッドの『証券分析』、エドワーズとマギーが書いたテクニカル分析の本、その他ファンダメンタルズ分析にテクニカル分析、理論書に実用書、簡単なものから難しいものまで、いろんな本や雑誌を山ほど読んだ。読んだもののほとんどは紙くずだったけれど、ヒゲクジラが膨大な海水から栄養のある小さなオキアミを濾し取るように、私はそうやって知識の土台を得た。またしてもカジノのゲームと同じようにほとんどなんにもわかってない人がとてもたくさんいるのに驚き、そして希望を持った。そしてブラックジャックと同じように、私の最初の投資は、損をして教訓という得を得る、そんな形だった。

さかのぼること数年、投資のことはなんにも知らない頃、ある会社の株がお買い得な価格で取引されていると報じられているのを耳にした。会社の名前はエレクトリック・オートライト、自動車のバッテリーをフォード・モーターに卸している会社だ。取っている新聞のビジネス面に載った記事も見た。いわく、同社の見通しは明るい。技術革新に新規の大口契約、大幅な増収(40年後、バッテリーのメーカーの見通しについて同じようなことを書いた記事を見た)。

ブラックジャックと本の売り上げで、やっといくらか元手ができたので、それを投資で増やすことにした。そうすれば私は家族と学界でのキャリアに集中できる。40ドルで100株買い、その後2年間で株価が1株20ドルに下がるのを、指をくわえて見ている羽目になった。4000ドルの投資の半分が溶けた。私は売り時がいつかなんてなんにもわからなかった。そこで私は株価が買値に戻るまで耐え忍ぶことにした。そうすれば損を出さずに済む。これは負けが込んできたギャンブラーが、損を取り返すまでプレイするんだと言い張るのとまったく同じだ。４年かかってやっと元の４０００ドルに戻ったところで手仕舞った。50年後、ハイテク株に投資した人たちが私と同じ経験をし、２０００年3月10日の高値でつかんだ株で元手を取り戻すのに15年待つことになった。

何年もあと、お昼ごはんから車で帰る道すがら、エレクトリック・オートライトを買ったときのことをヴィヴィアンと話した。私はこう尋ねた。「何がいけなかったんだろうね?」

彼女は私の心を読んだかのようだった。「何よりも、あなた自分でちゃんとわかってないものを買ったよね。あれじゃ株式市場の銘柄リストにダーツを投げたのとなんにも変わらないよね。販売手数料の安い投資信託（ノーロードの投資信託はまだなかった）でも買ってれば利益は同じぐらい期待できて、そのうえもっと低いリスクが見積もれる投資ができたはず」。エレクトリック・オートライトの記事を読んだ私は、素晴らしい投資だと考えた。でもその考えが間違っていたのだ。その後私は、いい銘柄に関する記事や助言、推奨は、ほとんど全部、まったく価値がないのを思い知る。

ほとんどの投資家がはまるワナ

それからヴィヴィアンは私の考えが間違っていた2つめの点を話した。元手を取り返せるときまで待つという出口戦略だ。私は特定の価格にこだわるという間違いを犯した。その価格は私にとって過去の経緯から重要で独特の意味を持つ価格だったが、その価格がそんななのは私にとってだけだった。つまり、私の買値だ。ここ数十年で、行動ファイナンスの学者たちが、ほとんどの投資家をいつも惑わせる心理上の誤りを分析し始めた。そんな誤りを彼らはアンカリング（自分にとっては意味があるが市場にとっては意味のない価格に囚われること）と呼んでいる。私に予測能力はまったくなかったわけで、出口戦略なんてどれでも大差なかったはずなのだ。1つめの誤りと同じように、これも私の考え方が間違っていた。いつ売るかを考えるのに、私は無意味な基準を使っていた。自分の買値だ。むしろ私は経済的なファンダメンタルズ、たとえば現金やほかの投資に乗り換えたほうがいいのではないか、なんてことを考えるべきだった。

投資を考えるとき、アンカリングはそこはかとなく、でもいろんなところで人を惑わせている。たとえば以前お隣さんだったデイヴィスさん（ここでは呼ぶ）は、自分の家の市場価値が1980年代の半ばに買ったときの200万ドルから、1988年から1989年に豪勢な住宅の価格が高値を付けたときに350万ドルほどに上がっているのに気づいた。その後すぐ、彼は家を売りに出すことにした。そのときこの価格、350万ドルがアンカリングの基準点になった。その後10年で家の市場価格は220万ドルほどにまで下がったが、彼はそれでも、もう笑ってしまうような価格になってしまった350万ドルでしか売ろうとしなかった。そして結局2000年になって、復活した株式市場とドットコム株に後押しされて高級住宅市場が高騰し、彼は

325万ドルで家を売り払った。この人の場合、よくあることだがアンカリングという考え方の誤りのせいで、結局は彼の思っていた値段で家は売れたが、別の行動を採っていた場合に比べて財産は大幅に少なくなってしまった。

デイヴィスさんと私は、よく一緒にジョギングしながら彼の大好きな話題であるお金と投資のことをお喋りしていた。私が勧めたので、彼は有限責任のパートナーシップに加わった。この有限責任のパートナーシップは、やはり有限責任パートナーシップであるヘッジファンドの中から、いい成果が得られそうなものを見繕って複数を選び、資金を分散して投資する。儲けに対する所得税を差し引いたあとでのデイヴィスさんの期待リターンは年10%だったが、投資した財産の価値は住宅用不動産や株式市場に投資した場合よりももっと安定していてほしいと彼は言う。そこで私は1988年から1989年に家の価格が高値を付けたすぐあと、そのときの市場価格で家を売り払っては、と彼に勧めた。そうしておけばたぶん330万ドルぐらいで売れて、彼が考えていたとおり、100万ドルぐらいの家に引っ越すこともできただろう。そのうえでなお、費用や税金を差し引いても投資できるお金が160万ドルぐらいはできたんじゃないだろうか。私が勧めてもう買っていたヘッジファンドにそのお金を追加で投じていれば年率10%で回って、11年後には456万5000ドルになっている。100万ドルで買った家の価値は、いったん下がってまた上がり、それを合わせればデイヴィスさんの財産は2000年に556万5000ドルだったはずだ。彼が実際に手にした325万ドルと比べてみればいい。

今までの株価とこれからの株価は無関係

自分も陥ったアンカリングという誤りを、私は不動産市場の売り手や買い手、それに日常茶飯事の状況で何度も目にしている。ある日、渋滞の中を車で家に向かっていると、SUVが私の真ん前に割り込もうとしている。私は降参するか、「オレの権利を押し通して」フェンダーをへこませる羽目になるかのどちらかを選ばないといけない。そういうお誘いは毎日のことなので、何事かを失うかも、なんて恐れ入ってこの車を入れてやる必要なんて感じない。SUVは「オレの」縄張りに踏み込んできた（アンカリングだ。抽象的な移動する場所に囚われている。自分にとって過去の経緯から独特の意味を持つ場所であり、運転する自分の行動がその場所に振り回されている）。ニューポートビーチの左折レーンは渋滞するのでとても悪名高い。私たちはそこで70台ほどの車列にどっぷりはまっている。普通、道は2車線なのだが、道路工事をしていて今は1車線だ。信号の変わり方が複雑で、2分で一巡するあいだに車は20台ほどしか通れない。それじゃ、やっと信号までたどり着いたとして、悪いSUVが黄色い信号で通れた最後の1台だったら？　ほんとはあれは「オレの」場所だったんだから、交通事故が起きるリスクがあろうが、私は赤信号をぶっちぎってもかまわないんじゃないか？　そうしないとあの泥棒野郎は私に無駄な時間を押し付けて2分だけ稼いだってことにならないか？　こうやって書くと、そんな誘惑はバカみたいだしあなたもそう思うでしょう？　でもこの手の行動はよく見かけるのだ。

アンカリングのバカバカしさは自分で投資してみてたっぷり経験したから、路上でだってやっぱりバカバカしいのがわかっている。合理的な投資家になったおかげで私は合理的なドライバーにもなれた！

長らく保険会社に投資してきた2人の「専門家」がダラスからやってきて、私を市場での次の冒険に連れ出した。彼らは生命保険会社に投資してきたおかげでお金持ちになったと言う。彼らが見せた図によると、生命保険会社株の平均であるAMベストAAAインデックスは過去24年、どの年にも上昇している。加えて彼らは今後も上昇が続きそうな話をしてくれた。案の定、彼らが見つけた連勝記録は私が投資したすぐあとに終わり、私たちはみんな損をした。

教訓：投資家がモメンタムと呼ぶ、価格の上昇や下落が長く続いているのが将来も続くと仮定してはいけない。続くという筋の通った論拠がないとダメだ。

モメンタムのことを考えているうちに、過去の価格が将来の価格を予測するのに使えるのだろうかと思った。それじゃ調べようとチャートを見てみた。これは株（やコモディティ）の価格のグラフに表れるパターンを使って将来の価格変化を予測する技だ。これを私に教えてくれたのはノーマンだ。ラスクルーセスに住むカナダ人で、教えてくれたのは私がニューメキシコ州立大学（NMSU）で教えているときだった。彼のデータと予測を何カ月も調べたのだけれど、それに価値があるようには見えなかった。やり始めたときにヴィヴィアンが言ってたとおりだ。「時間の無駄ね。ノーマンはもう何年もそんなことやってるのに、なんとか暮らしてるのが見てわかるでしょ。靴はすり減ってるわ、服もぼろよね。奥さんのお洋服だって古臭い流行おくれでしょ。昔はもっといい暮らししてたんだろうね」

需要と供給で投資をしたが……

ミスター・マーケットには投資でやらかす間違いを初歩からいろいろ教えてもらい、授業料をまだまだ払ってきた。ミスター・マーケットというのはグレアムが創った有名な架空の人物だ。グレアムはこの人を使って、証券の市場価格が裏付けとなる事業の実際の価値に比べて上に行ったり下に行ったり、激しく揺れ動くのを描き出した。ある日、ミスター・マーケットは興奮していて価格は高くなる。ほかの日、彼はふさぎ込んでいて、証券はグレアムが「本質的価値」と呼ぶものを大きく下回る価格で買える。1960年代の初め、銀の需要は供給を上回っていて、私は価格が跳ね上がるんじゃないかと思った。出回っているコインを溶かして取り出せる銀の価値は、そのうち、銀貨の額面を十分に上回り、いろんな費用を差し引いても利益が得られるところまでいくんじゃないか、そう思った。ウィリアム・F・リッケンバッカーは、私がミッキー・マクドゥーガルとラッセル・T・バーンハートと一緒にブラックジャックをする旅に出たとき、お金の面倒を見てくれた人だ。彼は当時すでにドル銀貨を買い漁り、金庫に溜めこんで、そんなことになるのを待っていた。

銀価格の上昇は、その後、コインを溶かした分から来る供給でややゆるやかになった。それに、インドの膨大な宝飾品から取り出せる銀が20億オンスほどもあった。そうした新たな供給を需要が吸収すると、価格はさらに跳ね上がった。銀価格が1オンス1・29ドルを上回ると、銀の含有率が90％であるドル銀貨は、法定通貨としてよりも金属としての価値のほうが高くなった。流通していたコインを溶かして銀を取り出すのが盛んになった。アメリカ政府がそういう営みを禁止したが、銀貨は買いだめされ、業者を介して27キロ入りの袋に詰めて売買されるようになった。

こうした需要と供給の経済的分析は正しいと信じた私は、銀を買うべくスイスの銀行に口座を開いた。そういうことで手数料を取る地元の業者が手続きを手伝ってくれ、またあれこれ勧めてくれた。33 1／3％の担保率で銀を買うのがいいと彼らは言う。つまり銀を1ドル分買ったとして私が口座に入れないといけないお金は33 1／3セントだけということだ。残りは業者が手はずを整えて、親切なスイスの銀行から借りられるようにしてくれた。もちろん私がお金を借りて手持ちの現金で買える分の3倍の銀を買えば、業者は稼げる手数料が3倍、そしてスイスの銀行は私への融資で金利を稼ぎ、さらに保管費用も毎月徴収できる。

強制決済で投げ売りだ！

銀の価格は予想どおり上昇し、業者は、儲かった分に加えてもっとお金を借りて、銀を買い増ししましょうと言う。銀価格が1オンス2・40ドルになる頃には、私の口座には開いたときよりもずっとたくさんの銀が入っていた。どの段階で買った銀も大幅に儲かっていた。でも価格が上昇する過程で利益は再投資してきたから、1オンス2・40ドルのうち1・60ドル分は銀行からの借り入れだった。頭金を3分の1入れて家を買ったようなものだ。そして銀価格は下落した。価格が下落すると、利益を確定させようと売りに出る人がいる。そのせいで価格はいっそう下がり、ほかの、私なんかよりずっと高い割合で借り入れをしている人たちの持分を、彼ら借り手の沈没、つまり損でお金が足りなくなって借金を返せない状況を懸念した貸し手が強制的に売却した。そんな売りで価格はさらに下がり、残っていた借り手も売らざるをえなくなり、銀価格は急速に1・60ドルをちょっと下回るところまできた。私はそこで十分市場から追い出された。価格が反転し、また上昇を始めたのはそのあとだった。そうしてわかった。私の経済的な分析が正しかったが、私は大きなレバレッジをかけることのリスクを適切に評価していなかった。この一件で私は数千ドル払って、適切なリスク管理が大事なのを学んだ。これはその後50年以上に及ぶ自分の人生の重要なテーマになった。2008年、世界の金融業界はほとんどみんな、適切なリスク管理が大事なのをわかっておらず、過大なレバレッジをかけていた。

損に終わった銀への投資からもう1つ学んだのは、営業の人や業者の損得がお客の損得とずれているときは、お客は自分で自分の面倒を見たほうがいいということだ。経済学ではよく知られたエージェント問題というやつで、エージェントや経営者の利益はプリンシパル、つまり株主の利益とは一致しない。会社のCEOと取締役連中の食い物にされている株主の人たちはそれが身に染みてよくわかっている。

ミスター・マーケットにそんな教訓を叩きこまれて、私は学者の人たちが言う、市場ではエッジなんて限られているし小さいし、いっときのもので、いちばん賢くてものがよくわかっている投資家がすぐにかっさらってしまうというのは正しいんじゃないかと思いそうになった。またしても、私は広く信じられている意見を文字どおりに受け入れろとそそのかされ、そしてまたしても、自分で調べてみようと思った。

バランスシートが読めなくても株で勝つ

1965年6月、経済学と金融、そして市場を自分で学び始めて2回目の夏だった。注文していた、普通株を買うワラントを扱った薄い小冊子がちょうど郵便で届いた。ローンチェアに腰を落ち着け、興味津々でワラントがどんなものか見てみようと思った。そして啓示を得た。

小冊子によると、普通株のワラントは企業が発行する証券で、持っていると株式を決まった価格、いわゆる行使価格で、権利行使日またはその前に購入できる。たとえば、1964年にスペリー・ランドのワラントを持つ人は同社の普通株を1967年9月15日までに1株28ドルで買う権利を持っていた。その権利行使日に株価が行使価格を上回っていればワラント1個と28ドルで株式を1株買える。ということは、ワラントは株価が28ドルを上回る分だけの価値を持つ。しかし、株価が28ドルを下回っていれば、株式を直接買ったほうが安くつく。この場合ワラントに価値はない。

ワラントは宝くじみたいなもので、権利行使日より前なら株価がとても安くても、株価が行使価格を上回る、つまり「イン・ザ・マネー」になる可能性がちょっとでもあるなら、そのあいだは常に何がしかの価値を持つ。残る時間が長ければ長いほど、株価が高ければ高いほど、ワラントが最終的に価値を持つ可能性は高くなる。ワラントと株式という証券の価格のあいだには単純な関係が成り立つ。裏にある会社のバランスシートや事業内容なんて複雑なことは、それとは関係ない。そう思い至ったとき、ワラント価格と株価を結ぶ法則のおおまかなアイディアが頭の中にできた。2つの証券の価格は同じ方向に動きがちで、そこから「ヘッジ」という大事なアイディアを思いついた。つまり、両者の関係を使えばワラントの価格に歪みがあるのを利用して儲け、同時にそんな営みに伴うリスクを抑えることができるはずだ。

ヘッジを作るには、まず連れ立った動きをしがちな証券を2つ持ってくる。たとえばワラントと、そのワラントで買える普通株だ。両者はお互いに比べて価格が適正でないとする。そこで相対的に安いほうを買い、相対的に高いほうを売る。売りと買いの割合をうまく決めると、価格が揺れ動いても両証券の利益と損失が相殺し合う。つまりヘッジできる。2証券の相対的な価格の歪みが予想したとおり消えたら、ポジションを両方とも手仕舞って利益を手に入れる。

年に25%の儲け

ワラントを普通株でヘッジするというアイディアを思いついて数日、私たちは荷物をまとめて

NMSUから南カリフォルニアに移った。私は同地にカリフォルニア大学が新しく創設するアーバイン校（UCI）で数学科の教授陣に加わるのだ。ラスクルーセスで過ごした4年間で、私はさらに数学を学び、才能ある学生の博士論文の研究を指導し、自分の研究を数学の専門誌に一連の論文の形で発表した。でも私たちは南カリフォルニアで暮らしたかった。子どもたちはおじいちゃんやおばあちゃん、私たちの兄弟姉妹とその家族に会える。私たちも古い友人たちの近くにいられる。それに私はUCIが努めて教授陣と別の分野を学ぶ学生の協働を奨励し始めているのが気に入った。

1965年9月、UCIでの新しい教職について最初の日、ジュリアン・フェルドマンが、今はどんな仕事をしているんだと聞いてきた。彼は情報・コンピュータ科学学部の学部長だった。ワラントの価格評価とヘッジの理論というアイディアを話すと、やっぱり新しく教授陣に加わった人で経済学者のシーン・カショーフ（1928〜2005年）が同じ題材で博士論文を書いているよと教えてくれた。フェルドマンが私たちを引き合わせてくれて、私はカショーフが1962年に同じ概念にたどり着いていたこと、すでに割高なワラントを空売りしてヘッジし、10万ドルの元手を3年間で2倍に増やしていることを知った。

私たちが一緒に仕事をすれば、ヘッジ付きの投資の理論も手法も、それぞれ1人でやるより早く開発できると私は思った。週に一度話し合おうと私は提案し、私たちはワラントの適正価格をおおざっぱに計算した。すると大幅に割高なワラントがけっこう見つかった。それで儲けるにはそういうワラントを空売りすればいい。証券を空売りするには、証券会社を通じて誰かその証券を持っている人から必要な数だけ証券を借り、市場でそれを売って売却代金を受け取ればいい。その後、空売りした証券は、そのときの市場価格で買い戻さないといけなくなる。借りたものは返さないといけない、そういう契約になっている。買い戻した価格が前に売った価格よりも低ければあなたの勝ちだ。高ければあなたの負けである。

割高なワラントを空売りするのは平均してみると儲かる取引だがリスクは大きい。株を買うほうも同じだ。ワラントを、そのワラントで買える株式を購入してヘッジすれば、2つのリスクが大部分相殺し合う。過去のデータを使ったシミュレーションでは、最適化を使った私たちの方法で、低いリスクで年に25%の利益が挙げられるとの結果が出た。1929年の株式市場の大暴落とその後の期間も含めてそんな結果だった。理論を追求すると同時に、カショーフと私は自分たちでヘッジしたワラントに投資し、実際に年に25%の利益を挙げた。

市場をやっつけろ

『市場をやっつけろ』は1966年の終わりに書き上げ、1967年にランダムハウスから出した本で、私たちの投資の方法を説明し、実際にヘッジ戦略で得られた結果を示した。この本では私たちのやり方をずっと大きな分野である転換社債にまで広げている。ブラックジャックのときと同じように、私は自分たちの発見を広く一般に知ってもらいたかった。理由はいくつかある。

遅かれ早かれ誰かほかの人が同じことを発見するのがわかっていたこと、科学の研究はみんなのものであるべきだと思うこと、そして、私はまだまだアイディアが出てくるだろうから、なんてのがそうだ。

カショーフと私ではヘッジした投資の考え方がいくらか違っていた。それもあって、私たちの協働は『市場をやっつけろ』が完成したところで終わりを告げた。カショーフは経済学者で、自分は企業のことがよくわかってる、だからポジションはニュートラルにヘッジしなくてもかまわない、そう考えていた。ニュートラルにヘッジしたポジションというのは、市場が上がっても下がっても損が出ないところまで守られるよう、バランスの取れたポジションということだ。でもカショーフはヘッジのロング・ポジションやショート・ポジションに手を加え、分析に基づいて原資産の株価が上がるほう、あるいは下がるほうにいくらか賭けたいと言う。私は銘柄選びではさんざんな経験をしていたし、企業を分析する知識はなかったから、株価が上がっても下がってもできるかぎり影響を受けないようにしたかった。だから私は理論の追求を続け、自分1人で投資をしていくことにした。

理論面で私が壁を突き抜けたのは1967年のことだった。オッカムのかみそり、つまり説明が複数ある場合、いちばん単純なものをまず選べという原則と説得力の高い論理に基づいて、ワラントの「正しい」価格を求める簡潔な公式にたどり着いた。この武器を使えばワラントの価格が歪んでいるかどうかわかるし、正しい価格から大まかにどれだけ外れているかもわかる。その年のうちに、私は公式を使って店頭取引でワラントやオプションを取引し、ヘッジし始めた。その少しあとには転換社債の取引も始めた。株式を買うオプションはワラントと同じようなもので、大きな違いは、ワラントを発行するのがだいたいは対象の株式自体を発行する会社であるのに対し、オプションはそうでもない点である。転換社債とは普通の債券に特約が1つつけ加えられたものだ。転換社債は、持っている人が希望すれば、あらかじめ決められた数量の発行企業の株式に転換できる。

公式ができたことで私の自信も儲けも高まった。加えて、転がっている投資のチャンスは、私の控えめな元手では全部手を出し切れないという問題があって、次の一歩を踏み出すことにした。私は、ヘッジしたポートフォリオで友だちや知り合いのお金を運用するようになった。

CHAPTER

12

史上最高の投資家

知り合いのお金を預かる

私の投資家としての評判はカリフォルニア大学アーバイン校（ＵＣＩ）で静かに広まり、友だちや大学社会で生きる人たちが自分のお金を運用してくれないかと頼みにくるようになった。私は最低投資額2万5000ドルで何人かのお金を預かり、『市場をやっつけろ』に書いたワラントのヘッジ戦略で運用した。新しく得たお客にラルフ・ワルド・ジェラルドと奥さんのフロスティがいた。ジェラルドはＵＣＩの大学院のトップで、奥さんの呼び名は栄えの冠たる銀髪から来ている。彼は並外れた医学者にして生物学者であり、全米科学アカデミーの会員にも選ばれている。上品で好奇心いっぱい、とてもいろんなことをよくわかっていて、大きなアイディアを私と話すのを楽しんでくれた。彼には親戚にもそういう話し相手が1人いた。株式市場の偉大な投資家にして思想家、ベンジャミン・グレアムだ。グレアムとドッドの『証券分析』は1934年に初版が出て以来、改訂や更新が繰り返され、普通株のファンダメンタルズ分析の金字塔になった。ジェラルドはグレアムを介してウォーレン・バフェットに会い、バフェットが作った投資会社の1つ、バフェット・パートナーシップに早くから投資した1人になった。

バフェットはグレアム最高の弟子であり、史上最も成功した投資家と言っていいだろう。彼が最初の投資会社、バフェット・アソシエイツを作ったのは1956年のことで、齢25のときだった。集めたお金は10万100ドルだった。100ドルってのがオレの分だ、彼はそう言って笑う。ほかに10社の投資会社を作ったあと、1962年の初めに全部を合併させてバフェット・パートナーシップを作った。1956年から1968年の12年間、そうやってバフェットが運用した資金は複利で年率29・5%の利益を挙げた。そこから6%を超える分の4分の1が彼の運用報酬になる。損に終わった年は一度もなかった。同じ期間、大型株や小型株は下がった年がそれぞれ4回あった。バフェットの報酬を差し引くと、ジェラルドが投資したお金は年率24%で増えた。これは株式市場に投資した典型的な人が得た利益を上回っている。小型株のリターンは複利で年19%、大型株は年10%だった。税引き前でいうと、バフェットの有限責任パートナーシップに1ドル投資していたら16・29ドルになった。バフェット自身のお金は報酬分を差し引かれずに成長し、1ドルが28・80ドルになった。

バフェット夫妻と晩ごはん

それじゃどうしてジェラルドは自分たちのお金を、38歳のバフェットのところから36歳のソープのところに移したんだろう？　バフェットといえば子どものときから投資をしてきて年に24%も稼ぎ、かたやソープのほうは投資を始めてほんの数年、期待できるリターンは、過去の実績を見るかぎり年に20%ほどなのに？　1967年に株式市場が跳ね上がった。2年のあいだに大型株を持っていれば平均で38%、小型株を持っていれば熱でも出そうな150%の利益が得られた。バフェットは割安な銘柄を見つけるのがあまりにも難しくなったとして、その後数年で投資を徐々に清算した。投資家たちは、清算代金を受け取るか、投資会社が保有していた企業2社の株式を受け取るかのどちらかを選ぶことになった。そのうちの1社は苦境にあった小さな繊維会社で、名をバークシャー・ハサウェイという。バフェット自身は1億ドルのパートナーシップのうち2500万ドルを持つことになった。運用報酬と、それを投資会社自身に再投資してきた結果だ。

ジェラルド一家は全部現金で受け取ることにして、その持って行き先を探していた。ジェラルドは『市場をやっつけろ』や、私が書いたほかの文献に出てくる分析のやり方を気に入り、自分で私を吟味するだけでなく、あとでわかったのだけれど、とてもいい思いをさせてくれた偉大な投資家にも私を占ってもらおうと思った。そうして1968年の夏、ジェラルドたちはヴィヴィアンと私を自宅に招き、スージーとウォーレンのバフェット夫妻と晩ごはんを食べることにした。

ジェラルド家はニューポートビーチのハーバーヴューヒルズの一角に家を構えていた。そこからはニューポート港と太平洋、そして西のカタリナ島の向こうに目を見張るようなつかの間の日没が楽しめる。晩ごはんの席につくとジェラルドの奥さんのフロスティがテーブルを囲んだ一人ひとりに自己紹介を頼んだ。スージーはナイトクラブの歌い手になる夢を語り、バフェットがどれだけ励ましてくれているか話した。それから彼女はフェア・ハウジング、キリスト・ユダヤ教徒全国協議会といった、人助けをする組織での活動のことも話してくれた。

バフェットはものすごいスピードでネブラスカ弁を話す。ジョークや逸話、巧妙な言い回しが次から次へと続く。ブリッジを愛し、論理と数字、それに数学が好きな性分だ。夜が更けるにつれて、私は彼が割安な企業を見つけて投資することに賭けているのを知った。今後数年、そうして買った会社は、ダウ・ジョーンズ工業株価平均（ＤＪＩＡ）やＳ＆Ｐ５００といった株価指数が表している市場全体を大きく上回るパフォーマンスを挙げると彼は考えていた。彼の師匠であるグレアムがやったように、バフェットもワラントや転換社債にヘッジをしつつ投資したり、合併アービトラージもやっていた。彼と私の興味が重なったのはこの分野だった。そして私は知らなかったが、ジェラルド家の資産を運用する後継者としてバフェットが私をじっくり吟味したのは、まさしくこの分野だった。

複利のことをお喋りしていると、バフェットは複利の力を示すお気に入りの例を出した。マンハッタンに住んでいた先住民が24ドルを手取り８％で投資していたらどうなったか、という話だ。ピーター・ミニュイットがマンハッタン島と交換に先住民に渡したおもちゃの宝石の価値が当時24ドルだった。もしそうしていたら、彼ら先住民は今頃、その後島の上に建てられたもの全部も合わせて、マンハッタン島をまるごと買い戻すことさえできている。あなたにお金を預ける大金持ちをあんなにたくさんどうやって見つけたんですかと聞かれてこう答えたんだとバフェットは笑って言っていた。「オレが自分で大金持ちに育てたんだよ」

サイコロの試験

それからバフェットは、数字が偏ったサイコロ3つの話を聞いたことがあるかと尋ねてきた。彼はその頃その話を聞いて、その後何年も、その話を使って頭のいい人たちに片っ端から難題を吹っ掛け、それを楽しんだ。普通のサイコロと同じように、それぞれの面には1から6の数字のどれかが振ってある。でも普通のサイコロと違って、いくつかの面は数字が同じだ。そこでバフェットは私にこんなことはありえるかと問題を出した。サイコロ3つに振ってある数字はそれぞれ2つか3つかまでしかない。そんなサイコロを使ってギャンブルをしよう。3つの中から、まず君が「いちばんいい」サイコロを選び、残る2つからオレが「2番目にいい」サイコロを選ぶ。それぞれサイコロを振り、出た目が大きいほうが勝ちだ。で、平均では勝つのは君じゃなくてオレなんだよ。ほとんどの人が驚くのは「いちばんいい」サイコロなんて実はないことだ。3つをそれぞれサイコロA、B、Cと呼ぼう。AがBに勝ち、BがCに勝つなら、AはCよりずっといいような気がする。でも実は、CはAに勝つ。

そう話すと人は戸惑う。数学者が推移性と呼ぶ法則が成り立つと思い込むからだ。つまり、A

がBよりよくてBがCよりよいならAはCよりよいという法則である。たとえば「よりよい」という一言を「より長い」とか「より重い」、「より古い」、「より多い」、「より大きい」のどれかに置き換えると、この法則が成り立つ。でもこの法則が成り立たない関係もある。たとえば「の知り合いだ」とか「が見える」だと成り立たない。そして「よりよい」を「に平均では勝つ」に置き換えると、サイコロ3つのあいだに推移性は成り立たないのだ。これら3つのサイコロの関係を非推移的という。子どもがやるジャンケンは、非推移的な関係の代表的な例だ。グーは（壊して）チョキに勝ち、チョキは（切って）パーに勝ち、パーは（包んで）グーに勝つ。

現実を大きく左右する非推移的な関係にはもう1つ、選挙で誰に票を投じるのがいいかという問題がある。有権者の大部分は候補Bより候補A、候補Aより候補C、候補Cより候補Bがいいと思う、そういうことがときどきある。そんな、投票における選好が非推移的な選挙では、誰が選ばれるだろう？　それは選挙の仕組みによる。数理経済学者のケネス・アローがノーベル記念経済学賞を授与されたのは、直観的で自然な望ましい性質のリストを端から端まで満たすような選挙の仕組みはない、と証明したのを評価されてのことだった。『ディスカバー』誌にこの話題を扱った記事が載っていた。ある、まあまあ「道理にかなった」選挙の仕組みの下では、民主党と共和党の候補者全員の中で、２０００年の選挙で選ばれていたのは共和党の予備選挙でもその後の大統領選挙でも、ジョージ・W・ブッシュではなくジョン・マケインだった。

ニューポートビーチに戻ろう。賽は投げられた。私はバフェットの試験に合格した。私が彼に言った答えは、サイコロの目がA＝（3，3，3，3，3，3）、B＝（6，5，2，2，2，2）、C＝（4，4，4，4，1，1）の場合で計算すると、平均ではAはBに3分の2の割合で勝ち、BはCに9分の5の割合で勝ち、CはAに3分の2の割合で勝つ、だった。サイコロの非推移的な組み合わせはほかにもありえる。かく言う私も、そんなサイコロの組み合わせを作ってまず相手に選ばせるというのをやって楽しんできた。3つのサイコロを順繰りに選んでみて、それでも毎回負けるので、だいたいの相手は頭を抱えてしまう。

極意は逆張り

バフェットはジェラルドと私たちを、今度はエメラルドベイにある自分の家に来い、ブリッジをして午後を過ごそうと言う。そこは柵と門に守られて大金持ちの人たちが住むゲイティッド・コミュニティで、カリフォルニア州ラグーナビーチの北の端にある。素晴らしい専用ビーチと目の前に広がる太平洋を楽しめる場所だ。バフェットと話すうち、投資に対する彼の姿勢と私の姿勢の同じところと違うところがだんだんはっきりしてきた。彼は事業を評価する。事業の一部か、場合によっては会社をまるごと買って持つためだ。買うならとても安く買い、「安全マージン」を確保して、知らなかったことや思いもよらなかったことに備える。彼の見方では、そういう投資を行うチャンスは折りに触れて訪れる。個別銘柄や株式市場一般について、投資家たちが過剰に悲観的になるときだ：「みんなが貪欲なときには恐れ、みんなが恐れるときには貪欲に」。彼の目的は長期的に市場を上回る成績をあげることであり、だから彼は自分の成績を市場に比べてどうかで判断する。彼が目指すのは最大限に資産を蓄積することである。一方、私はなんらかの興味深い難問を数学で解くのが好きだ。まずギャンブルの世界でそんな難問が見つかり、そして投資の世界でも見つかった。お金が儲かることで私の仮説が正しいことが示される。現実の世界でも私の説は成り立つことがわかるからだ。バフェットはまだ子どもの頃に運用を始め、人生を通じて、とてもうまく運用を行ってきた。私のしてきた発見は数学者としての私の歩みにとても似つかわしかったし、ずっとたやすく思えた。家族との生活を楽しみ、学界でのキャリアを歩むことも、おおかた好きにやれた。

シュワちゃんにはがっかり

エメラルドベイにあったバフェットの家は、その後、アーノルド・シュワルツェネッガー(『ターミネーター』)が2003年にカリフォルニアの知事を目指して選挙に出馬したときにニュースに登場した。最初、バフェットはシュワルツェネッガーを支持し、彼の経済顧問になった。選挙運動の争点の1つはカリフォルニアの財政赤字をどうやって減らすかだった。財政赤字を起こしているのは主に住民提案13号という固定資産税を制限する法令だった。1978年に住民投票で可決されている。この条例で固定資産税は1%、課税評価額の上昇は年2%までに抑えられた。カリフォルニアの物価が上昇し、売買されない住宅の税金は実勢価格に対し1%の数分の1になった。財源はむしばまれ、そして財政赤字が拡大した。家の価値が評価しなおされるのは売買されたときだけだ。その結果、同じような家でも課される税金は、最後に持ち主が代わったのはいつかで、全然違っていた。家を持っている人のあいだで税金はとても不公平になり、同時に、カリフォルニアの住宅価格は過剰に上昇した。

企業は家持ちの人たちよりさらにいい目を見た。不動産を保有する会社が作られた。不動産を売買する代わりに、それを持つ企業が売買された。「持ち主」が代わらないから、この仕組みを使えば、特定の「会社」が持つ個別の不動産の課税評価額は永久に低いままだ。もっと最近のもっと高くてもっと現実に即した売買価格に基づく税金が課されることはない。州が取り逃がした税金はとても大きく、1978年から今までを通じたカリフォルニアの財政赤字を全部帳消しにし、そのうえ教育や警察の予算カットなんてやらなくても済んでいたほどだ。もちろん、財政赤字がなくても政治家たちがバカな浪費や無駄な支出を新たに持ち出さないほどお行儀がよければ、だけれども。

バフェットは、州の経済をむしばむそんな問題がわかっていたから、シュワルツェネッガーに対し、固定資産税を公平で平等なものにするべきだと公の場で提言した。住民提案13号のおかげで、自分が持つエメラルドベイの家の固定資産税はオマハにある家の固定資産税を大幅に下回っている、バフェットはそう指摘した。エメラルドベイの家の実勢価格は数百万ドル、オマハのほうは70万ドルだった。彼の提言を受け入れては票を失うと考え、未来の知事はこう言った。

「ウォーレンにこう言ったんだ。今度住民提案13号のことを言ったら腹筋500回だ」。バフェットは何も言わずにシュワルツェネッガーに助言するのをやめた。

投資上手がブリッジにハマる理由

今になって、バフェットと彼のお気に入りのゲームであるブリッジ、それに非推移的なサイコロのことを思うとき、ひょっとしてブリッジで行われるビッドの戦略はあのサイコロの仕組みと同じなんじゃないかという考えが浮かぶ。どのビッド戦略を使おうと、必ずその戦略に打ち勝つ別の戦略があって、だからいちばんいい戦略なんてないのでは？　もしそうなら、「よりよい」ビッド戦略を新しく作る人たちはずっと自分のしっぽを追いかけてるようなもので、その戦略に勝つ新しい戦略がまたできて、その新しい戦略も、もう使われなくなっていた古い戦略に打ち負かされる、そういうことじゃないだろうか。

この疑問に答えはあるんだろうか。コンピュータがブリッジをプレイできるようになって、玄人はだしのビッドもできるようになったら、そのときは答えが出るかもしれない。どうすれば出せる？　コンピュータに膨大な回数にわたってプレイさせ、いろんなビッド戦略をお互いに戦わせて、結果の記録をつけて追跡するのだ。

いちばんいいビッド戦略なんてものはないことがわかったとしよう。それならいちばんいい作戦は、相手に自分のビッド戦略を公開させることだ。そうさせておいて、自分は相手の戦略の急所を突ける戦略を選ぶ。相手も事情がわかってきて、そっちが先にビッド戦略を選べと言ってきたら手詰まりで、誰が先に選ぶかは抽選など、何らかの形でランダムに決まるようにしないといけなくなるかもしれない。

ブリッジは数学者が不完全情報ゲームと呼ぶものの1種だ。カードのプレイに入る前にビッドが行われるが、そのとき相対する2組のプレイヤーはそれぞれ相手が隠して持つ4枚のカードについてなんらかの情報を得る。カードのプレイが進むにつれ、プレイヤーはビッドとそれまでに見えたカードを情報として使って、まだ場にさらされていない特定のカードを持っているのが誰かを推し量る。株式市場も不完全情報ゲームだし、ブラフありという点でブリッジそっくりとさえ言える。ブリッジと同じように、市場でうまくやるにはより多くの情報をより早く手に入れ、よりうまく使えないといけない。史上最高の投資家であるバフェットがブリッジ中毒なのも当然だろう。

あのとき、バフェットの頭脳と方法、それに投資家としての実績にいたく感銘を受けた私はヴィヴィアンに、いつかあの人はアメリカ一のお金持ちになるよと語っている。バフェットは尋常ならざる叡智で割安な会社を探し出せる。だから彼は普通の投資家よりずっと速くお金を増やせる。彼はほぼ自分の才覚だけで運用し、元手が莫大な額に膨れ上がってもなおそんなやり方を続けられるだろう。そのうえバフェットは複利の力をよくわかっていて、どう見ても、長いあいだにわたってその力を利用する気でいる。

私の予想が現実になったのは1993年に入って数カ月の頃で、そのとき彼はアメリカ一のお金持ちになった。ビル・ゲイツと、その後はほかのドットコム系の人数人が彼を追い抜くまでそれは続いた。2008年には世界一になったが2009年にはブリッジ仲間でもあるゲイツがまた追い抜いた。その頃には、バフェットと一緒に過ごせること自体が大変なおタカラになってしまった。彼とお昼ごはんを食べる権利は、eベイでの激烈な入札合戦の末、約200万ドルでアジアの投資家が競り落とした。代金は慈善団体に寄付された。

ヘッジファンド設立

ジェラルドはバフェットが自分の投資家に送る手紙のコピーと、彼にお金を預けるための簡単な2ページの書類を私にくれた。それを見てはっきりわかったのは、バフェットがその後やったみたいに、自分のお金とほかの人たちのお金は1つの投資会社にひとまとめにして運用するのがいちばんいいということだった。

その当時、私は40万ドルほどを運用していて、年に25%のリターンを挙げていたので、利益は毎年10万ドルだった。成功報酬は利益の20%だったから、私の稼ぎは年に2万ドルだった。これは教授としての私のお給料とだいたい同じだ。お客と自分の運用資産は1つの口座にまとめていたから、私は少ない手間で大きなお金を運用できた。ワラント・ヘッジのポジションを1つ作って管理するだけでいい。つまり、同じポジションをお客ごとにそれぞれ作らなくてもいいということだ。

次の一歩を踏み出そうとしている頃、ニューヨークの若い証券営業でジェイ・レーガンという人から電話をもらった。『市場をやっつけろ』を読んだ、私の転換社債ヘッジの戦略を使った投資会社を作って運用業界に進出したいと言う。彼にヘッジファンドの経営面を担ってもらえば、私は投資対象を選んだり市場の研究を深めたりというほうに集中できるかもしれないと思い、1969年のとある日を指定して、UCIの数学科にある私の研究室で彼に会うことにした。

レーガンは私より10歳下の27歳、中背、薄くなった赤髪、そばかす、プロモーターかってほどの人付き合いのうまさ、そんな特徴の人だ。ダートマスを哲学専攻で出ている。彼は私の投資手法の礎となる原理をすごい速さで飲み込んだ。

どうやら自然体でうまくやれそうだ。アイディアは大部分私が出したが、彼も提案や「業界」から拾ってきた取引案を出してくれた。私は分析と計算を行って、彼があちこちの業者で取引を執行する。税金や帳簿、それに法律や当局向けの書類の作成もやってくれる。私はそういうのは勘弁だった。研究と開発に集中したかったからだ。

その日のうちに私たちは手を握り、一緒に『市場をやっつけろ』に書いたアイディアに基づく新しい投資会社を立ち上げて運用しようということになった。ニューポートビーチがシンクタンクにして取引を生成する場所、ニューヨークが営業拠点にしてトレーディング・デスクになる。手始めにどれだけ元手があればいいかという話になり、500万ドルを目標にしようということになった。毎年、費用差し引き後で20％のリターンを挙げ、その20％を成功報酬として受け取れば、2人合わせて500万ドルの4％で20万ドルの稼ぎだ。数学科の教授としての私のお給料も、お客の資金を運用する小さなファンドから私が得る収入も超える額だ。

ヘッジファンドの仕組み

私たちの事業はヘッジファンドとして知られていたものの1例だ。アメリカのヘッジファンドは単なる私募の有限責任パートナーシップで、運用を担う1人または複数の無限責任パートナー（彼らはパートナーシップがうまくいかなくなったらそれぞれ自分個人の全財産を失うリスクを背負う）と有限責任パートナー、つまり損失は預けた額に限られる投資家たちからなるファンドだ。投資家は基本的に受け身で、パートナーシップの経営や投資には手を出さない。当時、そういうファンドの規制はゆるく、パートナーは99人以下であることと、広く一般からは資金を集めないことぐらいだった。国外に籍を置くことをオフショアという。オフショアのヘッジファンドは会社であったり信託の形であったりする。

その頃ヘッジファンドはあまりなかったが、新しいわけではなかった。ジェローム・ニューマンとバフェットの師匠であるグレアムがヘッジファンドを立ち上げたのは早くも1936年のことだ。うまい運用担当者がいて、その人の損得が利益の分配を通じて投資家の損得と多かれ少なかれ一致しているなら、投資家はとても大きなリターンを期待できる。「ヘッジファンド」という呼び名は、たぶん、雑誌記者だったアルフレッド・ウィンスロウ・ジョーンズが、投資について書く記事の取材を通じて知ったことに着想を得て、1949年に投資会社を始めた頃にできた。割安だと思う株の銘柄を買うのに加え、割高だと思う銘柄を空売りして、リスクを抑制する。つまり「ヘッジ」する、ということだ。空売り、つまりショートした投資家は価格が下がれば利益、上がれば損失を手にする。空売りできれば投資家は下げ相場でも儲けることができる。可能性として、ジョーンズのような運用をするファンドのリターンはより安定したものになる。ジョーンズのアイディアは、最初、幅広い注目を集めはしなかった。でも1966年に『フォーチュン』誌のキャロル・ルーミスが「誰も張り合えないジョーンズ」という記事で、彼のヘッジファンドはそれまでの10年間で数百あった投資信託をすべて上回るパフォーマンスを挙げたと書き立て、彼のやり方の潜在的な力は幅広く知られることになった。

開始2カ月で5600ドルの取り分

お金を預けてくれる投資家を見つけるのは簡単でないのは知っていた。1967年から1968年、2年にわたって市場では熱狂が続いたあとの1969年は、当時あった一握りのヘッジファンドにとって大変な難局の年だった。大型株は平均で9%下がり、小型株は25%とびっくりするほど下げた。ほとんどのヘッジファンドは致命的な損を出して店じまいした。私たちはマーケット・ニュートラルでヘッジしてます、そうやって元本を守ってます、そう説明したのだけれど、私たちのアイディアは投資家たちにとって新奇で、だからみんな怖がっていた。やっとのことで14人の投資家が首を縦に振ってくれて、私たち2人も合わせ、それぞれから5万ドル以上を集められた。最初にお金を預けてくれたパートナーたちは個人投資家だった。レーガンが役所に行って、ほかのヘッジファンドが提出した書類から、それらの有限責任パートナーになっている人たちのリストを作り、電話で営業をかけ、もっと資金を集められるようにしてくれた。私はニューヨークに飛んで見込み客に会い、私たちのやり方を説明した。信用を得ようと、私は自分の本と大学教授の肩書を引き合いに出した。10月の終わりまでで集まったのはやっと140万ドルだったが、私たちはこれで始めようと決めた。運用資産はまず儲けで増やす。それであとから、既存の投資家からも新しい投資家からも、追加で資金が集まるだろう。1969年11月3日、月曜日にコンヴァーティブル・ヘッジ・アソシエイツ（その後プリンストン・ニューポート・パートナーズに改名）は東と西の海岸で店を開けた。『ウォール・ストリート・レター』誌に載った記事が、その年の幅広く荒れた市場とヘッジファンド数社の閉鎖に触れた部分で、私たちのファンドの設定に言及している。

動き出すマネー。今年のパフォーマンスの悪化に伴って解散するヘッジファンドが出る一方、新しい投資会社も設立され続けている。最も新しいものの1つがコンヴァーティブル・ヘッジ・アソシエイツだ。無限責任パートナーを務めるのはエド・ソープとジェイ・レーガンである。ソープはコンピュータを使った戦略でラスベガスのブラックジャック卓を征服した人だ。ラスベガスは彼のせいでルールを変えるほかなくなり、彼は『ディーラーをやっつけろ！』を書いた。ソープはコンピュータの才能を資産運用に差し向け、『市場をやっつけろ』なる本を世に問うた。レーガンはブッチャー＆シェラード、キダー・ピーボディ、ホワイト・ウェルドで仕事をしてきた。有限責任パートナーにはランヴァン・チャールズ・オブ・ザ・リッツ会長のディック・ソロモン、（元エヴァン・ピコネ経営者の）チャーリー・エヴァンス、（パラマウント・ピクチャーズの）ロバート・エヴァンス、レイノルズ・フーズの社長ドン・コウリなどがいる。

私たちは最初の2カ月で4％、つまり5万6000ドルの利益を挙げた。S＆P500は同じ2カ月に5％下落した。無限責任パートナーの報酬のうち私の取り分である5600ドルは、同じ期間に私が大学から受け取るお給料をはるかに上回っていた。

私が岐路に立ったのは明らかだった。一方は、私の持つ数学の技術を使ってヘッジ戦略を構築し、うまくやってお金持ちになるのを目指す。あるいは、学界で昇進と名声を得るべく競う。私は大学レベルの教職や研究が好きだった。だからできるかぎり学界にとどまることにした。数理ファイナンス系の最高のアイディアは投資家のために取っておいて論文には書かない。いつか同じアイディアをほかの誰かが再発見し、発見はそのほかの人の業績ということになるだろう。

ジェラルドに宛てたバフェットの私に対する評価は好意的だったに違いない。ジェラルド一家もパートナーに加わり、彼らの信託基金は、ジェラルドが亡くなり、その後フロスティも亡くなるまで、私たちにずっと資金を預け続けてくれた。バフェットと過ごした時間は、私の人生に大きな刻みを2つ残した。まず、自分のヘッジファンドを立ち上げるよう背中を押してくれた。それから、あとになって、彼が変貌させた会社に対する投資で大儲けさせてくれた。バークシャー・ハサウェイだ。

CHAPTER

13

ヘッジファンド・デビュー

株価が上がろうが下がろうが利益を出す

1969年に設立した当時、プリンストン・ニューポート・パートナーズ（PNP）は革命的なアイディアだった。私たちは、まだ市場に導入されて間もない、ほかの証券に転換できるワラント、オプション、転換社債、優先証券といったデリバティブ証券に投資し、ヘッジすることに特化していた。リスクヘッジは新しくなかったけれど、私たちはそれを誰も試みたことがない極端なところまで突き詰めた。手始めに、1つの会社の株式と転換証券を組み合わせ、株価が上がろうが下がろうが損が出るリスクを最小限にできるヘッジを設計した。ヘッジの手法を新たに開発し、金利や市場全体の水準の変化、それに、ときどき起きる価格やボラティリティ（直近における株価の日次変化率の振れ幅を測る指標）の予期せぬ大幅な変化がもたらす壊滅的な損失に対してもポートフォリオが守れるようにした。ポートフォリオの管理には数式や経済モデル、それにコンピュータを使った。ここまでほとんど完全に数理的な方法に頼ったやり方はほかになかった。

私たちはのちにクオンツと呼ばれるようになる新しい種族の先駆けになった。クオンツはその後、ウォール街を劇的に変貌させることになる。

私たちの財産がこれでどんなふうに増えるか、私には最初から見えていたのだけれど、友だちや同僚に何をしようとしているのか話してみると、私のギャンブルでの実績を知っている人を含めても、わかってくれたのはほぼヴィヴィアンだけだった。彼女は科学者でも数学者でもなかったけれど、彼女にはそういう人たちの中でも最高峰の人が持つ性質を2つ兼ね備えていた。正しい質問ができること、そして本質を見抜くことだ。どの数字が出るか予測できる装置を作るべく、ルーレットのホイルを回して撮影したとき、彼女は何時間も付き合ってくれたし、ブラックジャックのカード・カウンティングの練習でも、カードを何千回も配ってくれた。そしてギャンブルの本と株式市場の本を書いたときは校正を手伝ってくれたし契約の交渉を引き受けてくれた。

PNPは、最初の5年間はコンヴァーティブル・ヘッジ・アソシエイツという名前だった。当初の計画はこうだった。関係が深い2つの証券で、なのに比べてみると価格に歪みがある組み合わせを見つけ、それら2銘柄を使ってリスクを抑えた投資を構築する。そんなヘッジを構築するには、2つのうち相対的に割安な証券を購入し、同時に、相対的に割高な証券を空売りして、不利な方向への価格の変化を相殺する必要がある。そうした2銘柄の価格は同じ方向に動きがちだから、そうした2銘柄を組み合わせればリスクを抑制しながら大きめのリターンを手に入れることができると私は考えた。そういう状況を見つけるのには、自分が開発した数学に基づく方法を使った。ワラントやオプション、転換社債の適切な価格を、同じ発行会社の株式から求めるのだ。

ウォール街は賭け金の上限がない

自分で開発したヘッジに賭けるやり方は、ブラックジャックで自分が有利な手に賭けるのと似ている。ブラックジャックと同じように、期待できる儲けを推定し、同時にリスクも推定し、元手のどれだけを賭けるか判断する。元手はブラックジャックのときの1万ドルではなく、今や140万ドルある。そしてブラックジャックでは最大の賭け金は500ドルだったが、ウォール街では上限なしだ。私たちはヘッジ・ポジション1組ごとに、5万ドルから10万ドルで始めた。

チャンスを見つけるべくカリフォルニア大学アーバイン校（UCI）の学生を雇い、毎日ニューヨークで市場取引が終わる午後の早い時間に、取引に使っていた証券会社2社の事務所へ行かせた。彼らは何百銘柄ものワラント、転換社債、転換権付き優先証券、そしてそれらを発行する会社の株式の終値を集めて持って帰る。だいたいの優先株は決まった配当を支払う。一方、普通株は配当を払うことも払わないこともあり、払う場合も、時によって額が違うことが多い。まず支払われるのは名前のとおり優先株の配当で、その上で払えるなら普通株の配当が払われる。典型的な場合で見ると、優先株は配当が一定だから債券みたいだがリスクはもっと高い。配当の支払い、そして会社が清算されるときの支払いも、債務全額が返済できてからしか受けとれないからだ。いわゆる転換権付き優先証券は、あらかじめ決まった数量の普通株と交換できる証券だ。

だから転換権付き優先証券は転換社債みたいなものだが優先順位は低い。債権者に利息が支払われてからやっと優先証券の配当が支払われる。そんな優先証券には、当時、膨大な投資のチャンスがあった。

住んでるだけでお金がもらえる家

1969年、私は自分の家で事業を始めた。その家自体、私たちを囲む状況がどれだけ変わったかをよく表していた。8年前にニューメキシコ州立大学（NMSU）へやってきたとき、私たちは約80平米の平屋を借りた。小さなベッドルームが4つあって、どれもすぐに埋まった。引っ越して数カ月で2人目の娘、カレンが生まれ、翌年には息子のジェフが生まれたからだ。それからすぐに、ギャンブルでの稼ぎと本の印税で、株式市場に授業料を支払うだけでなく、新しい家を買う余裕ができた。数年後にUCIに移るとき、もっと大きくてもっとステキな2階建ての家をニューポートビーチで見つけ、そこでPNPの西海岸側の事業が始まった。

ヴィヴィアンと私は大工さんを雇って外階段をつけ、2階に大きな部屋を作って仕事部屋にした。新しい部屋には私が発明した数学の図表を貼ってデータを配置した。それを見れば有利な状況がわかり、適切な取引が素早く特定できた。転換証券と株式の日々の終値は、色分けした点でそれぞれの転換証券の図表に描く。図表には私の公式に基づいてコンピュータがグラフを描き、転換証券の「適正価格」を示す。これの美しいところは、儲かる取引のチャンスがあるかどうかが絵ですぐにわかるところだ。データを示す点が曲線より上にあれば転換証券は割高で、ヘッジ取引を行える可能性がある。転換証券を空売りして株式を買う。データの点が曲線に近いか曲線上にあれば、価格は適正で、今持っているポジションを解消するべきときだ。新しいポジションは作らない。曲線より下にあるときは転換証券を買って株式を空売りする。点と曲線が離れていればいるほど期待できる儲けは大きい。儲けが目標にたどり着いたと思ったら翌日に取引の注文を出す。図表では、データ点近くの曲線の傾きがヘッジ比率、つまりそれぞれの転換社債や転換証券、ワラント、オプションの数量に対して普通株のポジションをどれだけ持つべきかが示される。

家で起きるあれこれに気を取られて仕事に集中できないこと数カ月、ヴィヴィアンは事務所をよそに借りていいよと言ってくれた。そこで小さなオフィスビルの2階に移り、コンピュータを買って人をもっと雇った。ここではヘッジ・ポジションをそれぞれ取引するための表を印刷するようになった。表には、目標リターンを稼ぐのに必要な株式と転換証券の価格が載っている。また、新しく取引したいヘッジ・ポジションに加え、ヘッジ比率の変化に合わせて既存のポジションをどう調整するべきか（いわゆるダイナミック・ヘッジ）も見られるようにした。株価が変わればヘッジ比率は変わるし、目標に達したらポジションは清算しないといけないからだ。

私たちのコンピュータがものすごく電気を使うのでオフィスはいつも暑かった。だから窓を開けて扇風機で熱を外に出していた。カリフォルニアの冬のいちばん寒いときでさえそうだった。

家主は店子に電気代を請求せず、家賃でそれを賄っていた。暑いなと思ったあるとき、かかっている電気代を計算してみると家賃より高かった。そこにいるだけでお金がもらえていたわけだ。

市場が閉まると、私は毎日ニューヨークのジェイ・レーガンに電話した。翌日の取引の指図をするためだ。その日の日中に出した取引注文の結果はすでに彼から聞いているので、そのときにはもう最新のポジションに反映されている。翌日、彼は私が指図した注文を執行し、結果を報告する。そんな手順が毎日繰り返された。

有限責任パートナーや見込み客の人たちには、定期的に私募証券の機密概要書を発行して最新の状況を報告した。これはパートナーシップの事業や目的、報酬体系、ありうるリスクなどを説明した文書だ。実際に行った投資のいくつかも、数式やグラフ、計算は入れず、簡単な仕組みの説明に絞って記載した。

『市場をやっつけろ』には、そんな投資の1つがそのまま載せてある。1970年、アメリカ電話電信会社（AT&T）が、普通株を購入できるワラントを3100万株分発行した。価格は1ワラント12・50ドルで、同社がこれで受け取った3億8750万ドルは、当時、史上最大のワラント発行額だった。発行当時の価格は十分に歪んでいなかったが、過去のワラント市場のデータを見ると、1975年に行使期限が来るまでのあいだに、価格に大きな歪みが生じる可能性は十分にあった。そして実際にそんなチャンスが訪れたとき、私たちは投資会社の資産の大きな部分をそのチャンスにつぎ込んだ。

オプション評価の始祖

この取引でもその他何千もの取引でも、私たちを導いてくれたのはフランスの数学者ルイ・バシュリエが博士論文に書いたものがもとになった公式だった。バシュリエは数学を使ってパリ証券取引所（ブルス）で取引されているオプションの価格を評価する理論を構築した。彼の博士論文の指導教授は世界にその名の知れたアンリ・ポアンカレだった。ポアンカレはバシュリエの業績を高く評価せず、バシュリエは残りの人生を片田舎の大学教授で過ごすことになる。その後すぐの1905年、スイスの特許庁で働く26歳で名前をアルベルト・アインシュタインという人が「奇跡の年」を迎え、1年のあいだに物理学の世界を覆す論文を何本も立て続けに発表した。そうした論文の1つが相対性理論を生み、重力理論に革命を起こし、核の時代をもたらした。2本目の論文は光の粒子としての性質を扱っていた。この論文がきっかけの1つになって量子理論が生まれた。でも、私の話に関係あるのは、アインシュタインのさらに別の論文なのだ。

このもう1つの論文でアインシュタインは、植物学者のロバート・ブラウンが1927年に発見した不思議な現象を説明している。ブラウンは水に浮かせた花粉の微粒子を顕微鏡で観察した。光を当てると花粉の微粒子に反射した光の小さな点が絶え間なく不規則にランダムに動いている。アインシュタインは、この現象が起きるのは周りの液体の分子が花粉の微粒子に当たってそれを動かすからだと気づいた。彼は微粒子のランダムな運動が持つ統計的な性質を正確に予測する公式を導き出した。そのときまで誰も分子や原子（分子はいろいろな種類の原子が電磁気力で結合した塊のことだ）を観察したことはなく、その存在に関しても議論は分かれていた。そんな中で原子や分子が本当に存在することが決定的に証明された。アインシュタインのこの論文は物理学の論文の中でいちばん幅広く言及されるものの1つになった。

アインシュタインは知らなかったが、花粉の微粒子のブラウン運動を表現する彼の数式は、彼より5年早くバシュリエがまったく違う現象を描くのに使った数式と本質は同じだった。絶え間なく不規則に動く株価だ。バシュリエは原資産の株式からオプションの「適正な」価格を導くのにその式を使った。アインシュタインの業績とは違って、バシュリエの発見は、ノーベル記念経済学賞を（1970年に）受賞するポール・サミュエルソンが、ずっとあとの1950年にパリの図書館で見つけ出し、英語に翻訳するまで、ほとんど知られていなかった。バシュリエの論文は1964年に出版された『株価のランダム性』に掲載されている。編集はポール・クートナーで出版はMITプレスだ。ファイナンスに科学的な分析を応用した論文を集めたこの本は、ファイナンスを自分で勉強していた初めの頃の私やほかの人たちに強い影響を与えた。

リスクを抑えることを投資の核に

バシュリエは株価の変化はベル型カーブ、正規分布とかガウス分布とかと呼ばれる分布に従うと仮定していた。これは実際の株価によく合わない。数日を超える期間では特にそうだ。

1960年代に学者たちがバシュリエの研究を推し進め、もっと正確に株価の変化を表現できるようになった。それでも、それに基づくオプションの適正価格の公式は、ワラントに応用した場合も含めて、トレーディングにはぜんぜん役に立たなかった。データから十分に推定できない数量が2つ含まれていたからだ。1つは「今」からワラントの権利行使期限までの株価の上昇率、もう1つは権利行使期限におけるワラントの不確実なペイオフを現在の価値に換算するための割引係数である。

割引係数、あるいは割引率は投資家のある性質を勘定に入れるのに使われる。投資家は不確実なペイオフを確実なペイオフほどには高く評価しない傾向がある。たとえば、イカサマのない、つまり表が出る可能性と裏が出る可能性が同じコインを投げて表が出たら2ドルもらえ、裏が出たら何ももらえないとき、投資家は、平均では1ドルもらえることになるが、実際どうなるかは不確実だ。平均で受け取れる額は、それぞれのペイオフにそのペイオフが起きる場合の数（ここの例では1通り）を掛けたものを足し合わせ、ありうるすべての結果の数（ここの例では2通り）で割れば計算できる。そしてほとんどの投資家はそんな賭けより確実に1ドルもらえるほうを好むのだ。期待リターンが同じ投資のチャンスが2つあれば、リスクの低いほうが好まれることが多い。大恐慌のさなかに生まれたこと、それに投資の初めの頃の経験があって、私はリスクを抑えるのを自分の投資の核に据えた。

1967年に話を戻して、私はワラントの価値の導出をもう何歩か突き詰めた。あいまい推論の手法を使って、ワラントの既存の公式に現れる2つの未知の変数、つまり株価の上昇率と割引率に、両方ともいわゆる無リスク金利、つまりワラントの権利行使期限の日に償還されるアメリカ国債の金利を使うことにした。これで、値のわからない変数が入っていて使えない公式が、簡単かつ使えるトレーディングの道具に変身した。私がその式を自分と投資家たちの取引に使いだしたのは1967年のことだ。公式は素晴らしい成果を挙げた。私は知らなかったが、1969年にフィッシャー・ブラック（1938〜1995年）とマイロン・ショールズが『市場をやっつけろ』に触発されたこともあって、私と同じ公式を厳密なやり方で導出し、1972年と1973年に論文にして発表した。そうして金融の世界全体で、いわゆるデリバティブ証券の開発と浸透が始まった。ショールズとロバート・マートンは1997年にノーベル記念経済学賞を受賞した。ノーベル委員会はブラックの貢献を称えている。彼が喉頭がんで早くに亡くなっていなければ、彼も間違いなく賞を授けられていたというのが大方の意見だ。

オイルショック時に市場より36％も儲ける

公式で大きな力を得てPNPは絶好調だった。最初の2カ月、つまり1969年11月から12月に、私たちの投資家は3・2％の利益を得た。S&P500は4・8％下落したからそれを8％上回ったことになる。1970年は私たちが13・0％、対するS&P500は3・7％のリターンだった。1971年の成績は26・7％対13・9％で、私たちの有限責任パートナーは13％近い超過リターンを得たことになる。1972年、やっとS&P500が18・5%で私たちの12%を上回った。この年私たちは失敗したということだろうか？　それは違う。この結果は、私たちが思ったとおりにやれていることを示していた。つまりいいときも悪いときも安定して高いリターンを稼ぐということだ。ヘッジ戦略は損失から私たちを守ってくれるが、代償として、市場の大きな上昇の一部をあきらめることにもなる。私たちの稼ぎが年から年へと変動するのは、大部分がヘッジしつつ投資できるチャンスの量や質が変動するからで、市場が上がったり下がったりするからではなかった。初めて厳しい試練が訪れたのは1973年から1974年の大きな下落相場のときだった。そんな下げが起きたのは、大部分、アラブ諸国が石油の輸出を禁止したのが原因だった。そうして石油価格は高騰し、このときの高値は、物価調整後で、2008年に1バレル140ドルが実現するまでは更新されなかった。

1973年、S&P500は15・2%下落し、一方私たちは6・5%のリターンを稼ぎ、私たちの投資家は市場を20%以上も上回る利益を手にした。1974年になると、株式市場の投資家はさらに大きな損失に見舞われた。S&P500は27・1%の大きな下落、一方私たちのパートナーたちは9・0%の利益だ。36%超の差をつけて私たちの勝ちである。2年間で見ると、PNPの有限責任パートナーは1000ドル預けてくれていたら1160ドルに増えていたがS&P500に投資した人は1000ドルが618ドルに減っていた。さらに、PNPは設定以来の6年間、1974年初頭の1カ月を除いて毎月利益を挙げており、この1カ月の損失も1%に満たなかった。株式市場は1973年1月11日の高値から1974年の安値まで48・2％もの厳しい下げを記録した。大恐慌以来で最大の下げだ。当時、ウォーレン・バフェットまでが、自分のパートナーたちにとって、投資会社を清算したのがこの期間より前（1969年）でよかったと言っていた。

損が出た四半期は一度もない

私たちのところでは、既存のパートナーは資金を追加してくれたし、口伝てで私たちのことを知った人たちが新しくパートナーになりたいとやってきてくれた。パートナーシップの資本は当初の140万ドルから740万ドルに増え、無限責任パートナーの報酬もそれにつれて増えた。投資会社法の下では私たちのパートナーは99人までしか認められないから、運用資産が1億ドルを超えるためには平均でそれぞれのパートナーに100万ドル以上預けてもらわないといけない。だから私たちは大金持ちの個人や機関投資家から資金を集めたかった。そういう投資家ならPNPへの当初の投資は、PNPにとっては大きいが彼らにとっては運用資産全体のほんの一部である、そんな額にできるからだ。また、私たちは大金持ちの個人投資家が好きだった。彼らは知識があり、経験も積んでおり、パートナーシップのリスクもちゃんと認識でき、そのうえ自分用の投資アドバイザーも抱えているからだ。受け入れられる新しいパートナーの数がだんだん減ってきたので、その残りの椅子でできるだけたくさん資金を受け入れようと、私たちは受け入れる投資額の下限を当初の5万ドルからまず10万ドル、その後25万ドル、さらに100万ドル、最後には1000万ドルにまで増やした。また、新しいパートナーを受け入れるときは、彼らの身元を事前に必ず入念に調査した。これはだいたい、そう難しくなかった。職歴が一般に知られている人だったり、私たちの知り合いだったりすることが多かったからだ。

成功報酬も利益の20%に変更した。受け取るのは年に1回にし、また「ハイウォーターマーク」条項も追加した。ハイウォーターマーク条項というのは、ある年に損を出したらその損を取り返してさらに利益が出る年まで報酬はもらえない仕組みだ。これで私たちの損益はいっそう有限責任パートナーたちの損益に沿ったものになる。やってみると、年度単位で損が出ることはなく、損が出る四半期すらなかったから、この仕組みのお世話になることは結局なかった。

報酬を高くしてお金を節約

PNPが雇う人の数は増え、マンハッタンでもニューポートビーチでもオフィスが大きくなった。私は近場のUCIで能ある人を見つけていた。同校の数学科の教授はまだ続けていた。今や私は働き手を選んだり率いたりすることを学ばないといけなくなった。自分でいいやり方を模索するうち、私が身につけたのは、あとになってからウロウロ・マネジメントなんてあだ名で呼ばれるようになったやり方だった。学界でも大嫌いだった、会議を延々重ねるやり方の代わりに、私は社員それぞれに直接声をかけた。そうしてほかの同僚たちと同じようにやってくれと指示するのだ。

私のやり方はこうだ。まず全体の計画と進む方向を説明し、それからそれぞれの社員にやってほしいことを示す。それから彼らの報告を聞いて、それぞれの役割や課題を修正する。このやり方でうまくいかせるには、みんなが手をとって導いてやらなくてもついてこられる人たちでないといけない。経営に使える時間はそんなにないからだ。私たちのやっていることは、やっているうちにどんどん創りだされることが大部分だったし、私たちの投資手法は新しいものだったから、私はほかにはない技能を社員たちに教えないといけなかった。私は大学を出たての若くて賢い人たちを選んだ。前の職場でのやり方に凝り固まったりしていないからだ。若い運動好きにやったことのないスポーツを一から教えるほうが、間違ったフォームが身体に染みついたベテランに学びなおしてもらうよりずっといい。

小さい組織では特にそうなのだけれど、みんながうまく一緒に働けるのはとても大事だ。採用の面接をしても、候補の人が私たちの企業文化にぴったりかどうかなんて私にはわからないから、私は雇う人みんなに、最初の6カ月は私たちにとってもあなたにとっても試用期間だということにしようと言った。そのあいだにお互い納得すればその人は正社員になる。

私は経験に基づいて会社の規則を改めた。私の秘書が、2週間に一度、金曜日に病欠するので、彼女が仲のいい同僚の1人に、あれはなんなのとこっそり聞いてみた。同僚によると、秘書は美容室の予約を取っていて、加えて積みあがった私事の対応に追われているのだという。彼女が年次の有給休暇を使うのは、使わなかった分は年内で消滅してしまうからだ。この仕組みだと、病気のための有給休暇を使って休みを取る人たちを、使わない人たちより優遇していることになってしまう。経済学者の人たちはこういうのを歪んだインセンティブと呼んでいる。私はそんな歪みを取り除くべく、就業規則を変更し、社員それぞれに統一の有給休暇を与えることにした。有給休暇の日数は働いた時間の長さで決まり、祭日の休みもバカンスも単なる休みも病欠も、全部まとめてその有給休暇の対象にした。社員はどんな理由でもこの有給休暇を使える。制限は1つだけ、業務上の大事な責任を果たすのに支障をきたさないこと、だ。

優秀な人を引き入れ、また働き続けてもらうために、お給料もボーナスも、相場よりずいぶんたくさん払っていた。それでかえってお金が節約できた。というのは、うちの社員は並外れて生産性が高かったからだ。報酬が高いおかげで辞める人は少なく、だから私の独自の投資手法を新しい人に一から教える手間と時間が省けた。もっと大きな視点からいえば、社員が離脱して自分でヘッジファンドを始めるのを抑制できた。

ブラックからの手紙

投資のチャンスもどんどん広がっていた。大きかったのは1973年の4月だ。シカゴ・オプション取引所（CBOE）が新しく開所したときである。CBOEを設立し、運営するのは長い歴史を持つシカゴ商品取引所だった。それまではオプションといえば店頭（OTC）でしか取引されないものだった。つまり、買いたい人や売りたい人は業者に頼んで自分の代わりに取引相手を探してもらわないといけなかった。まったく効率が悪いうえ、業者はお客から高い手数料を取った。CBOEは幅広くさまざまなオプションを提供した。契約内容は標準化され、売買は取引所のフロアで行われた。ニューヨーク証券取引所で取引されていた株式と同じ調子だ。買い手や売り手にかかる費用は大幅に安くなり、出来高は空高く跳ね上がった。

そんな状況に備えようと、私は1967年に導出した公式を使って、私たちのコンピュータ、ヒューレット・パッカード9830Aでオプションの理論的に適正な価格が計算できるようにプログラムを書いた。このコンピュータは、美しくも精巧に作られた高性能の装置で、大きさは大きな辞書ぐらい、ヒューレット・パッカードの看板商品だった作図装置を動かし、計算結果を複数のインクとペンでカラーの図表に描くことができた。オプションそれぞれについて、理論のいう正しい価格が曲線で描かれる。そうした曲線上の点はそれぞれ、ありうる株価それぞれに対応したオプションの適正価格だ。株式とオプションの実際の市場価格を色分けした点で示し、グラフに対して点がどんな位置にあるかを見る。点が理論価値のグラフよりも上にあるならオプションは割高で、だから空売りの候補であり、リスクヘッジのための株式をそれと同時に購入する。点がグラフからどれだけ上にあるかはオプションの価格がどれだけ割高かを示す。同じように、点がグラフより下にあるときはオプションは割安で、点とグラフの距離がどれだけ割安かを示す。そういう銘柄は先ほどとは逆方向の取引の候補だ。つまりオプションを買い、株式を空売りするのである。理論価値の曲線の傾きは、株式とオプションの取引数量の割合を示す。それを見ればいつ何時でも自動的にリスクを最小にするヘッジ・ポジションがわかった。

理論に基づくオプションの適正価値を、ありうるすべての株価に対して示した曲線は、公式を使ってコンピュータで描いた。この公式は、株式のボラティリティ、アメリカ国債金利、そしてオプションの行使期間に株式が支払うすべての配当といったデータを使う。

CBOEが開所する数カ月前、私はオプション評価の公式を使って取引する準備ができていた。この公式のことはほかに誰も知らない、私はそう思っていた。PNPの独壇場だな。そんな矢先、聞いたことのない名前の人から手紙が来て、発表前の論文のコピーが入っていた。ブラックという人だ。手紙はこう言っていた。私はあなたの研究に感服している、自分とショールズで『市場をやっつけろ』の核心であるデルタ・ヘッジのアイディアを拝借して1歩進め、オプション評価の公式を導出した。論文を流し読んでみると、私が使っているのとまったく同じ公式が出てきた。グッドニュースは、彼らが厳密な導出をやってくれたおかげで私が直観に頼ってたどり着いた公式が正しいのが証明されたことだ。バッドニュースは、これで公式は広く一般に知れ渡ったことだ。みんなこの公式を使うに違いない。運よく、そうなるにはしばらく時間がかかった。CBOEが開所し、取引が始まってみると、取引に公式を使っているのは私たちだけのようだった。取引所のフロアはさながら火器対弓矢の軍場《いくさば》だった。

取引所とカジノの共通点

価格の歪みをできるだけ素早く、ほかの人たちに取られたり消えてしまったりする前に捕まえようと、私たちはCBOEに、ウチのトレーダーにプログラム内蔵の携帯計算機を持たせるのを認めてくれと要請した。却下された。新入りが立派なベテラン・トレーダーより上手に出るなんて許されないのだ。そこで私たちは次善の策として、場立ちに無線機を持たせるのぐらいはいいだろうと言ってみた。却下された。なんだかカード・カウンティングでラスベガスに乗り込んだときの顛末を思い出した。そこで場立ちに、どんどん増えてきていた上場オプション全部のトレーディング表を印刷して持たせた。私たちの高速プリンタで毎晩印刷し、速達でプリンストンとシカゴのオフィスに郵送したのだ。これは携帯計算機とほとんど同じぐらい強力な一手だった。

トレーディング表は両方のオフィス、それに取引所のフロアに散らばった場立ちがそれぞれ必要なものだったから、5部作っていた。連続帳票にカーボン紙を何枚も挟み込んで作るのだ。会社にあったプリントトロニクス社のプリンタは、毎晩毎晩、一晩中動いていた。数日のあいだに起こりうるすべての状況について、ヘッジ取引の指図と目標価格をそれぞれ記載したこのトレーディング表は、全部で数百ページにも及んでいた。1ページの表それぞれはさほど大きいわけでなく、縦横28センチ43センチだったが、積み重ねると数十センチの高さになった。1974年にそんな光景を描いた記事が『ウォール・ストリート・ジャーナル』紙の1面に載っていた。その後、ベテランのトレーダーたちもやっていける感触を得たのだろう、オプションを評価するプログラムを搭載した携帯計算機の使用が認められ、業界の標準装備になった。

私は大学と会社で完全に手一杯だったから、小学生以下の子どもたち3人の面倒はほとんどヴィヴィアンが見ていた。それでも彼女はちゃんと時間を作って地元のまじめな議員を後押しして再選にこぎつけさせている。ヴィヴィアンがコロナ・デル・マーに議員の選挙事務所を開いたとき、下っ端の党員たちがやめさせようとしたが彼女は耳を貸さなかった。彼女は自分で選挙資金とボランティアを集め、大規模な電話攻勢を仕掛けた。議員が再選されると、ヴィヴィアンの働きはまるごと下っ端党員2人の手柄になり、連中は党内で昇進した。でもヴィヴィアンが求めていたのは再選という結果だけで、出世や称賛ではなかった。結婚して55年、彼女が何かを鼻にかけるのを見たことがない。それに近いことといったら、服の色のコーディネイトがうまいとか家の調度の揃え方がデザイナーみたいだとほめたときぐらいだ。彼女は私を見て、そっけなくこう言った。「あたし、色を見る眼はあるんだよ」

彼女はこっそり大きなテレコール部隊を組織して率い、カリフォルニア州政府の要職に初めて黒人の男性を当選させている。そのうえ彼女は1対1でも人を動かせる。ヴィヴィアンはある女性と出会い、その人が「あのユダヤの連中が」と不平を言うのを聞いた。第二次世界大戦中、ヴィヴィアンはナチの強制収容所で親類を何人か亡くしている。そんな女の人に出会ったよと彼女が話したとき、私たちはヴィヴィアンがその女の人をこてんぱんに言い負かしたんだろうと思った。そんなことはしなかったよと説明しながらヴィヴィアンはこんなことを言う。それじゃあの人はなんにも学ばないし、あたしたちの敵になる。ヴィヴィアンは辛抱強く、この根っこの部分では善良な人を教育し、その後生涯の友だちになった。

道徳精神のネジが外れた連中

本質を見抜くヴィヴィアンの眼のおかげで、私は投資の世界で出くわすいろんなキャラに立ち向かうことができた。あの世界には道徳精神のネジが外れた人がたくさんいる。彼女は人に惹かれる。誰かが彼女に自分のことをとりとめなく話し、彼女がそれを1本の伝記にまとめ上げ、筋が通っているか分析し、確認する、それが彼女の第2の天性になっていた。その結果、私の奥さんは人の人となりや真意、先々の振る舞いを量る、まず間違いのない評価基準になった。彼女に初めての人を引き合わせると、仕事関係の人でも専門家の人でも、彼女の評価に間違いはなく、私はたびたび驚かされた。

しかもヴィヴィアンはそれをこともなげにやってのける。根拠になるものがほとんどなくて、ときどき私には信じられないこともあった。でも凶事の訪れを告げるカッサンドラよろしく、私は繰り返し繰り返し思い知らされることになる。彼女は正しかった。

そんなキャラの1人に会ったあと、彼女がこう言ったことがある。「あの人は欲かいてるね。口先だけだよ。信用ならないね」

「なんでわかるの？」と私。

するとき彼女はこう答えた。「欲深いよ。車の運転でわかるって。笑い方見たでしょ、心がないのが出てたよ。目もぜんぜん笑ってないし。あの目、あなたをナメてる。それに奥さん、哀しい目つきしてたよ。なんかおかしいって。あの人が家で奥さんに見せる顔と外で見せる顔、違ってるって」

何年もあと、私たちはこの友だち（「グレン」と呼ぶことにする）のヘッジファンドにお金を預けていた。ファンドは投資の1つで200万ドルの損を出した。詐欺にあったことも原因の一部だった。弁護士たちが損のうち100万ドルをなんとか回収してきたとき、グレンはそのお金をそのときのパートナーたちだけに分配した。損をかぶった投資家はもうほとんどパートナーに残っていなかったのに、だ。彼は、今もパートナーでない人たちからは将来にわたって経済的利益を得られるけれど、もうパートナーでない人たちからは得られない。だから彼はそんな不公正なことをやって自分の便宜を図ったのだ。私が詰め寄ると損失が出たときに20人ほどいたパートナー全員とは連絡がつかないのだと言い張った。もちろん私はリストを持っていて、私が今の所在の情報を持っていない人は3人だけだ、その3人だって共通の知り合いを通じれば連絡がつけられると言い返した。それでも支払わないと言う。投資会社の定款では、パートナーはそれぞれ別々に調停を受けなければならないことになっていた。取り分は平均で5万ドルそこそこだから、元パートナーたちにとってはそんな額を取り返しに行っても弁護士の費用、取られる時間、手間、ストレスに見合わないのが彼にはわかっていた。元パートナーのグループ全体を取りまとめた調停1本でこの件を交渉しようと要求したが、彼は拒否した。彼は陰険にも、個別の調停を何件か試してみたらどうだ、全部オレが負けたらそのときは気が変わるかもしれんぞとまで言う。弁護士である彼の部下に、おまえこんな倫理にもとるやり方を認めていいのかと言うと、部下はこう答えた。「法学部じゃ倫理は習わないんで」

税金対策のおかげでハリウッド俳優に会う

ＰＮＰが成功するにつれ、私は興味深い人たちに出会うようになった。おもしろいことに、運用成績のおかげではなく税金のせいで出会ったのがポール・ニューマンだった。上場オプションの扱いに関する税制の整備が遅れていて、数年後に法律が改正されるまで、取引のやりようによっては国税と州税を大幅に節約できる抜け道があった。それを利用しようということで、私はニューマンと彼の税理士にお昼ごはんの席で会うことになった。場所はロサンゼルスの20世紀フォックス社、映画『タワーリング・インフェルノ』のセット内だ。

スタジオはビバリーヒルズ高校の隣にあった。南カリフォルニアの高校の中で校内に油田があるのはここだけだ。私が着いたとき、ニューマンはブルージーンズのパンツにジャケットとシャツを合わせた装いだった。そんないでたちがオシャレになるのはずっとあとになってからのことだ。お金がなかった１９４０年代、清潔だけれど擦り切れたリーバイスが自分の普段の恰好だったのを今でも思い出す。50年後、オシャレな人たちが高いお金を払って、わざとボロにしてあちこち穴を開けたジーンズを買うのを見てずいぶん驚いた。私が高校のときに穿いていたパンツのほうがまだきれいじゃないか。

ニューマンの見事な青い瞳には感動した。実物を見ると映画で見るよりいっそう色合いが深い。無口で、初対面の相手にはほとんど人見知りといってもいいかもしれない。彼は私をちら、と見て、最初は何も言わず、それからこう口にした。「ビール飲むか?」。私は答えた。「いいね」。それで彼もほっとした。こいつ、まっとうなやつだ。お昼ごはんになり、私は彼が薦めてくれたスペシャル・サンドウィッチを食べた。彼はブラックジャックのカード・カウンティング戦略の話を持ち出し、プロになったらどれぐらい稼げてたと思う? と聞いてきた。完璧な変装ができて、チームを組むのではなく1人でやれば年に30万ドルぐらいだろうね。「なんでやらんの?」と彼。ヘッジファンドをやってるほうが儲かりそうだから、と私は答えた。彼はその年、課税所得でいっても600万ドル稼いでいて(だからこそお昼の席に呼ばれたわけだが)この答えが気に入った。この会合では、結局何かしようということにはならなかった。ニューマンの税理士は、私が説明した税金を減らす方法はうまいやり方だが新しいアイディアなので、当局が目をつけてくる可能性が高いと思った。税理士はニューマンに、共和党寄りの内国歳入庁にケンカを売る危険は冒さないほうが、とアドバイスした。ニューマンは名高い進歩派民主党員だったのだ。

『ゴッドファーザー』のプロデューサー

ハリウッドとかかわる機会はほかにもあった。早い時期に投資してくれた有限責任パートナーにロバート・エヴァンスとそのお兄さんのチャールズの2人がいる。ロバートはどちらかというと無名の俳優兼プロデューサーだった。それが1966年、コングロマリットのガルフ・アンド・ウェスタン・インダストリーズがパラマウント・ピクチャーズを買収し、ロバートを製作部門のボスに据えた。それから8年のあいだにロバートはパラマウントを立て直した。そのあいだのヒット作には『おかしな二人』、『ローズマリーの赤ちゃん』、『ある愛の詩』、『チャイナタウン』、そして『ゴッドファーザー』がある。1997年の映画『ウワサの真相／ワグ・ザ・ドッグ』でダスティン・ホフマンは、ロバートの見かけ、習慣、癖を、細かいところまで真似て役を演じた。

1971年だったか1972年だったかのある日、私はビバリーヒルズにあったロバートの別荘を訪れた。私たちが投資会社でやっていたのがどんな類いの取引か説明するためだ。彼とチャールズは裏庭のプールの周りをサングラスと帽子のいでたちでぶらぶらしていた。私はプールの端に座って転換証券のヘッジの基本を説明した。その頃、ロバートは（7人中）3人目の奥さんと結婚していた。女優のアリ・マッグローだ。もちろん私は彼女が顔を出して私に市場の難しいことを尋ねてくれないかとわくわくしていたのだけれど、彼女は旅行中だった。1970年のアカデミー賞で、マッグローは映画『ある愛の詩』で演じた役で主演女優賞の候補になった。その約20年後、52歳になった彼女は、なおも『ピープル』誌に世界で最も美しい50人の1人に選ばれている。

こういうお客はごかんべん

脚本家のチャールズ・A・カウフマン（1904〜1991年）は『フロイド／隠された欲望』の脚本を書いた人だ。この作品は1963年にオスカー候補になった。有限責任パートナーになった彼はよく私たちのことを人に紹介してくれた。間接的にそのおかげで、ある種の見込み客が私たちに電話をくれるようになった。カウフマンの会計士はロサンゼルスに事務所があって、ラスベガスにある大手のカジノのいくつかも顧客だった。カウフマン一家がヴィヴィアンと私、それに会計士とその奥さんのために晩餐会を催してくれた。私の目的は、私たちの投資会社がやっている取引戦略と会計処理の2つを説明することだった。話がブラックジャックのことになり、私は、カジノのイカサマや所得隠し、裏帳簿なんかについて知っていることを話した。すると会計士はびっくりした、信じられないという顔をする。奥さんは美しくも遠慮なくものを言う元ショウガールで、そんなことないよ、違うねと言う。会計士はそのとき漏らしていたよりもあちこちコネを持っていたようで、というのも、晩餐会のちょっとあと、私たちの投資会社にお金を預けたいと、ラスベガスのあちこちに顔の利く当時の有名人、「モー」・ダリッツ（1899〜

1989年)、ベルドン・ケイトルマン(1914~1988年)といった人たちから問い合わせが入った。投資を受け入れる枠に空きはない、そう言う私にレーガンは即座に同意してくれた。

私の話のうち、その会計士の人が特に認めなかった1つは1962年の夏に始まる顛末だった。アメリカ財務省の役人が連絡してきて、ネバダのカジノ業界を脱税をしている疑いで調査している、一部の運営会社が大量の現金を隠し、その分を確定申告していないと財務省は考えているということだった。覆面調査官の隠密チームの一員であるこの「ジョン」は俳優のマイク・コナーズに似ていた。コナーズは、出演した中では当時のテレビドラマ『マニックス』と『タイトロープ』の2本がいちばんよく知られていて、ほかにも出演した映画が数本ある。私たちはウェストウッド・ヴィレッジのハンバーガー・ハムレットで定期的に会っていた。カリフォルニア大学ロサンゼルス校(UCLA)のキャンパスのすぐ隣だ。ジョンはカジノを欺くために演じていた役のいでたちで店に来た。つばの広いステットソンをかぶり、カウボーイの服装と身分を装い、テキサスのお金持ちC・キャッシュ・アンダーソン(財務省にもユーモアがちょっとはあるようだ)を名乗っていた。乗り回すのは赤のキャデラックのオープンカーで、幌の屋根はあくまでも白かった。

ラスベガスに行くと彼はブラックジャック卓で大きな賭けをする。そうやっていると別室に招かれる。カジノがブラックジャック卓から封印を貼って運んできた集金箱のお金を数える部屋だ。彼の報告によると、帳簿が2つとそれぞれの集計機があり、1つはほんとの額、もう1つは財務省に申告する、間引いた額を集計する。政府の役人の1人として、ジョンは大金を賭けた勝負でもっとうまくプレイしたい、ド素人の大ばくち打ちに見せかけながらも財務省持ちの費用を抑えたい、そう思って私に相談を持ち掛けたのだった。

豊かな暮らしの代償

パートナーシップが栄えるにつれ、ヴィヴィアンと私も豊かになった。1969年に会社を始めたとき、私とレーガンの資産がどれだけ速く増えるか試算してみた。黄色いリーガルサイズの紙で、投資会社のリターン、パートナーシップの純資産の成長率、それに税金をありそうなセンで仮定して計算してみると、1975年には私たちは億万長者になると出た。私は写しをとってレーガンに送った。

そしてほんとに1975年、私もレーガンも億万長者になり、そのお金でそれぞれの一家の生活は変わった。ヴィヴィアンと私は家を大々的に増築し、改築した。1964年にラスクルーセスで、私は学生の1人から赤のフォルクスワーゲンを中古で買った。11年後の1975年に私が乗っていたのは真っ赤なポルシェ911S の新車だ。安い値段と実用性重視だったヴィヴィアンの服装は、デザイナーのブランドでコーディネイトもばっちり、ついでにオシャレな靴とハンドバッグになった。以前は休暇といえば専門家の集まりにかこつけた貧乏旅行だったが、クルーズだの海外の高級ホテルでの滞在だのに取って代わられた。

私たちは今や、学者の友だちの大部分ではとても賄えない生活を送っていた。それで思ってもみないことが起きた。私たちがいちばん気が合うと思っていた、賢くておかしくて学のある人たちとのあいだに距離ができてしまった。その一方では、オレンジ郡に住むお金持ちのビジネス社会では新しい友だちはまだあんまりできていなかった。私たちの会社のパートナーは大部分がアメリカ全土に散らばっていたからだ。ヴィヴィアンの言っていたとおりだ。「あたしたち、魚でも鳥でもないね」

数学での私の関心が移ったのも、仕事の面でUCI数学科の同僚と絡みにくくなった原因だった。大学ではだいたいそうなのだけれど、学科で重視されていたのは純粋数学の研究だった。おおざっぱに言うなら、抽象的な数学とか理論のための理論とかということだ。

私の博士論文は純粋数学だったし、その後15年間、純粋数学が私の研究対象だった。でもギャンブルの分析を始めて、私は応用数学にも強い関心を持つようになった。応用数学は数学の理論を使って現実の問題を解く学問だ。金融の世界が私、そしてPNPに、数かぎりなくそんな問題を投げかけ、それを解くのは楽しかったし儲かった。私は再び応用数学者になろうとしていた。そして純粋数学の学科では、私は職業学者として魚でも鳥でもなくなった。

数学科はサルのオリ

それと同時に、数学科に深刻な問題が迫っていた。研究助成金も大学を支えるカリフォルニア州の補助金も減らされていた。おかげで残っているものを奪い合って学科内のいろんな派閥のあいだで激烈な争いが起きた。内ゲバを仲裁するために部外者が学科長に据えられた。3年に及ぶ騒乱ののち、この人は辞任を余儀なくされた。いがみ合うグループのどれも受け入れる人がほかにいなかったので、大学当局は私の意に反して、臨時の学科長になってくれと私を説得した。

与えられた任務は思ったよりずっと過酷だった。助教の1人は講義をしに来なくなっていた。自分の時間を2つに分け、400マイル北のサンフランシスコのベイエリアに住むガールフレンドに会いに行くか、リノとタホ湖のカジノへ行くかのどちらかに使っていた。カード・カウンティングをする人で、私に電話してきてブラックジャックのことを質問したことさえあった！別の助教は学科の電話代を月に2000ドルも使っていた。ほかの25人の先生を合わせても200ドルだった。私が詰問すると、彼は数学の研究のためだと言う。明細を調べると、電話の先はほとんどニューヨーク市の番号2つに絞られていた。それぞれかけてみると、1つは彼のお母さん、もう1つはレコードを売っている店だった。それがバレても、彼は怒り狂うばかりでこれっぽっちも悪びれていなかった。

かと思うと、ある正教授は別の正教授の雇用記録を学科の保管庫から盗み出した。部外秘の書類だ。私がそれに気づいて詰め寄っても書類は返さないと言う。調べてみると、この人が盗んだ書類には、彼の敵についてとてもひどいことを書いた彼の手紙が入っていたことがわかった。彼は、自分のやったことを学科長である私が知れば、私はそれを暴露するだろうと恐れていたのだ。

この救いがたい行いに懲戒を与える手続きを始めてくれと要請したら、大学当局は拒否した。私はあぜんとし、また呆然とした。

大きな組織につきまとう1つの問題は、構成員の大部分が他人の邪魔はしないのがいいと決め込んでしまうことだ。そうして道理が通らなくなるのである。私は親しい友だちに副学科長になって私を助けてくれと頼んだ。私が数学科で職を得るのを手伝ってくれた人だった。その頃にはもう終身の正教授になっていたのだけれど、彼は私の申し出を断った。言い分はこうだ。「オレはこのサルどもと一緒のオリで暮らしていかないといかんのだよ」。彼の言うことはよくわかる。対する私はと言うと、そんなオリに縛りつけられてはいない。私にはPNPがある。こんなことを思った。なんで私がここをなんとかしてやらないといけない？　誰も私の味方をしてさえくれないのに？　私は入りたくて数学科に入ったのだ。入らないといけないから入ったのではない。もういい頃合いだろう。

さよならUCI

最初、私はUCIのビジネススクールに移った。数理ファイナンスを教えるのは楽しかった。でも派閥と後ろから弾が飛んでくるのは数学科と変わらなかった。どちらでも委員会の会議と特権を巡るくだらないいがみ合いが延々続く。協力しようとしない人がたくさんいるし、そんな連中を押しのけることもできない。載るか反るかの決まり文句も一緒だ。もう学界を出ようと私は決めたが、そう決心するのはまったく容易ではなかった。人生最大の望みはカリフォルニア大学で終身教授になることだと誰かが言うのを何度も聞いた。私にとってもそれは夢だった。長い歳月のあいだに、私はUCIの学生や元職員を何人も雇ってきたが、教授陣でこの挑戦に乗って私の会社に加わってくれたのは1人だけで、終身教授ではなかった。ほかの人たちにとってそんなのは考えるだけでも恐ろしかったのだ。まあもちろん、そんなほかの人たちには、あとになって後悔した人もけっこういたけれど。

常勤での講義の仕事はだんだん減らしていき、最終的にUCIの正教授を辞任したのは1982年のことだった。教えるのも研究するのも大好きだったから、一生楽しくやっていくんだろうと思っていた仕事を手放して大きな喪失感を味わった。でも結局、そうしてよかった。私は好きなものをちゃんと持って出たのだ。友だちもそのままだったし、共同研究も続けられた。思うがままに好きなことをやれるわけだから子どもの頃の夢がかなった。自分の研究を学会で発表し続けたし、数学や金融、それにギャンブルの学会誌に論文も載せ続けることができた。

そうして私は、学界からウォール街へと押し寄せていた数学者に物理学者、金融経済学者との競争に、いっそう力を注ぐようになった。

CHAPTER

14

クオンツ革命をフロントランニング

ブラックとショールズの先へ

フィッシャー・ブラックとマイロン・ショールズが彼らの公式を論文で発表したとき、すでに同じ式を使っていた私は、プリンストン・ニューポート・パートナーズ（PNP）のトレーディングのエッジを保つためにはワラントやオプション、転換社債、その他のデリバティブ証券を評価する武器を早く向上させて、論文を発表して学界でのし上がろうとがっついている博士号持ちの軍団が今後押し寄せてくるのに立ち向かえるようにしないといけないと痛感した。私たちの投資家の利益を守るには重要な結果は秘密にしておかないといけないが、ほかの人たちもそう経たないうちに発見しそうなそれほど重要でないアイディアは発表してもいいだろうと思った。

ブラックとショールズの論文よりも前から、私は基本の公式より先に進んでいた。式を一般化して、空売りで得た代金を、空売りのポジションを手仕舞うまで証券会社に預けておかないといけない（証券会社側の都合だ。預かったお金を何かに使えるからである）場合を取り込んだ。論文が発表されると、私はウィーンで開かれた国際統計協会の会合で講演し、論文についてプレゼンテーションを行った。またモデルを拡張し、株式が配当を支払う場合も取り込んだ。私が取引していたオプションやワラントの原資産の多くはそんな株式だったからだ。それからシカゴ・オプション取引所（CBOE）は翌年の1974年のうちにプット・オプションの取引も始めると発表した。プット・オプションは、すでに私たちが取引していたコール・オプションと同じように、アメリカン・オプションと呼ばれる種類だ。別の種類にユーロピアン・オプションがある。ユーロピアン・オプションは権利が消滅する直前のほんの短い決済期間のあいだだけ権利行使できる。アメリカン・オプションは権利行使期間のいつでも行使できる。

ブラック＝ショールズの公式はユーロピアン・コール・オプションを評価する式だが、原資産の株式が配当を支払わないなら、アメリカン・コール・オプションの公式はユーロピアン・コール・オプションの公式と一致する。CBOEで取引されていたのはアメリカンのほうだ。ユーロピアン・プット・オプションの公式はユーロピアン・コール・オプションの公式から導ける。でも、アメリカン・プット・オプションに関する計算はユーロピアン・プット・オプションの場合と違っていて、今でも一般公式は見つかっていない。コンピュータと、私が公表しなかった「積分法」を使ってオプションを評価すれば数値解が導けて、いまだ解けていない「アメリカン・プット問題」の答えを十分に正確に出せるのがわかった。1973年の秋、私に実り多き時が舞い降りて、私は解の要点を書き留め、部下が価格を正確に計算するコンピュータ・プログラムを書いた。私の積分法にはブラック＝ショールズより優れた点がもう1つあった。ブラック＝ショールズは株価の分布に関しては特定のモデル1つに頼っていて、正確さは限られていた。私の方法を使えば株価に関してさまざまな分布を仮定してオプションを評価することができた。

1974年の5月、私はシカゴでブラックと晩ごはんを食べた。証券価格研究センター（CRSP、Center for Research in Security Prices）がシカゴ大学で年2回開く会合に彼が招いてくれて、そこで講演したのだ。当時30代のブラックは、こざっぱりして背が高く、黒い髪はオールバックで「マジメな」眼鏡をかけていた。ファイナンスのどんな話題になっても熱心に話す。語り口は明確で論理的で簡潔だ。彼が取るノートが短く、ものすごく読める字で書いてあるのにもそれが表れていた。その後、彼は金融の世界で、学界でも業界でも、最も革新的で最も影響力の強い人の1人になる。アメリカン・プットの価格を数値解析で評価する方法は私にとってとても簡単だったから、私はそれを持って行ってブラックに見せ、ブラックからはほかの人たちがこの問題をどう解いているのかを教えてもらった。私は2人のあいだのテーブルに私の答えを広げた。私が話し出すより早く、ブラックは自分のやり方を語り始め、自分の歩みを阻んでいる難題を説明した。前に私は彼のやり方を追求したことがあり、そのやり方でうまくいくはずだと思っていたのだけれど、私の積分法のほうが簡単だったからそちらを使ったのだ。ブラックが答えを出せないなら彼の方法で誰にも答えは出せない。私は投資家たちに対して自分たちの競争優位を守る義務があるから、自分の答えを何食わぬ顔で鞄にしまった。その後、1977年になって、アメリカン・プットの価格を評価する数値解析の方法が2つ、学術誌に発表されている。

カジノのワラントで100万ドルの儲け

アメリカン・プットを評価する私の方法を使って、部下たちと私はいわゆるデリバティブの価格評価の問題を解いていった。学界が評価法を見つけ、論文を発表する前だ。1967年からPNPを清算する1988年まで、デリバティブの価格を評価する方法を持っているのは、次々と現れる新しい金融商品を取引するうえで私たちの大きな強みになった。

私たちの取引の中には、理論を使わなくても投資家たちに簡単に説明できるものもあった。そんな取引の1つに、メアリー・カーター塗料社のワラントにかかわるものがある。同社は1908年に設立された会社を引き継ぐ形で1958年に設立された。つまりほかの塗料の会社を買収してできた。その後同社はバハマでリゾートとカジノを開発する会社になり、名前もリゾーツ・インターナショナルに変えて、塗料事業も名前も捨てた。1972年、同社のワラントは株価が8ドルのときに27セントで取引されていた。ワラントがこんなにも安かったのは、株価が1株40ドルを超えなければ紙くずになるからだった。こりゃおいしい。私たちのモデルによると、ワラントの価値は1個4ドルだったから、私たちは買えるかぎりこのワラントを1個27セントのお値打ち価格で買い集め、結局1万800個買ったが手数料込みでもコストは全部で3200ドルにしかならなかった。損が出るリスクをヘッジするため普通株を1株8ドルで

800株空売りした。その後株価が1株1・50ドルに下がり、そこで空売りした株式を買い戻して、約5000ドルの利益を得た。利益の内訳は、「タダ」で持つワラントと現金1800ドルほどだ。ワラントはほとんど0に近い価格で取引されていたが、二束三文であったにせよモデルはまだ価値があると言っていたので、ワラントのほうはそのまま塩漬けにしておくことにした。

せわしなく6年が過ぎた。そんな1978年、私たちの持つワラントを買いたいという人たちから電話が入るようになった。同社がニュージャージー州のアトランティックシティに不動産を買った。同社がほかの会社と手を結び、ロビー活動に成功して、アトランティックシティに限ってカジノでのギャンブルを認めさせたのだ。1978年5月26日、リゾーツ社はネバダの外ではアメリカ初のカジノを開業した。早くに認可を取りつけた同社に競合はおらず、他社が開業する1979年の終わりまで、同社は濡れ手に粟の利益を手に入れた。株は1株15ドルで取引されていた。安値の10倍だ。ワラントは1個3ドルから4ドルになっていた。モデルによると価値は7ドルから8ドルだった。そこで、ワラントを売り払って3万ドルだか4万ドルの利益に飛びつく代わりに、私は買い増しに出てまた株を空売りし、損が出るリスクをヘッジした。株価が100ドルの大台を超えても、私たちはまだワラントを買って株を空売りし続けた。最終的に、私たちはワラントを27セントで買ったのも含めて1個100ドルを超える価格で売り払った。結局、利益は100万ドルを超えた。同時に、ブラックジャックで私の方法を使うチームがいくつもアトランティックシティに乗り込み、カジノ・ブームで一時的にプレイヤーに優しくなった環境で、まあまあ有利なルールでブラックジャックをプレイさせてもらえるのを利用して稼ぎだした。おもしろいのは、リゾーツ社でもほかのカジノでも、彼らがブラックジャック卓で何百万ドルもお金を引き出す一方で、私はリゾーツ社の発行した証券を使って儲けていたことだ。

3年で48・9%の利益

1973年の初めから1976年10月までの3年と10カ月で、PNPの有限責任パートナーたちは48・9%の利益を得た。そのあいだ、世間の投資家は株式市場で荒波に揉まれていた。S&P500は最初の2年で38%下がり、その後の1975年から1976年10月で61%上がった。合わせてたった1%の上昇だ。一方、PNPは全四半期で利益を挙げた。

いいときの上がり方は悪いときの下がり方より大きくないとトントンにならないというのはいつも成り立つ法則だ。それをはっきりさせるために極端な例を引こう。以下、月末の値だけを使う。S&P500は1929年8月終わりの高値から1932年6月の終わりまでで83・4%下がった。1ドル投資していればそれが16・6セントになってしまったわけだ。その16・6セントがまた1ドルに戻るには指数が6・02倍にならないといけない。リターンでいえば502%だ。そうなるまでには18年かかった。1950年の11月だ。長くかかった回復の期間、年上昇率は10・2%だ。これは過去における長期での平均値に近い。

1970年代、私たちの投資対象は広がり、また複雑になった。企業はさまざまな証券を発行するようになった。その中には転換社債に優先証券、ワラント、プット・オプションにコール・オプションなんかがある。そうした証券の価値は大部分、原資産である株式の価格で決まり、だからそうした証券は派生商品《デリバティブ》と呼ばれる。デリバティブは数も種類も残高もその後の数十年で大きく増加した。いわゆる金融エンジニアたちが新しいものを次々発明し、たぶんリスクを減らし、間違いなく手数料を増やした。私は自分の手法を使ってそうしたデリバティブやそれに続く金融商品の価格を評価した。そのおかげでＰＮＰは転換社債をほかの誰よりも正確に評価できた。デリバティブを使ってヘッジ・ポジションを作るのがＰＮＰの19年間全体を通じた利益の源だった。そこで使うヘッジ戦略は、その後できたシタデル、スターク、エリオットといった大手ヘッジファンドの基本戦略になり、それぞれ何十億ドルも運用するようになっている。

転換社債で見るところは2つだけ

今どきの転換社債は条件や特約が複雑になっているが、基本は単純だ。架空の銘柄として、２０２０年償還、クーポン６％のＸＹＺ社転換社債を考える。この銘柄は当初、２００５年７月１日に１単位当たりほぼ１０００ドルの価格で発行され、２０２０年7月１日、ぴったり「額面価格」どおりの１０００ドルで発行体によって償還される。また、この債券は額面の６％にあたる利息を償還まで毎年支払うと約束している。支払頻度は年2回で、つまり半年に一度、額面の３％、１０００ドル当たり30ドルを、１月１日現在と7月１日現在それぞれの保有者に支払う。

ここまでのところは典型的な普通社債と同じだ。でも、転換社債にはもう1つ特徴がある。保有者が求めれば、償還日の2020年7月1日までのあいだのいつでも、額面1000ドル当たりXYZ社の普通株20株と交換できるのだ。だからこの債券は、普通社債とオプションという2つの特性を持ち、市場価格はその2つの合計だと考えることができる。1つめはほかの条件が同じで転換可能という特性がない普通社債であり、その価値は金利水準と発行体の財務の健全性に応じて変動する。これが価格の「下限」になる。

2つめは転換可能という特性のオプション価値だ。ここの例でいえば、株価が50ドルならその価値は1000ドルで、これは債券が償還されればどっちにしろ手に入る価値だから、転換しても得るものはない。でも、いつか株価が75ドルに上がれば20株の価値は1500ドルだ。この社債は、すぐにでもそれだけの株式に転換できるから、市場での取引価格は少なくとも1500ドルになるはずだ。

企業はどうしてそんな債券を発行するのだろう？　オプションというか転換権というか、企業の将来をネタにした宝くじのチケットの価値の分だけ、利率を低くしても市場で売れるからだ。

PNPは、オプション評価法を使って転換社債の評価モデルを構築したように、ほかのデリバティブについても同じことをした。私たちのヘッジ戦略はそれぞれリスクを低く抑えた。1970年代の初めに記録をつけていた200のヘッジ戦略のうち、80％は儲かり、10％はほぼトントン、10％は損を出した。平均で見ると、損の大きさは儲けの大きさより大幅に小さかった。

極端なシナリオを無視するとどうなる？

さらに安定したリターンを得るべく、私たちはヘッジ戦略を集めたもの全体に伴うリスクもヘッジした。（さまざまな信用力と残存期間にわたる）金利の変化が私たちのポートフォリオに与える影響を中立化したのだ。また、株式市場全体で価格が急激に変化したり市場のボラティリティの水準が変化したりするリスクも相殺した。１９８０年代以降、そうした技術のいくつかを先進的な投資銀行やヘッジファンドが使いだした。彼らは私たちが退けた考え方、いわゆるＶａＲ、つまり「ヴァリュー・アット・リスク」を採用していた。これはポートフォリオが、将来起こりうる状態のうち95％の確からしさで被る最悪の損失を推定したものだ。残るのは５％の確率で起こる極端な事態、いわゆる「テイル」だがそれは無視する。そうしておいて受け入れがたい大きなリスクを抑制するべく行動する。ＶａＲそのものの欠陥は、起こりうる事態のうち最悪の５％をちゃんと見ないことだ。でもそういう極端なシナリオの下にこそ破滅が潜んでいる。加えて、証券価格の極端な変化は、ガウス分布つまり正規分布を使った標準的な統計の方法で想定するよりもずっと大きいものだ。１９８７年10月19日にＤＪＩＡが23％下がったとき、ファイナンス学界最高の先生たちは、宇宙開闢以来の１３０億年、市場で毎日取引が行われていても、そんなことが一度でも起きる確率はほとんどゼロだと言っていた。

最近使われている分析用具にはもう１つ「ストレス・テスト」がある。過去に起きた主な壊滅的シナリオがまた起きたらポートフォリオにどんな影響があるか、シミュレーションするやり方だ。2008年、最先端のクオンツが運用していた数十億ドル規模のヘッジファンドの1つが、1987年の暴落、湾岸戦争、ハリケーン・カトリーナ、1998年のロングターム・キャピタル・マネジメント（LTCM）危機、2000年から2002年のハイテク株に始まる市場の下落、イラク戦争などをシナリオとし、10日の観測期間でストレス・テストをやっていた。そうやって集めたデータを全部、2008年現在のポートフォリオに当てはめると、そういう事態が起きた場合、130億ドルのポートフォリオを持つこのファンドには最大で5億ドルの損が発生するという結果になった。4%に満たない損失のリスクだ。でも実際には、2009年にこのヘッジファンドは最悪のときで50%を超える損を出し、破産の一歩手前まで行っていた。彼らは2012年までかかってやっと損を取り返した。2008年の信用市場の崩落は、彼らのストレス・テストが使っていた過去の最悪のケースとは性質が異なっていた。彼らが吹き飛びかけたという事実が、過去を振り返ってリスクを測るのではぜんぜん足らないのを示している。

私たちはもっと全体を見る立場を取っていた。テイル・リスクを分析して取り込み、極端なシナリオを考えた。たとえば「市場が1日に25%下がったらどうなる？」なんかがそうだ。10年以上あとになって、市場は実際にそれだけ下がり、私たちのポートフォリオはほとんど影響されなかった。私たちの取引が範囲も規模も拡大して、プライム・ブローカー〔訳注：ヘッジファンドにインフラを提供したり、必要な証券や資金の貸し付けを行ったりする金融機関〕をゴールドマン・

サックスに変えたとき、私が彼らに聞いた質問の1つはこうだった。「テロリストがニューヨーク港に核爆弾をこっそり持ち込んで爆発させて、ゴールドマン・サックスのニューヨーク・オフィスが破壊されたら私たちの口座はどうなりますか?」。彼らの答えはこうだった。「記録の複製をコロラド州アイアンマウンテンの地下に保管しています」

詐欺を見抜いて逆に儲ける

ウォール街にはコンピュータや公式では防げない種類のリスクがもう1つある。詐欺や不正でお金を奪われる危険だ。1960年代のカジノでイカサマを食らったのが価値ある教訓になって、投資の世界で出くわすはるかに大きな規模での不正に備えることができた。金融マスコミには新しい不正行為を報じる記事が毎日のように出ているでしょう?

インフレ率が2桁に近づき、商品価格が跳ね上がり、貴金属やそれらを売買できるオプションの取引が盛んになった。私の会社に話を戻して、私はXYZ社のオプション価格をPNPで使っていたモデルが出す「正しい」価格と比べてみた。私たちがオプションを大量に大手証券会社に売却したときだ。

びっくりしたのは、XYZ社が私に、期待ペイオフの半分にも満たない価格でオプションを買わないかと持ち掛けてきたことだ! 私が使っていた親切な営業担当者に頼んで財務諸表を集めて調べてみると、XYZ社はオプションを売るとその売却代金を利益として計上していたのがわかった。その一方で同社は、買い手が権利を行使した時と場合に備えて引当金を計上したりはしていなかった。正しい引当金の額はオプションを売って得た額の2倍を超えるわけで、だから適切な会計処理をしていれば彼らがオプションを新しく売るたびに純資産は減るはずだった。

どう見ても彼らはオプションをどんどん売り続けるほかなくなっていた。そうやって得たキャッシュフローで、前にオプションを買って権利行使してきた「投資家」たちに代金を支払うためである。昔ながらのネズミ講だ。ひどい結末まっしぐらである。どうしよう?

私は勉強のためにちょっとした実験をすることにした。提案された取引、オプションの残高、早期に行使されたオプションの割合について不十分ながらも手に入りうる情報を全部集め、同社は少なくともあと8カ月は生き延びると見積もった。実際には10カ月だった。行使期間6カ月のオプションを4000ドル分買って、4カ月後に価値が2倍になったところで権利行使した。それから数カ月で同社は閉鎖され、詐欺師は消え、詐欺の捜査がまた1つ始まった。

先物で手に入れた銅が盗まれる

PNPの投資戦略を試す次の大きな機会がそれからすぐにやってきた。1979年から1982年、市場には極端な歪みが生じていた。アメリカ短期国債の金利は2桁になり、1981年には15%近かった。住宅ローンの固定金利は年18%を超えたところでピークをつけた。インフレ率もそれに近いところまで来た。かつてないそんな市場の動きで、私たちには新たな儲けのチャンスがやってきた。その1つが金先物市場だった。

あるとき、2カ月後受け渡しの金先物が1オンス400ドルで取引されていた。14カ月後受け渡しの先物は1オンス500ドルだ。私たちは400ドルで金を買って500ドルで売った。2カ月のあいだに400ドルで買った金が現渡しされたら普通に費用を払って1年間保管し、500ドルで現渡しする。12カ月で25%の利益だ。こんな取引にもさまざまなリスクがあり、私たちはそれをフルヘッジした。それから「会心の一撃」がいくつかあった。つまり、もっと儲かる(おうおうにしてずっと儲かる)シナリオだ。同じような取引を銀や銅でもやったことがあり、そのときはうまくいったが、小さな例外が一度だけあった。銅の現渡しを受けたあと、私たちの業者が使っていた倉庫に泥棒が入り、私たちの銅も一部盗まれた。それに伴い、倉庫会社の保険でその分が払われるまで少しだけ時間がかかった。

高金利の時代が幕を開けると、貯蓄貸付組合(S&L)から莫大な資金の流出が始まった。その理由はこうだ。S&Lは預金者から短期で資金を借り入れ、その大部分を長期の固定金利の住宅ローンで貸し付ける。短期金利が跳ね上がり、S&Lは資金調達コストが急上昇、一方彼らが既存の住宅ローン、つまり過去に家持ちの人たちに貸し付けた資金の金利は、ずっと低い固定金利のままで上がることはない。短期の借り入れと長期の貸し付けのあいだで金利のミスマッチが起き、そのせいで1980年代にたくさんのS&Lが破綻し、救済の費用で納税者に何千億ドルにも及ぶ負担を強いることになった。

Ｓ＆Ｌが破綻しそうだというのは予想できたし適切な規制で防げたはずだが、そうはならなかった。その後の大きな金融危機でもこのパターンは繰り返されている。

一方、ＰＮＰは新しい分野の投資に乗り出そうとしていた。

CHAPTER 15

躍進……

10年で409%の利益

1979年の11月1日、プリンストン・ニューポート・パートナーズ（PNP）を立ち上げて10年が経った。S&P500の年率リターンは4・6%、小型株は8・5%で、どちらのリターンもPNPのリターンよりずっと変動が激しかった。私たちはこの10年、累積で409%のリターンを挙げた。年率では報酬差し引き前で17・7%、差し引き後で14・1%だ。最初に預かった資金は140万ドルだったが2860万ドルにまで増えた。1979年が終わり、私たちは大きな野望を持って1980年代に足を踏み入れた。私たちのノウハウを新しい投資対象に持ち込むのだ。私にとって、これは数理ファイナンスの分野でおもしろい問題にもっと取り組めるということだし、投資会社にとっては高い収益率で運用できる資金量が増えるということだった。

私は最初の取り組みを指標プロジェクトと名付けた。目的は、企業の財務面の特徴、つまり財務指標を分析し、株式のリターンを予測するのに使えないか研究することだ。お手本にしたのはヴァリューラインだった。1965年に始まった投資サービスで、業績発表のサプライズ、PEレシオ、モメンタムなどの情報を使い、株式をI（最高）からV（最低）のグループにランクづけする。株式のモメンタムとはこういうことだ。足許までの株価の強い上昇トレンドが将来も続く場合を正のモメンタム、強い下落トレンドが将来も続く場合を負のモメンタムという。

指標プロジェクトを束ねるのはジェローム・ベイゼル博士だ。才ある雄弁な若い経済学者で、彼も私もその後カリフォルニア大学アーバイン校（UCI）のポール・メレッジ・スクール・オブ・ビジネスになる学部でファイナンスを教えているときに知り合った。もう1人、このプロジェクトでも実際のところどの分野でも、当時もその後も欠かせない人材だったのがスティーヴン・ミズサワだった。ミズサワと私が知り合ったのは1972年で、彼ともう1人別のUCIの学生が、数学の分野で夏期特別プロジェクトをやる、ブラックジャックにおけるカード・カウンティングをある側面から追求したい、ついては指導をしてくれないかと頼みに来たときだ。彼らは素晴らしい仕事をし、そうして1973年にコンピュータを使える人が必要になったとき、私が目をつけたのはミズサワだった。ミズサワはコンピュータ科学と物理学の学位を持ち、コンピュータを使った業務と関連する研究の大部分を担ってもらった。彼はPNPの無限責任パートナーになり、同時に、私の大切な友だちになった。

プロジェクトの土台は2つの巨大な証券データベースと、そのデータを処理する計算能力だ。どちらもその当時、やっと使えるようになった。過去の株価の日次データ、過去の配当の支払い日と額といったデータをシカゴ大学証券価格研究センター（ＣＲＳＰ）が販売していた。一方、コンピュスタット・データベースは過去の財務諸表を提供していた。私たちが体系立てて分析したたくさんの指標には、過去の株式のパフォーマンスと強く相関しているものがいくつかあった。次のような指標だ。益回り（1年間の利益を株価で割ったもの）、配当利回り、簿価を時価で割ったもの、モメンタム、空売り残（個別銘柄の現在空売りされている株数）、業績サプライズ（アナリストのコンセンサス予想から大きく、予想外に外れた業績発表）、会社幹部や役員、大株主による自社株の売買、会社の総売上高の株式時価総額に対する比率。そういった指標を私たちはそれぞれ個別に研究し、それからそれらを結び付けた。株価が時間とともに変動する中、過去のパターンは持続した。そこで私たちはトレーディング・システムを構築し、ミダス（ＭＩＤＡＳ、Multiple Indicator Diversified Asset System）と名付け、それを使ってロング・ショート戦略のヘッジファンドを運用（「いい」銘柄を購入《ロング》し、「ダメな」銘柄を空売り《ショート》）するのに使った。ＭＩＤＡＳは強力で、時価総額数兆ドルに及ぶ株式市場全体を扱えた。つまりとても大きな額を運用できるようになったということだ。

　ファイナンスの教授2人、ブルース・ジェイコブスとケネス・レヴィがそれぞれ別個に、私たちと同じ路線のことを考えていた。私がそれを知ったのは、１９８６年の秋に彼らがＵＣＩのファイナンス・プログラムで自分たちの研究を報告したときだ。私たちのシステムは、１９８８年の終わりに私たちがＰＮＰと一緒にシステムも解体したそのときまでよく機能していた。ジェイコブスとレヴィはその後、私たちとこの方法を使って数十億ドルを運用することになる。

AT&T株で160万ドルの大儲け

1985年、カリフォルニア州ニューポートビーチとニュージャージー州プリンストンに置いた私たちのオフィスは、それぞれ社員40人ほどにまで拡大した。私がニューポートビーチ、ジェイ・レーガンがプリンストンのオフィスを切り盛りした。今では私たちは世界中の市場で取引していた。ロンドンは標準時間帯の数でいえば5つ分だけニューヨークより先を行っているから、トレーダーは早くにオフィスに来て大西洋の向こうでポジションを更新し、ニューヨークで午前9時30分に取引が始まる前に、その他アメリカのオプション市場（シカゴ・オプション取引所［CBOE］、AMEX、パシフィック証券取引所、フィラデルフィア取引所）のポジションも合わせて準備を整えることができた。ニューポートビーチはプリンストンより3時間遅い。同地では午前6時ぐらいに仕事が始まる。最新の価格をコンピュータに取り込み、東海岸オフィスに指図する新たな取引を出力する。それに加えて、アジアではアメリカにいるほとんどの人が寝ているあいだに市場が開く。東京でのワラントや転換社債の取引は特に重要だった。ニューポートとプリンストンの電話でのやり取りは午前6時頃に始まり、日中はとても盛んに行われ、午後も遅い時間になってやっと徐々に減った。

私たちは新しい種類の取引に手を出した。そのうちいくつかは私たちが最初だ。そんな1つに、

1983年の後半にゴールドマン・サックスが持ち込んできた1回こっきりの大きな取引がある。政府がアメリカ電話電信会社（AT&T）を分割し、独占を解消させることにしたおかげで実現したチャンスだった。AT&Tは、やはりAT&Tという名の新しい会社と、「7人姉妹」と呼ばれることになる新しい地域電話会社に分割される。分割に伴う取引内容はこうだ。旧AT&T株式10株当たり、新AT&Tの株式10株と、7人姉妹の株式をそれぞれ1株ずつが割り当てられる。新しい証券の「発行日取引」（売買する契約は今結ぶが、証券が実際に発行されるまで、買う場合の購入代金は払わず、売る場合の売却代金は受け取らない取引）での価格を合計すると、旧AT&Tの価格より大きく、差は魅力的な取引が十分できる大きさだった。

PNPは旧AT&Tを1株66ドルほどで500万株買った。代金は3億3000万ドルだ。代金はターム・ローンで調達した。ブローカーからこの取引のためだけに提供される特別融資だ。ポジションを手仕舞ったときにその代金でローンを返済する。この取引と同時に、旧AT&T株を持つリスクを、将来それと交換に受け取ることになる株式を空売りして相殺した。「発行日取引」をする証券は、新AT&Tの株式500万株と、新しい7人姉妹の株式それぞれ50万株だ。取引はゴールドマン・サックスを通じて行い、旧株500万株分、売り買いそれぞれ3億3000万ドルの証券の束を、それぞれ半分ずつに分けて執行した。私のデスクには金色の飾り板が置いてある。「取引の記念品」というやつで、1983年12月1日の当時、ニューヨーク証券取引所の歴史を通じて1つの注文で最大の金額に及んだ取引を記念した品だ。2カ月半のAT&Tの取引で、PNPは費用を全部差し引いたうえで160万ドルの利益を手にした。

時価総額の4分の1が1日で消える

一方、博士号持ちの軍団が私たちのあとを追い、デリバティブの理論を大きく拡張してウォール街で数理ファイナンスの革命を進めた。彼らのおかげでヘッジファンドや投資銀行、金融機関で投資が促進された。「セルサイド」、つまり新しい金融商品を見つけ出して売り込む営業部隊に突き動かされ、「クオンツ」たちは新しいデリバティブ証券を発明し、営業部隊がそれを熱心に売り込んだ。その後起きることになる一連の危機は、そうやってどんどん深刻なものになった。そうした金融商品が世界の金融システムを骨抜きにした。最初に起きた危機はほとんどすべての人の虚を衝いた。

1987年10月16日の金曜日、市場はダウ・ジョーンズ工業株価平均（DJIA）でみて約4%下がった。1日の動きは典型的に、平均で1%ほどだったから、この下落は大きいがパニックが起きるほどではなかった。でも、その日以前も市場は下がってきていたし、変動も激しくなっていた。

翌週月曜日の朝も、私たちは市場が下がり続けるのを見つめていた。いつもどおりヴィヴィアンとお昼ごはんを食べに職場を出たときには7%下がっていた。1929年10月の28日と29日には、それぞれ13%と12%と、市場は記録に残る下がり方をし、合わせて大恐慌の始まりを告げたが、7%の下げはそれぞれの半分を超える大きさだ。市場はさらに下がり、オフィスからは私宛てにレストランに電話が入った。不安な声で、DJIAが400ドル、18%下がり、パニックが広がっているという。すでに過去最悪の下げだ。ヴィヴィアンが心配して、ごはんはここまでにして急いで帰ったら、と言う。PNPも私たち自身も、ものすごく損をしているかもしれない。私は彼女にこう言った。今日市場で私にできることは何もないよ。ひょっとすると私たちの投資は無事かもしれない。私が信じているようにヘッジで徹底的に守ってあるから。ひょっとするとそうじゃないかもしれない。「どうするの?」と彼女。まずはのんびりごはんを食べよう、私はそう言った。それからちょっとオフィスに寄って、家に帰って考えることにした。

デスクに戻ったときには市場はもう閉まっていた。508ドル、約23%の下落だ。断トツで史上最悪の1日での下げだ。アメリカ株式市場の時価総額の4分の1が「溶けた」。この国は1日で純資産の5%を失い、衝撃は世界中の市場で猛威を振るった。恐れが覆った。学界のほとんどの学者たちにとって、こんなにほとんどありえないことはほかになかった。太陽が急に消えたとか、地球が回るのをやめたとか、そんな感じだ。彼らは株価を表現するのに「対数正規分布」なんて謎めいた名前の確率分布を使う。この分布は過去の価格変動に、小さいものからまあまあ大きなものまで、よく適合した。でもこの分布は、ものすごく大きな変化が起きる可能性を大幅に低く見積もった。ブラック=ショールズのオプション価格公式みたいな金融モデルも対数正規分布を使っている。私たちは、学界の株価モデルにそんな限界があるのを1984年の指標プロジェクトの一環ですでに知っていた。過去の株価データにもっとよく適合するやり方も見つけていた。相対的に大きい、めったに起きない変化に関しては特によく適合していた。だから、大暴落が起きてびっくりはしたけれど、ほとんどの人みたいなショックはぜんぜん受けなかった。

暴落保険が暴落を起こす

1日でこんなに下がったのを説明できる大きな市場外での事件は見当たらなかったけれど、その晩ずっと、私は考えていた。「なんでこんなことが？　こんな大惨事が明日も続くんだろうか？　この大混乱で、また儲けるチャンスが生まれるんだろうか？」。私はポートフォリオ・インシュアランスという新しい金融商品が大混乱を起こしていると考えた。ポートフォリオ・インシュアランスは大変に広まっていて、自分がもっと早くにちゃんと注意していれば、こんな危機がやってくるのがわかっていたかもしれない。この手法は、大部分、クオンツ企業のリーランド・オブライエン・アンド・ルビンシュタインが創り出し、販売していたものだ。ある年金兼利益分配制度基金が株式に幅広く分散投資したポートフォリオを持っていて、市場の急激な下落に対して保険を掛けたいと考えたとする。そこで彼らは自分たちで、あるいは専門家を雇ってポートフォリオ・インシュアランス戦略を構築する。市場が下落したら株を売ってアメリカ短期国債に乗り換えるのだ。この戦略はこんな手順を踏んで行われる。市場が数％下がるたびに、株式ポートフォリオを一部売って売却代金で短期国債を買う。その後市場が上がったら手順を逆にたどり、またポートフォリオが100%株式になるまでそれを続ける。

大暴落が起きたとき、この戦略で600億ドルほどの株式ポートフォリオに保険が掛けられていた。戦略の実行には大部分コンピュータが使われた。金曜日に市場が4%下がったとき、保険プログラムが注文を出した。月曜日の朝に執行される注文だ。株を売って短期国債を買う注文である。月曜日の取引が始まって、そんな売り注文で株価はいっそう下がり、それがポートフォリオ・インシュアランス・プログラムからさらなる売り注文を誘発した。株価の急落が続き、投資家はパニックに陥り、溢れる売りにさらに売りを浴びせた。この「フィードバック・ループ」が1日中繰り返され、破滅的な売りのヤマ場ができ上がった。ポートフォリオ・インシュアランスは投資家を市場の大きな下落から守るべく設計された。皮肉にも、解決が原因になったのだ。

先物の使い方

私が次にやったことをわかってもらうためには、ちょっと予備知識がいる。市場が下がるたびに株を売り、上がるたびに株を買っていくポートフォリオ・インシュアランス戦略を使っていると、けっこうな勢いでコストがかさむ。取引を執行してもらう証券会社に手数料を払わないといけないし、自分の売り買いの影響で市場価格が動いてしまうからだ。

ポートフォリオ・インシュアランスを使うのが機関投資家だと、手数料は小口の投資家よりも安いけれど、取引コストをもっと安くする方法がある。原資産の株式を使う代わりにS&P

500を構成する株式のバスケットを将来の特定の日に買う（あるいは売る）契約を使うのだ。いわゆる先物契約というやつで、取引所で取引されている。ほかにも債券、通貨、金属、石油やガスの先物があるし、トウモロコシや小麦、豚バラ肉といった農作物の先物もある。こうした契約は取引数量や受渡日が標準化されている。たとえば金100トロイオンスを2017年9月の特定の期間中に受け渡しする契約であったりする。取引所は買い手と売り手の仲を取り持つ仲介業者の役割を果たす。買い手と売り手はそれぞれ取引所に証拠金を差し入れて、自分が結んだ契約を履行できると保証しないといけない。証拠金はマージンとも呼ばれ、契約金額合計の何分の1かに当たる額に設定されている。先物契約は原資産に交換できるので、両者の価格は強く連動する傾向がある。さて、大惨事の舞台は整った。

1987年10月はS&P500の先物の取引が始まってすでに数年で、市場に対するエクスポージャー〔訳注：市場のリスクにさらしている金額。レバレッジなどの影響を織り込んで計算する〕を素早く安いコストで増やしたり（この場合は「ロングする」つまり買う）減らしたり（この場合は「ショートする」つまり売る）のにとてもよく使われていた。普通、そうした先物契約の価格はS&P500そのものの価格ととても近い。差がある程度以上大きくなると裁定取引業者がやってきてほとんどリスクのないヘッジ戦略で利益をさらっていくからだ。株価指数と株価指数先物の割安なほうを買って、同時にもう一方を空売りするのである。普段はそんな仕組みで価格差は小さく保たれる。私たちは、1982年にシカゴ・マーカンタイル取引所で株価指数先物の取引が始まった初日から、そんなやり方で稼いでいた。

暴落がくれたチャンス

一晩徹底的に考え、私はこんな結論を出した。ポートフォリオ・インシュアランスがフィードバック・ループに陥って膨大な売り注文を出したことが、月曜日の暴落の原因である可能性が高い。翌朝、S&P500先物は185ポイントから190ポイントの価格で取引されているのに対し、S&P500現物価格は220ポイントだった。こんな30ポイントとか35ポイントとかの価格差はそれまで聞いたこともなかった。普通は私たちみたいな裁定取引業者が両者の価格の差を1ポイントか2ポイントの範囲内に収めていたからだ。機関投資家が膨大な数量の先物を売ったが、指数の現物は同じほどには下がらなかった。裁定取引業者は恐れおののき、大きな価格差で稼ぎに行くのを躊躇した。普通、指数の先物価格が現物価格を十分に下回ると、裁定取引業者は指数とほぼ連動する株式のバスケットを空売りし、ポジションを相殺するために割安な先物を買い建てる。先物価格と原資産株式のバスケットの価格が収束するとき（たとえば、将来、先物契約の清算日がやってきたときなんかがそうだ）裁定取引業者はヘッジ・ポジションを手仕舞う。ポジションを作ったときの価格差が彼らの利益になる。でも1987年10月20日、ほとんどの株式は空売りするのが難しかったり、ぜんぜん無理だったりした。アップティック・ルールのせいだ。

このルールは1934年証券取引所法（の第10条a-1）を受けた規則で、一部の例外を除き、直近の売買が成立した価格を上回る価格（「アップティック」）でしか空売りはできない。このルールがあるおかげで、わざと相場を崩そうという空売りはできないはずだった。現物と先物の価格が空前の開き方をしているのを見て、これを利用すればものすごく儲かるぞと思い、私は現物株を空売りして先物を買い、開きすぎた価格差をモノにしたかった。指数現物の価格は15％にあたる30ポイントも指数先物の価格を上回っていた。裁定取引を実行すれば、ほんの数日で15％儲かる可能性があるということだ。でも、価格が急激に下がる中、アップティック、つまり直近より高い価格の売り注文なんてなかなか約定がつかない。さてどうしよう？

そうして打つ手を思いついた。私はうちのヘッド・トレーダーに電話した。彼の無限責任パートナーとしての持分は小さかったが、私たちがもらう運用報酬からの取り分はとても大きかった。指示した取引はこうだ。指数先物を500万ドル分、いくらでもいいから今の価格（190ぐらいだった）で買え。それから現物を成行で空売りしろ。そのとき指数現物の価格は220ぐらいだった。でも売るのは現物株のポートフォリオ500万ドル分（先物のポジションをヘッジするのに最適な金額）ではない。1000万ドル分だ。売りたかった額の2倍を選んだのは、実際に約定できるのは半分ぐらいだろうと踏んだからだ。アップティック・ルールに従った価格の売り注文を取りに来る買い注文はそうそうないだろうし、普通に注文していては適切なヘッジができないと思った。空売りできた額が欲しい額から大幅に多かったり少なかったりしたらまずいが、15％も利ザヤがあるからそれが損を吸収する厚いクッションになるだろう。

ヘッド・トレーダー、ビビる

私はそんな突拍子もない分析を事細かに語って聞かせた。棚ボタだ、この取引は儲かるぞ。でもうちのトレーダーはこんな日は出くわしたこともないし、思い描いたこともなかった。完全にブルってしまい、凍りついたようだった。彼は取引を執行するのを断った。PNPのためだやれ、今やれ、どうしてもやらないなら私の個人口座で注文を出せ、私はそう言った。私の個人口座のほうにするなら、あとでほかのパートナーみんなに、どれだけ私が儲けたか、お前さえいなければその儲けは私じゃなくて会社が稼いでいたはずだって言いふらすぞ。

私の理屈はこうだ。アップティック・ルールのせいで注文の半分しか約定がつかなかったら、私たちは適切にヘッジができて、儲けは約75万ドルになる。まったく約定がつかなければ（まずないだろうけど）、それでも先物をものすごく安く買える。インデックスがここからさらに13％以上も下げないと損は出ない。もう一方の極端な場合、特に市場がパニックを起こしてるときはありえなそうな場合というと、空売りの注文が全部できる場合だ。空売りの注文が全部約定したとしても、損が出るのは市場が14％以上上がったときだけだ。その可能性はヘッジしておこう。私はトレーダーにこう言った。空売りの注文が半分近く出来たら残りの注文は取り下げろ。やっとのことで彼が私の指示に従い、1ラウンド目の取引が終わると、私は同じ規模で2ラウンド目の発注を指示した。結局、空売りのほうは注文のだいたい半分が約定し、ほぼ最適なヘッジ・ポジションになった。先物の買い建てが約900万ドル、現物の空売りが約1000万ドル、100万ドルの儲けが確定した。トレーダーが仕事を断ってあんなに取引時間を無駄にしなければ、もう何ラウンドか注文が出せてもう何百万ドルか儲かっていたはずだ。

私たちは10月を「トントン」で締めた（損益がだいたいゼロだった）。S&P500は22％下がっていた。前後の5カ月、8月から12月で、指数は22％の下落、PNPは9％の利益だった。

運用を始めてから最初の10年、1969年から1979年で、PNPは140万ドル規模のパートナーシップ会社から、たぶんウォール街でいちばん数学的で分析的でコンピュータ指向の会社になった。その後の8年と2カ月、つまり1979年11月1日から1988年1月1日で、私たちの資本は2860万ドルから2億7300万ドルになり、保有するポジションは総額で10億ドルになった。会社資本のリターンは報酬差し引き前で年率22・8％、有限責任パートナーの投資は年率18・2％のリターンを得た。S&P500の複利年率リターンは11・5％、小型株は年率で17・3％だ。そのどちらよりもずっとリスクが低かった。業界の統計データもそれを裏付けている。私たちは年ベースでも四半期ベースでも、一度も損を出さなかった。

運用手法5種

私たちは途方もない運用手法を構築し、それで運用できる資本の額を拡大していった。

そんな手法には次のようなものがある。

手法1. 転換社債、ワラント、オプションを分析するコンピュータ・モデルとトレーディング・システム。これを使ってすでに日本のワラント市場で最大のプレイヤーになっていた。

手法2. 統計的裁定。普通株を分析するコンピュータ・モデルとトレーディング・システムで、ティッカーをリアルタイムで200万ドルかけた私たちのコンピュータ・センターに供給し、自動的に注文を生成し、取引所のフロアに送る。2・4メートル四方のパーティションから、私たちは1日に100万株から200万株の注文を出した。これは当時のニューヨーク証券取引所の日次出来高の1%から2%に相当する。

手法3. ソロモン・ブラザーズから私たちに加わった金利の専門家のグループ。同社にいるとき、彼らはほんの8カ月のあいだに会社に5000万ドルの利益を挙げさせた。

手法4. MIDAS。この指標による株価予測システムのおかげで、私たちは広範な資産運用ビジネスに参入できた。

手法5. OSMパートナーズ。「ファンド・オブ・ヘッジファンド」で、ほかのヘッジファンドに投資する。

でも、それもこれもみんな、終わりを迎える運命だった。

（下巻　CHAPTER16に続く）

巻末資料A

インフレが通貨に与える影響

図表A-1はドルの購買力がどう変わってきたかを示す。1961年に私がエマニュエル・「マニー」・キンメルとエディ・ハンドに付き添われてブラックジャックで勝った1万1000ドルが、2013年でいえばいくらに当たるかを見るには、1万1000ドルに2013年の指数値をかけ、1961年の指数値で割ればいい。1万1000ドル×233・0÷29・9で8万5719ドルだ。年Aのお金を年Bのお金に換算するには年Bの指数値をかけて年Aの指数値で割ればいいということだ。

期間全体では、指数は年3・6％ほどで上昇している。でも途中、ときどき常軌を逸した上下が見られる。指数は1929年の暴落後に下落し（デフレーション！）、その後10年、下がった水準にとどまった。それから第二次世界大戦から戦争直後の数年間、急速に上昇している。

インフレはアメリカや第一世界諸国の大部分で穏やかなものにとどまっているが、ときどき壊滅的な上昇を見せた。1919年から1923年にドイツではハイパーインフレが起き、通貨は期間当初の1000億分の1（1000000000000分の1！）に下がった。債務者は解放され、債権者は破綻した。この手のインフレが起きれば2015年までに18兆ドル積みあがったアメリカの政府債務も価値は180ドルになる。2009年にアフリカの国、ジンバブエがドイツ並みのハイパーインフレを経験した。1兆ジンバブエ・ドル紙幣なんてものが普通に流通してい

図表 A-1 消費者物価指数

年	指数
1913	9.9
1914	10.0
1915	10.1
1916	10.9
1917	12.8
1918	15.0
1919	17.3
1920	20.0
1921	17.9
1922	16.8
1923	17.1
1924	17.1
1925	17.5
1926	17.7
1927	17.4
1928	17.2
1929	17.2
1930	16.7
1931	15.2
1932	13.6
1933	12.9
1934	13.4
1935	13.7
1936	13.9
1937	14.4
1938	14.1
1939	13.9
1940	14.0
1941	14.7
1942	16.3
1943	17.3
1944	17.6
1945	18.0
1946	18.5
1947	22.3
1948	24.0
1949	23.8
1950	24.1
1951	26.0
1952	26.6
1953	26.8
1954	26.9
1955	26.8
1956	27.2
1957	28.1
1958	28.9
1959	29.2
1960	29.6
1961	29.9
1962	30.3
1963	30.6
1964	31.0
1965	31.5
1966	32.5
1967	33.4
1968	34.8
1969	36.7
1970	36.8
1971	40.5
1972	41.8
1973	44.4
1974	49.3
1975	53.8
1976	56.9
1977	60.6
1978	65.2
1979	72.6
1980	82.4
1981	90.9
1982	96.5
1983	99.6
1984	103.9
1985	107.6
1986	109.6
1987	113.6
1988	118.3
1989	124.0
1990	130.7
1991	136.2
1992	140.3
1993	144.5
1994	148.2
1995	152.4
1996	156.9
1997	160.5
1998	163.0
1999	166.6
2000	172.2
2001	177.1
2002	179.9
2003	184.0
2004	188.9
2005	195.3
2006	201.6
2007	207.3
2008	215.3
2009	214.5
2010	218.1
2011	224.9
2012	229.6
2013	233.0
2016	240.0

注：アメリカ労働省労働統計局／ワシントンDC 20212／全都市部消費者物価指数（CPI-U）／アメリカ都市部の平均／全項目／1982年―1984年＝100／各年の指数値には1年間の平均を使用

た。

１９２９年の最高値から、Ｓ＆Ｐ５００トータル・リターン・インデックス（配当再投資）は１９３２年の安値まで89％下落した。でも当時はデフレだったから、アメリカはお寒いながらもちょっとは暖がとれた。物価を調整するとインデックスの下落は「ほんの」85％だった。

著者、5歳。

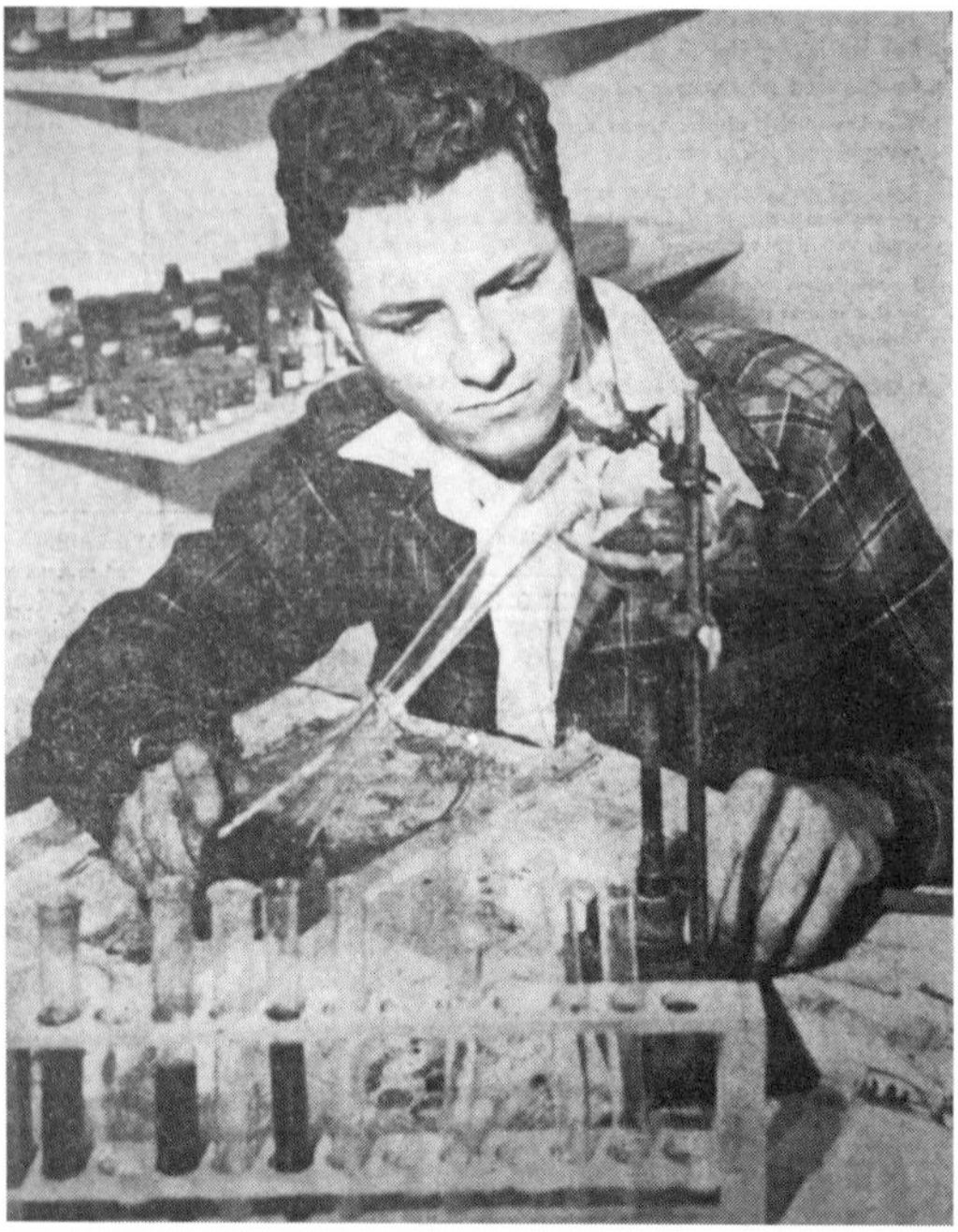

著者と実験用具。写真は南カリフォルニアのロミータで撮影された。著者が暮らし、ナーボン高校に通った街である。

Lomita News（現在は廃刊）

ルーレットを征服したウェアラブル・コンピュータ。1961年にクロード・シャノンとエドワード・ソープの手で完成、ラスベガスで使用、成功に終わる。現在はMIT博物館が所蔵。

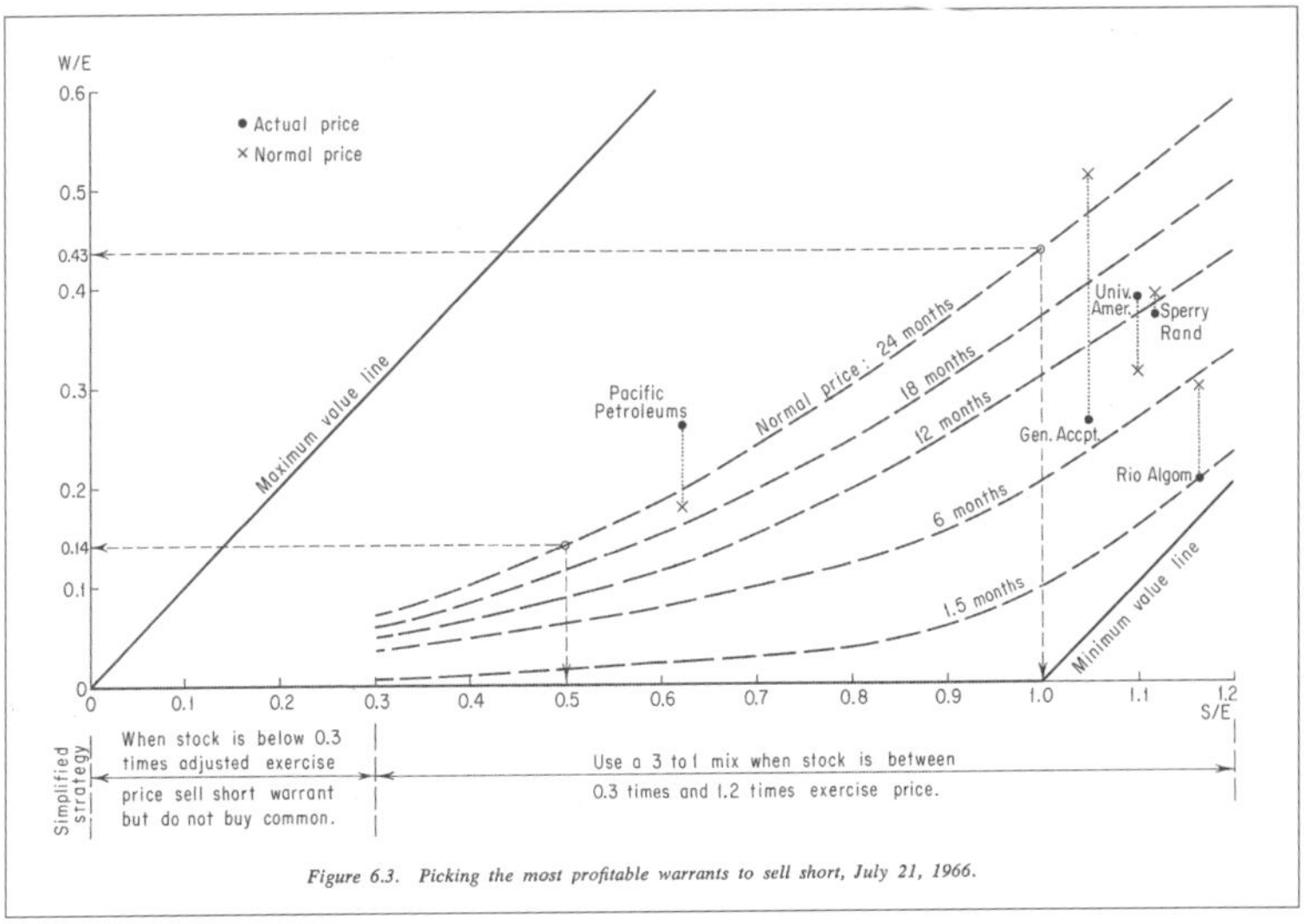

Figure 6.3. Picking the most profitable warrants to sell short, July 21, 1966.

Random House

ワラントのヘッジ、1966年。『市場をやっつけろ』より。

カード・カウンティングとエッジを計算する簡単な装置。1964年に製造。

トロピカーナ・ホテルでカード・カウンティング。1964年。

Don Cravens, *Life* magazine

George Kew, *Life* magazine

博士課程の学生であるドロシー・デイベルとデイヴィッド・アーターバーンを相手に博士論文の指導。ニューメキシコ州立大学にて、1964年。

Don Cravens, *Life* magazine

数学会の会合で部会の議長を務める。1964年。

ヨーロッパでは標準的なゼロが1個のルーレット。背後に私たちのウェアラブル・コンピュータが展示されている。

ネバダ州タホ湖でブラックジャックをプレイ。1981年。スタンフォード・ウォング（左）とピーター・グリフィン（右）と共に。

Gambler's Book Club Press, Las Vegas, Nevada

クロード・シャノン。

Photo by Alfred Eisenstaedt/
The LIFE Picture Collection/
Getty Images

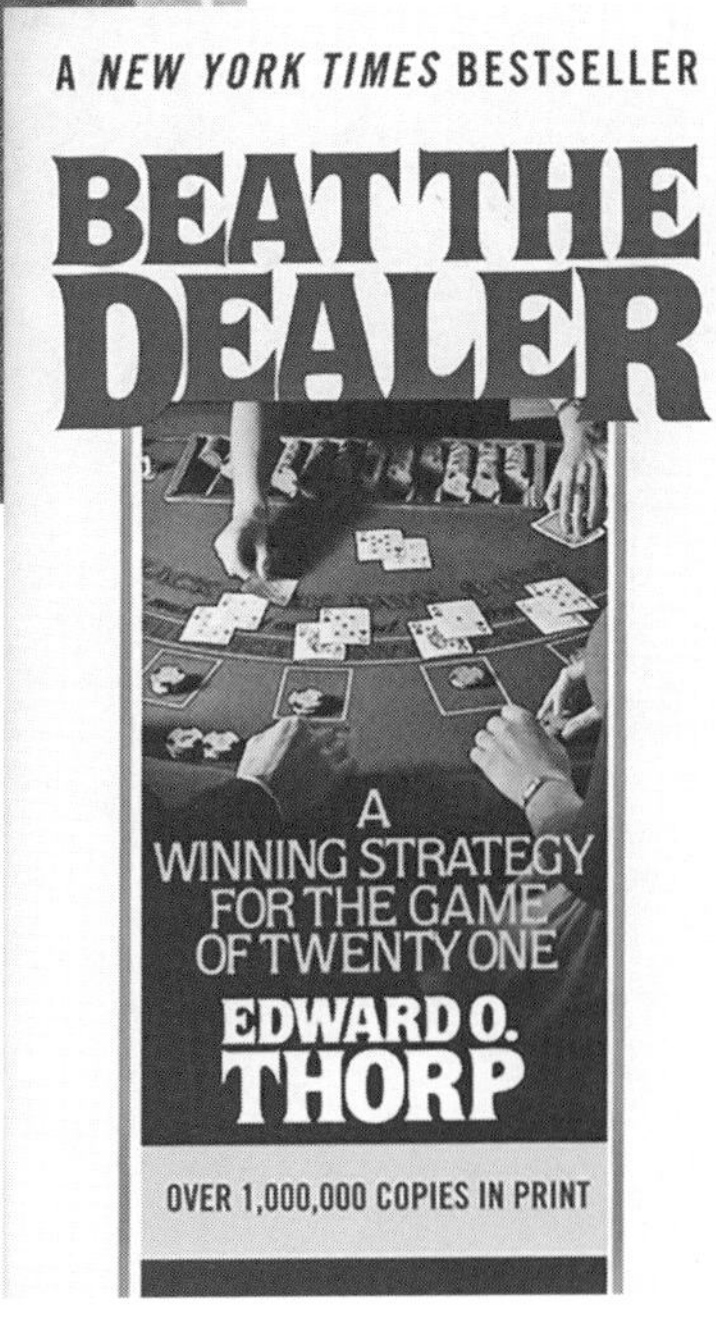

『ディーラーをやっつけろ！』のカバー。

Cover design by Richard Adelson,
Cover photograph by Tom Campbell/Alpha

ヴィヴィアン・ソープとエドワード・ソープ、自宅にて、2004年。

巻末資料A

p.354「ドルの購買力がどう変わってきたか」

1970年代の物価指数は政府が計算方法を何度も変更したせいで低すぎるのはなぜか、そしてそれが投資家や消費者にどんな影響を与えたかについて、洞察に満ちた議論がBill Gross, "Fooling With Inflation" (June 2008) で展開されている。www.pimco.com で閲覧可能。

最新の消費者物価指数や月次のデータは ftp://ftp.bls.gov/pub/specialrequests/cpi か普通にグーグルで検索すれば入手できる。

ド・キャリー、商品のキャッシュ・アンド・キャリー、クローズドエンド・ファンドが清算価値より下で買えるときに利益を確定させる手法、それに特別な状況を利用した取引などがある。

p.346「過去の株価データ」

ごく最近になって知ったのだが、IMCA ed., *Masters of Finance*, Greenwood Village, CO, 2014, page 109のハリー・マーコヴィッツのインタビューによると、マーコヴィッツとウスメンがS&P500の日次の価格変化データを使って私たちと同じ結論にたどり着いていたそうだ。私たちのほうはもっと大きなデータセットを使っていた。個別株式200銘柄のデータだ。彼らの研究は1987年よりも前のどこかで行われていて、マーコヴィッツが1990年にノーベル記念経済学賞を取るよりも前に学会誌に送られていたのだけれど、掲載を断られ（！）、1996年になってやっと、ほかのところで発表されたとのことである。

p.347「自分の売り買いの影響で」

「成行注文」で買うと、平均では、直前の価格以上で約定することになるし、売ると直前の価格以下で約定することになる。それを市場インパクトという。

p.352「9％の利益」

ここで半端な5カ月間で計算しているのは、1987年にPNPの決算期末を10月31日から12月31日に変更したからだ。

p.352「統計データもそれを裏付けている」

よく使われる指標にはシャープ・レシオ、ソルティーノ・レシオ、ドロウダウンの分布、MARレシオ（年リターンをマックス・ドローダウンで割った数字）などがある。たとえば『ウィルモット』誌に載ったWilliam Ziembaの3部からなるシリーズもの、“The Great Investors,” March, May and July 2006を参照。

p.352「四半期ベースでも、一度も損を出さなかった」

比較対象として、32四半期でS&P500は11回、小型株は13回下落している。

ジしていた。つまり、GNMA債を決まった価格で決まったときに買う契約だ。先物市場では契約は毎日損益を清算することになる。債券価格が下がれば損した分を払うべく一時的に現金が必要になるが、最終的にプットを権利行使すればその現金は戻ってくる。私たちは手持ちの現金もお金を借りる能力も限られていた。そのせいで、目的を果たすまで安心して持てるヘッジ・ポジションの大きさは限られていた。安全なヘッジ・ポジションは最大でどれだけか見積もるために、GNMA債が18カ月のあいだに想像できる範囲でどこまで下がりうるものかを考えた。出た数字は85、13ポイントの下落だ。そこで私はこう言った。ここは石橋を叩いて渡ろう。安全マージンは2倍、26ポイントの大暴落が起きて価格が72になっても対応できるようにしよう。そんな用心深いやり方は報われることになった。ポジションを持っているあいだに思いもしなかったことが起き、債券価格は68まで下がったのだった。

CHAPTER 15

p.340「ポール・メレッジ・スクール・オブ・ビジネス」

当時の呼び名は経営学部大学院だった。

p.341「益回り」

益回りはE/P、ただしEは1年間の利益（過去12カ月間でも将来12カ月間の予測でも、使う人が選ぶ）である。これはP/E、つまりよく知られたPEレシオの逆数だ。でもE/Pのほうがいいのは、Eがゼロだったりマイナスだったりするときに P/E は解釈が難しいからである。

p.342「数十億ドル」

Bruce I. Jacobs and Kenneth N. Levy editors, *Market Neutral Strategies*, Wiley, New Jersey, 2005.

p.342「取引が始まる」

1974年10月1日から1985年9月30日まで、ニューヨーク証券取引所が開いているのは午前10時から午後4時、月曜から金曜だった。1985年には取引開始が午前9時30分に変更された。

p.342「私たちが最初」

そういう取引の中には金利スワップ（このときの目的は自分たちが持つポジションの金利リスクのヘッジだった）、債券のキャッシュ・アン

だ。だから、2年間での収益率は56％で、20％＋30％の50％ではない。この期間の年度の数字を単純に足し算すると市場のリターンは＋13.2％で、これでもそうそう悪い結果ではない。でも、1973年の始めに1ドル投資していればどれだけに増えたか、あるいは減ったかを知るには、連続する期間で得られた結果を足し算するのではなく掛け算するのが正しい。やってみると＋1.1％になる。1ドルを1期間投資して得られる資産額を「累積資産額」（期間終了時の資産の額）と言う。たとえば1年間で12％のリターンなら12カ月の累積資産額は1.12である。PNPの有限責任パートナーが得たリターンの数字を足し合わせると結果は42.1％と、連続する期間の累積資産額を掛け合わせて得られる実際の結果である48.9％を大きく下回る。

p.330「月末の値だけを使う」

S&P500の月末値はイボットソンより。大恐慌中は、平均ではデフレだったから、インフレを調整して得られる結果、つまり「実質」リターンはそこまで極端ではない。

p.333「残存期間」

より厳密には「デュレーション」、つまり一連の元利払いまでの期間を、それぞれの割引現在価値をウェイトとして加重平均したもの。

p.337「何千億ドルにも」

金利が上昇を始めた最初の頃、貯蓄貸付組合（S&L）はアメリカ連邦政府抵当金庫（GNMA、ジニー・メイ）の債券に対するプット・オプションを割安に売って資金を調達していた。債券は通常、額面1000ドルを1単位として取引される。呼び値は額面に対するパーセントだ。問題の債券は98、つまり1単位当たり980ドルの市場価格で取引されていた。私たちがS&Lから買っていたプット・オプションは彼らが発行したもので、発行したS&Lに対してプットの行使期間中に980ドルで債券を売る権利だった。私たちの場合、行使期間は12カ月から18カ月だった。債券価格が下がれば私たちは98未満でその債券を買ってS&Lに「プット」する。するとS&Lは契約に基づいて私たちに98支払う義務を負う。一方、債券価格が上昇したらプットは紙くず、権利は行使しない。プットの価格は原資産である証券の価格と逆の方向に動きがちであり、私たちはプットで損が出るリスクをGNMAの先物を買ってヘッ

p.319「私の話のうち」

Beat the Dealer, 1966 edition, pp. 167ff.『ディーラーをやっつけろ！ブラックジャック必勝法』エドワード・O. ソープ著、増田丞美監修、宮崎三瑛訳、パンローリング、2006年)

CHAPTER 14

p.326「国際統計協会の会合で講演し」

Thorp, Edward O, "Extensions of the Black-Scholes Option Model," Contributed Papers 39th Session of the International Statistical Institute, Vienna, Austria, August 1973, pp. 1029-36.

p.327「株価の分布に関しては特定のモデル1つ」

これはいわゆる株価変化の対数正規モデルだ。もう1つ別の、しかし重要な状況がブラック＝ショールズのオプション公式では対応できない。二峰性のペイオフ、つまりペイオフに山が2つある分布だ。そういう状況は企業が別の企業の公開買い付けを行うときに発生する。

p.327「学界でも業界でも」

Mehrling, Perry, *Fischer Black and the Revolutionary Idea of Finance,* Wiley, New York, 2005（『金融工学者フィッシャー・ブラック』ペリー・メーリング著、村井章子訳、日経BP社、2006年）を参照。

p.328「学術誌に発表されている」

Parkinson, Michael, "Option Pricing: The American Put," *Journal of Business 1977*, v50(1), pp. 21-36, およびBrennan, Michael J. and Schwartz, Eduardo, "The Valuation of American Put Options," *Journal of Finance 1977*, v32(2), pp. 449-62.

p.329「100万ドルを超えた」

Andrew Tobiasは私たちが行ったこれとほかのいくつかの取引に関する私の説明を著書*Money Angles*, Simon and Schuster, New York, 1984, pp. 68-72で使っている。

p.330「いつも成り立つ法則だ」

1年目に20%、2年目に30%儲ければ資産は相対的にそれぞれ1.2倍、1.3倍になる。両者をかけ合わせれば1.56で、2年間で資産は相対的に1.56倍になる。儲けを再投資すれば1ドルがそれだけになるということ

p.303「取引に使いだした」

土台になる議論については Haug, Espen Gaarder, *Derivatives: Models on Models*, Wiley, New York, 2007, pp. 27–44を見よ。

p.303「『市場をやっつけろ』」

この点は彼らも有名な論文で言及している。Black, F. and Scholes, M., "The Pricing of Options and Corporate Liabilities," *Journal of Political Economy*, Vol. 81, May-June 1973, pp. 637–54を見よ。

p.303「同じ公式」

彼らの公式が私の使っていたのと同じだったことで、私があいまい推論で正しい結果にたどり着いたことが示された。

p.305「清算したのがこの期間より前」

Roger Lowenstein, *Buffett: The Making of an American Capitalist*, Random House, New York, 1995, page 156を参照。

p.309「お客から高い手数料を」

これは壮大に再演され、今では何百兆ドルものデリバティブが店頭（OTC）市場で取引されている。ここでもやはり、銀行や証券会社は高い手数料を手放したがらず、契約内容を標準化するのに抵抗している。店頭取引では担保が不足したとき、2008年から2009年に起きたのと同じような金融危機をいとも簡単に起こしてしまう。取引所取引の標準化された契約ならそんな脅威を取り除ける。

p.309「公式を使って」

何年も経ってから聞いた話だと、取引が始まったとき、あるトレーダーがブラックに相談して公式の出す価格を使っていたそうだ。

p.311「『ウォール・ストリート・ジャーナル』紙」

Jonathan R. Laing, "Computer Formulas Are One Man's Secret to Success in Market," *Wall Street Journal*, September 23, 1974, page 1.

p.316「ヘッジファンドをやってるほうが」

Fortune's Formula, page 172（『天才数学者はこう賭ける　誰も語らなかった株とギャンブルの話』ウィリアム・パウンドストーン著、松浦俊輔訳、青土社、2006年）には私がその頃ポール・ニューマンと同じぐらい稼いでいたと書いてあるが間違いだ。

を利用するべくアービトラージ・マネジメント・カンパニーなる会社が立ち上がった。関係者にはその後ノーベル記念経済学賞を受賞するハリー・マーコヴィッツや最先端のファイナンス教授にしてワラントの研究者であるジョン・シェルトンがいた。儲かりはしたのだけれど、儲けは十分でなく、3年持たずに表舞台から消えた。

p.300「物理学の世界を覆す」

一部始終が感動的な文献に語られている。John and Mary Gribbin, *Annus Mirabilis:* 1905*, Albert Einstein and the Theory of Relativity*, Penguin, New York, 2005だ。

p.301「不規則に動く株価」

Paul H. Cootner, editor, *The Random Character of Stock Market Prices*, MIT Press, Cambridge, MA, 1964に所収のケイス・M・シュプリンケルの論文を見よ。

p.303「無リスク金利」

ブラック＝ショールズの公式にも見られるように、経済学者やファイナンス研究者は長いあいだ、アメリカ国債とその短期金融商品版である財務省証券にはリスクがないと仮定してきた。彼らの論拠はこうだ。政府はいつでも必要な分だけお金を増刷して利息や償還金を払える。でも2013年の暴落など、債務の上限を引き上げるか否かを巡る議会での争いが起きたとき、それが勘違いなのがあからさまになった。アメリカ政府は債務を支払えるのに支払わないのを選ぶことがありうる。つまりデフォルトが起こりうる。投資家は一般に、リスクのある債券にはより高い金利を求めるから、債務の上限を巡る争いでアメリカ政府の負債コストは上昇した。ということは、債務上限の引き上げに反対した人たちは債務を引き上げたことになる。

p.303「ワラントの権利行使期限の日」

私がやったことの一部始終については私が『ウィルモット』誌の2002年12月号と2003年1月号に書いた記事を参照。いずれも私のウェブサイトwww.edwardothorp.comで閲覧可能。あいまい推論の手法を紹介した文献にはGeorge Polya, *Mathematics and Plausible Reasoning*, Vols. I and II, Princeton University Press, 1954や、同じ著者のもっと基礎的な*How to Solve It*, 2nd Edition, Doubleday, 1957がある。

Stewart N. Ethier and William R. Eadington, editors, University of Nevada, Reno, 2007に所収。

p.289「早くも1936年のこと」

Schroederを参照。

p.290「それまでの10年間で」

Loomis, Carol, "The Jones Nobody Keeps Up With," Personal Investing, *Fortune*, April 1966.

p.290「当時あった一握りのヘッジファンド」

1968年のヘッジファンドの世界はちっぽけで、ほとんどないも同然だった。当時の全ヘッジファンドを合わせた純資産は2016年に比べると1000分の1にも満たない。1968年、上位20ファンドの大きさは上は8000万ドルから下は1200万ドルだった。

ファンド数は全部で150ほど、純資産合計は10億ドルから20億ドルほどだった。半世紀でそれが2兆ドルを超えるところまで成長した。当時のGNPは48年後に比べて10分の1ほどだった。だから1968年から2016年にヘッジファンドはGNPの100倍を超える速さで成長したということになる。

p.290「店じまいした」

このときの衰退は次の文献に記録されている。Robertson, Wyndham and Haines, Angela, "The Hedge Funds' Dubious Prospects, A Report on Twenty-Eight Funds," Personal Investing, *Fortune*, October 1970. 対象のグループは1968年12月31日現在で最大のヘッジファンド28社である。いちばんの勝ち馬はバフェット・パートナーシップで、同社も目覚ましい12年ののち、清算された。株価が裏付けとなる企業価値に比べてあまりにも割高になったからだった。資産が増加したヘッジファンドはもう1つ、スタインハート・ファイン・バーコウィッツ社だけだった。

p.291「『ウォール・ストリート・レター』誌」

Myron Kandel, Editor, *The Wall Street Letter*, Nov. 17, 1969.

CHAPTER 13

p.294「誰も試みたことがない極端なところまで」

この前年に『市場をやっつけろ』に出てくるヘッジ戦略のアイディア

p.278「熱でも出そうな150%」

株式のリターンはIbbotson Associates (2007) より。

p.279「ピーター・ミニュイット」

ミニュイット（1580〜1638年）はオランダのアメリカ総督で、入植地ニューアムステルダムの建設に貢献した。この入植地がその後ニューヨーク市になった。彼はオランダ西インド会社に入社し、同社のアメリカ入植地に向けて旅立った。1626年にマンハッタン島に到着し、同地の初代総督になった。ミニュイットはアルゴンキン語族の言葉を話す部族の1つから60ダッチ・ギルダーのおもちゃの宝石と交換にこの島を買い取った。のちの計算によると、60ギルダーは24ドルに相当する。

p.279「その後島の上に建てられたもの全部も合わせて」

1626年から1968年までで342年ある。24ドルを複利年率8%で運用すると6兆4700億ドルになっている。これは1968年当時のアメリカでいえば全資産合計の8分の1以上に相当する。2013年までだと206兆ドルになる。世界の半分を買える金額だ。2013年のアメリカの全資産合計は100兆ドル（77兆ドルが家計資産、23兆ドルが政府資産）と見積もり、アメリカが全世界の資産に占める割合を25%程と仮定すると、世界の市場価値は400兆ドルと推定できる。

p.281「『ディスカバー』誌にこの話題」

"May the Best Man Lose," *Discover*, Nov. 2000, pp. 85-91. 投票のパラドックスについてより詳しくはPoundstone, William, *Gaming the Vote: Why Elections Aren't Fair (and What We Can Do About It)*, Hill and Wang, New York, 2008（『選挙のパラドクス　なぜあの人が選ばれるのか？』ウィリアム・パウンドストーン著、篠儀直子訳、青土社、2008年）Saari, Donald G, "A Chaotic Exploration of Aggregation Paradoxes," *SIAM Review*, Vol. 37, pp. 37-52, March 1995, および *A Mathematician Looks at Voting*, American Mathematical Society, 2001を見よ。

p.282「だいたいの相手は頭を抱えてしまう」

非推移的なサイコロについてより詳しくは次を参照。Gardner, Martin, *The Colossal Book of Mathematics*, Norton, New York, 2001, および Finkelstein, Mark and Thorp, Edward, "Nontransitive Dice with Equal Means," *Optimal Play: Mathematical Studies of Games and Gambling*,

に学ぶ12の銘柄選択法』ロバート・G・ハグストローム著、三原淳雄、小野一郎訳、ダイヤモンド社、2005年）や Roberg G. Hagstrom, Jr., *The Warren Buffett Portfolio*, Wiley, New York, 1999, pp. 143-44（『バフェットのポートフォリオ　全米No.1投資家の哲学とテクニック』ロバート・G・ハグストローム著、三原淳雄、松本重熙訳、ダイヤモンド社、1999年）を見よ。

p.272「同じ題材で博士論文を」

Kassouf, Sheen T., *Evaluation of Convertible Securities*, Analytical Publishers Co., 602 Vanderbilt Street, Brooklyn, New York 11218, 1962. これにはワラントや転換社債のヘッジ戦略を短くまとめたものが掲載されている。

p.273「『市場をやっつけろ』」

私たちの理論と投資についてもっと読みたければ *Beat the Market* を参照。www.edwardothorp.com. で閲覧可能。

CHAPTER 12

p.276「医学者にして生物学者」

彼の驚くべき科学の才能と業績は、ザ・ナショナル・アカデミーズ・プレスのウェブサイト www.nap.edu/books や、*Biographical Memoirs* v.53 (1982), National Academy of Sciences で見ることができる。ジェラルドは1974年に亡くなった。奥さんのフロスティはその後数年して、やはり亡くなった。彼女が亡くなったときプリンストン・ニューポート・パートナーズに預けてくれたお金の一部はカリフォルニア大学アーバイン校を支援するのに使われた。

p.276「普通株のファンダメンタルズ分析」

古典である1940年の第2版が2002年にマグロウヒル社から再刊行されている。

p.277「集めたお金は10万100ドル」

バフェットの伝記の中には10万5000ドルとしているものもある。ここの数字は私がバフェットと交わした会話を思い出して書いたもので、バフェットの伝記の決定版、『スノーボール　ウォーレン・バフェット伝』（日本経済新聞出版社）でも確認できる。

p.248「それぞれ賭けた場合に」

Thorp and Walden (1966).

p.249「ワルデンと私は……証明した」

Thorp and Walden (1973).

p.249「ブラックジャックの場合の9分の1」

Griffin (1995), Thorp (1984), Vancura (1996).

p.249「影響もそれに伴って」

Griffin (1995), Thorp (1984), Vancura (1996).

p.255「卓の数はブラックジャックのたった50分の1」

Vancura (1996) を参照。

CHAPTER 11

p.260「破滅への道」

ケリー基準を見ると有利なときであっても賭けすぎるのは危ないのがよくわかる。

p.262「15年待つことに」

NASDAQ 総合指数は2015年4月になってやっと2000年3月の最高値を更新した。しかし投資家たちは浮きになったとは言えない。物価を調整するとまだ20%以上も下の水準だからだ。

p.262「まだなかった」

Bogle on Mutual Funds, pp. 169-70 はこう述べている。「インデックス投資というアイディアが…導入されたのは…投資信託業界では1976年のことだ」。導入したのは、実は著者であるジョン・C・ボーグル自身である。

p.264「株式市場に投資した場合」

フィデリティ・リサーチ・インスティテュートの2007年2月の報告によると、1963年から2005年、株式のリターンは平均で年10%ほどであり、住宅用不動産を年4%以上上回っている。1835年から2005年での差は年率5.5%を上回る。債券も住宅用不動産より儲かった。

p.267「ミスター・マーケット」

Robert G. Hagstrom, Jr., *The Warren Buffett Way*, Wiley, New York, 1994, pp. 50-51（『株で富を築くバフェットの法則　世界最強の投資家

p.241「1人しかいらない」

O'Neil, Paul, "The Professor Who Breaks the Bank," *Life*, March 27, 1964, pp. 80–91.

p.242「ルーレットの戦略」

Thorp, Edward O., *Beat The Dealer*, 2nd Edition, Vintage, New York, 1966.

p.242「詳しい内容はさらにあとに」

Thorp, Edward O., "Systems for Roulette I," *Gambling Times*, January/February 1979; Thorp, Edward O., "Physical Prediction of Roulette I, II, III, IV," *Gambling Times*, May, July, August, October 1979; Thorp, Edward O., *The Mathematics of Gambling*, Lyle Stuart, Secaucus, New Jersey, 1984.

p.242「ハードウェアの故障」

Bass, Thomas A., *The Eudaemonic Pie*, Houghton Mifflin, New York, 1985.

p.243「1985年5月30日」

ウィキペディアにあれこれ書き込むわかってない人たちの中には、私たちはコンピュータを使ってルーレットで「イカサマ」をしたとおっしゃる方がいる。私たちもその後ルーレットやブラックジャックでコンピュータを使ったほかのたくさんの人たちも、(プレイヤーの) イカサマを禁じる強い法律の下でさえ訴追することはできなかった。だからこそネバダ州は「装置」そのものを禁止する法律を施行したのだ。

CHAPTER 10

p.246「水素爆弾」

Ulam, S. M., *Adventures of a Mathematician*, Scribner's, New York, 1976 (『数学のスーパースターたち　ウラムの自伝的回想』ウラム著、志村利雄訳、東京図書、1979年)。

p.248「決められた基準」

こうした基準はカジノのエッジが2つのベットでだいたい同じになるように決められる。

p.223「カリブ海でヨットの旅」

Los Angeles Times, February 27, 2003, page B12, Albert Hibbsの追悼記事。Wilson (1965, 1970) も参照。

p.223「あとになってヒッブスはこう書いている」

カリフォルニア工科大学のヒッブスの追悼記事、http://pr.caltech.edu/periodicalsを参照。

p.223「過去の話になった」

何十年もあと、プロのギャンブラーであるビリー・ウォルターズがうまくやれるルーレットを見つけ、それにつけ込んだことがRussell T. Barnhart, *Beating the Wheel*, Carol Publishing, New York, 1992に描かれている。ウォルターズは Richard W. Munchkin, *Gambling Wizards*, Huntington Press, Las Vegas, Nevada, 2002, pp. 16-18でインタビューに答えている。プラスティックのトランプ札が1枚あって、ルーレットのホイル周りで数分くれれば、私も回転部分にあるポケットを隔てる壁つまりフレットのどれかが高かったり低かったりしないか、ゆるんでいるかしっかりついているか、そして数字のどれがそのことに影響されるかを見極められる。ついでに、私ならホイルが水平か、回転部分は軸にまっすぐ乗っているかもチェックする。

p.228「彼……はオッズで上手に」

指摘してくれたリチャード・コーエンに感謝する。

p.233「1956年の論文」

Kelly, J. L., "A New Interpretation of Information Rate," *Bell System Technical Journal*, Vol. 35, 1956, pp. 917-26.

p.233「株式市場でも」

Thorp, Edward O., "Optimal Gambling Systems for Favorable Games," *Review of the International Statistical Institute*, Vol. 37, 1969, pp. 273-93; Thorp, Edward O., "The Kelly Criterion in Blackjack, Sports Betting, and the Stock Market," *Handbook of Asset and Liability Management*, Vol. 1, S.A. Zenios and W.T. Ziemba, editors. Elsevier, New York, 2006.

p.241「その後で言うところのウェアラブル・コンピュータ」

MIT Media Lab, "A Brief History of Wearable Computing" の年表を見よ。www.media.mit.edu/wearables/lizzy/timeline.html で閲覧可能。

に点数を割り振ると、私がプエルトリコで使った応用編のポイント・カウント戦略になる。

p.211「オレのカードが何かまで」

Thorp (1966), pp. 84-85からの引用。

p.214「プレイする人たちが現れた」

たとえばキース・タフト。

p.215「とても有利だ」

このアイディアは、Thorp, Edward O., "Non-random Shuffling With Applications to the Game of Faro," *Journal of the American Statistical Association*, pp. 842-47, December 1973でも説明している。この論文を大幅に拡張したものがW. Eadington, Charles C. Thomas ed., *Gambling and Society*, Springfield, IL, 1975に "Probabilities and Strategies for the Game of Faro," pp. 531-60として所収された。

p.217「イカサマかどうかに関して言えば、ネバダ州の法律は」

ネバダ州修正法465.015。

p.217「成功するのはどんどん難しく」

Kevin Blackwood and Larry Barker, *Legends of Blackjack*, Kindle eBook, April 5, 2009は最高峰のプロ何人かにまつわる話を掲載している。

p.217「ブラックジャック・ボール」

R.M. Schneiderman, "The Smartest Guy in the Room," *Newsweek*, February 20, 2012, pp. 56-57.

p.219「映画『ラスベガスをぶっつぶせ』」

Ben Mezrichの著書 *Bringing Down the House*（『ラス・ヴェガスをブッつぶせ！』ベン・メズリック著、真崎義博訳、アスペクト、2003年）にインスパイヤされたもの。

p.220「ルールを査定する」

スタンフォード・ウォンのニューズレターは徹底している。

CHAPTER 9

p.222「つけ込めるパターン」

Pearson, Karl, *The Chances of Death and Other Studies in Evolution*, London, New York, E. Arnold, 1897.

た。カード・カウンティング派を対象にしたニューズレターが発行され、その後ウェブサイトができた。スタンフォード・ウォンのニューズレターとウェブサイトはいちばん有利に戦うためにはどこでどうプレイすればいいか、最先端の情報を提供している。アーノルド・シュナイダーが四半期に一度発行する『ブラックジャック・フォーラム』誌には、最先端のプレイヤーや研究者のための記事を掲載されている。今では創刊以来20年を超え、カジノとプレイヤーの戦争の非公式な歴史がうまく表れている。アンソニー・カーティスの『ラスベガス・アドバイザー』は毎月発行のガイドで、催しの案内を掲載しているほか、お食事処やホテル、プレイ環境など、どこがいいかがこのニューズレターを見ればわかる。ハワード・シュワルツが運営するギャンブラーズ・ブックショップは今も最新の本や戦略を提供している。リチャード・リードのウェブサイト www.bjmath.com は記事やワークショップ、議論の宝箱だ。こうしたネットワークが生まれたことで、有利にプレイするための新しい手法の発達に拍車がかかった。

p.208「2行目」

その後、もっと厳密な計算をすると、ここの数字がいくらか変化した。また、デックの数でもここの数字は微妙に変わる。

p.208「四捨五入して整数に」

13を選んだのはいい具合に適合するからである。

p.208「そのカード・カウンティングは使いづらくなる」

いろいろあるカード・カウンティング戦略の強みは Peter Griffin, *The Theory of Blackjack* 6th Edition, Huntington Press, 1999が徹底的に論じている。

p.210「カードを捨てる『場』に」

簡単にやるには、半端なデックがいくつ残っているか見積もるのがいい。Stanford Wong (pseud.), *Professional Blackjack*, Pi Yee Press (1994)がそれを説明している。

p.210「点数を数える」

図表8-1の究極の戦略の点数を8で割って四捨五入で整数にすると、0、1、または−1になり、完全ポイント・カウント戦略になる。でも、7と9の点数は、それぞれ0と同じぐらい1または−1に近い。そういうふう

同時配信されている。

p.192「好意的な書評」

たとえば *Time*, "Games: 'Beating the Dealer,' " January 25, 1963, p. 70 など。

p.198「バイバイ！ ブラックジャック」

"It's Bye! Bye! Blackjack" は Scherman, 1964に掲載されている。

p.198「9ページの記事」

O'Neil, Paul. "The Professor Who Breaks the Bank," *Life*, March 27, 1964, pp. 80-91.

p.198「心臓発作」

1966年4月のことだった。

p.200「カード・カウンティングをできなくする」

Vic Vickery, "Counting on Blackjack," *Las Vegas Style magazine*, May 1993, pp. 61, 67.

p.202「プレイヤーのほうが上手」

Carson City (UPI): *New York Journal-American*, April 3, 1964.

CHAPTER 8

p.204「ハイ＝ロウ戦略」

『ディーラーをやっつけろ！』ではこの戦略を完全ポイント・カウント戦略と呼んでいた。

p.205「お金を寄せ合って元手を」

与えられた状況下でリスクとリターンのトレードオフを最適にするベットの大きさは元手の一定割合に決まる。チームを組んだプレイヤーたちは、チーム全体の元手がそのときどきでいくらなのか正確には知らないので、自分のベットを少し控えめにするようになる。

p.206「パシフィック証券取引所」

グーグルで「the Blackjack Hall of Fame」を検索すれば記事がたくさん出てくる。この章に出てくるフランチェスコ、ハイランド、ユーストンその他について詳しくはそれらの記事を参照。

p.207「ブラックジャックのコミュニティ」

このゲームの人気が高まってくるとプレイヤーのコミュニティができ

Mail, Saturday, July 25, 2015を参照。
p.179「最初のウェアラブル・コンピュータを開発した」
MITのメディアラボの年表では、私たちがコンピュータを完成させたのは1966年になっているがあれは間違いだ。1966年は私があの装置の存在を公表した年、『ディーラーをやっつけろ！』の改訂版が世に出たときなのだ。正しくは1961年で、私たちが装置を完成させてラスベガスで試験したときであり、そのことはその後いろんなところに書いてきたし、シャノンと私のあいだでやり取りした手紙でも確認できる。手紙は今、MIT博物館の保管庫にある。装置そのものも博物館にある。
p.182「昔からのギャンブラーたち」
エマニュエル・「マニー」・キンメル（『ディーラーをやっつけろ！』のミスターX）、ジェシー・マーカム（『ディーラーをやっつけろ！』の「南カリフォルニアから来た背が低くて髪の黒いやつ」）、ラッセル・ガッティング（「ジュニア」）、ベンジャミン・F（「戦略屋スミティ」）、ミスターF（この人がジョー・バーンスタインだと言われた。コラムニストのアーブ・カーンが書いた*Don't Call It Frisco*［フリスコって呼ぶな］の「銀狐」だ）なんかがいる。この戦法にいつも従っていたのはマーカムだけのようだ。
p.185「ちゃんとシャッフルするなら」
もちろん7回が魔法の数字ということではない。実際に必要なシャッフルの回数は、どれだけ「ランダム」に近ければいいか、使うシャッフルの流儀、そして「ランダムさ」をどう測るかなどによって変わってくる。
p.185「私的な場で」
Danger in the Cards（カードに潜む危険）は何年も前に絶版になった。
p.190「ウィリアム・F・リッケンバッカー」
このときの旅のことをもっと詳しく述べたものにソープがバーンハートに宛てた手紙がある。*Blackjack Forum*, Vol. XVII #1, Spring 1997, pp. 102-104, XX #1, Spring 2000, pp. 9-30, and XX #2, Summer 2000, pp. 105-107を見よ。
p.191「委員会のために仕事をしてきた」
彼は私たちの経験したことを「ベガスでは『まっとうな』カジノでもイカサマをする」というタイトルのコラムにした。これは多数の新聞に

それを続け、有利でなくなったらディーラーにリシャッフルさせるようなことをすればいい。

p.175「ひどい損」

元手が大きいとそれを全部失うリスクが大きくなるのはどうしてだろう？　理由は仕組みによるものもあり、心理的なものもある。まず仕組みの面。元手が大きくなると、状況がちょっと有利なだけでも上限額を賭ける（このときでいえば500ドル）ことが多くなる。それで資金の変動は大きくなり、まあまあ自信を持って勝てると思えるためには、私が費やせるよりも長い時間が必要になる。

次に心理面。XもYも、私ほどには戦略をわかってはいなかったし信じてもいなかった。10万ドルの元手で、たとえば6万ドル溶かすと彼らはたぶんそこでやめてしまうだろう。ということは、元手10万ドルのつもりでベットの大きさやリスクの取り方を決めていて、でも誰も知らないことだけれど本当の元手は6万ドルしかないということになる。この見かけの元手と本当の元手のあいまいな差に躓くギャンブラーや投資家は多い。その点はこのあとでも出てくる。

もう1つ、私が思いもしなかった心理的な問題があって、それはキンメルが私の戦略を彼流の「ぼんくら」版でプレイすると言って聞かず、私が苦労して稼いだ分を、大きく賭けて大部分溶かしてしまい、それでも舞い上がってプレイをやめなかったことだ。

p.176「あの陰鬱な午後にボストンで」

アイヴィとお母さん、2人の姉妹は第二次世界大戦後にエストニアからの難民としてアメリカへやってきた。

CHAPTER 7

p.178「数学の世界最高峰」

Segel, Joel, *Recountings*, A.K. Peters, Ltd. Wellesley, MA, 2009に MITの数学の話が描かれている。

p.179「とどまらないことにした」

MITと私の家族との関係は2世代後になっても続いた。私の孫に3卵性の3つ子がいて、3人一緒にMITに入学した。たとえば“Triplets Celebrate After ALL are Accepted to Prestigious MIT...,” *London Daily* p.147「『ボストン・グローブ』紙」

Richard H. Stewart, "Can Beat Blackjack, Says Prof.," *Boston Globe*, January 24, 1961, page 1.

p.148「国中あちこちの新聞社に」

例として、*Columbus Dispatch* (1961), *Las Vegas Sun* (1961), *Miami News* (1961), *New York Herald Tribune* (1961), *New York World-Telegram, Sun* (1961), *Washington Post, Times Herald* (1961) などがある。

CHAPTER 6

p.151「彼の書いた記事が載った」

Thomas Wolfe, *Washington Post*, January 25, 1961, page A3.

p.155「ヴィヴィアンに渡した」

ポール・オニールの書いた記事（『ライフ』誌、1964年）はおおむね正しい記事なのだが、私が真珠のネックレスについてこう言ったという部分は間違っている。「翌朝真っ先に鑑定してもらいに行った。16ドルって言われた」。この文は2つとも正しくない。同じ引用がBruck (1994) にも出てくる。このときは、私は彼女に『ライフ』誌に載った記事のこの部分は間違いだからと言ったのに使われてしまった。間違った引用でもうまくやられるとなかなか息の根を止められないものだ。

p.164「常連のお客」

Schwartz, David G., *Roll the Bones*, Gotham Books, New York, 2006.

p.167「典型的に起きること」

Feller (1957), (1968).

p.167「ギャンブルと投資、両方の現実の世界」

史上最強の債券投資家、ウィリアム・H・グロスもラスベガスのカジノでこの教訓を学んだ人だ。『ディーラーをやっつけろ！』に触発された彼は1966年の夏に200ドルの元手を1万ドルにした。William H. Gross, *Bill Gross on Investing*, Wiley, New York, 1997, 1998を参照。その後彼は教訓をもとにPIMCOで2兆ドルを共同で運用している。

p.172「カジノと五分の勝負」

あとになって、それでも有利にプレイする方法があるのに気づいた。毎度、最初に大きく賭けて、カード・カウンティングで有利なあいだは出した0.62%ではなく0.32%が正しいと言っている。計算間違いで誤った数値が出てしまったのだ。

p.137「『ディーラーをやっつけろ！』刊行当時のルール」

ブラックジャックのルールはカジノごとにさまざまだ。私は当時の典型的なルールを使って計算を行った。

p.138「(デックの半分)」

最後の26枚のカードにA《エース》が4枚とも含まれている確率は約5.5%である。

p.138「デックから特定の数字のカードを」

その後、厳密な計算をやってみると、結果はもう少しプレイヤーに有利だった。こうした結果はさまざまにあるカジノのルールに左右される。詳しくはThorp (1962, 1966)、Griffin (1999)、Wong (1994) を見よ。

p.141「軍資金は200ドル」

この本は80年を超える歳月にわたっているから、お金の価値はそのあいだに大きく変わっている。出てきたお金の額がどういうものかを正確に感じるためには、巻末資料Aを使って今のお金に換算してみるとよいと思う。

p.143「数学に関する私の研究」

このときの発見は関数解析の1例で、テイラーもここで出てくる数学者も共に専門分野だった。

p.144「正午の約束」

私たちが会ったのは1960年9月29日で、その晩私はその様子を詳しく手紙に書いて友だちに送っている。数学者のベルトルト・シュヴァイツァーだ。

p.145「学界向けには」

Thorp, Edward O., "A Favorable Strategy for Twenty-One," *Proceedings of the National Academy of Sciences*, Vol. 47, No. 1, 1961, pp. 110–12.

p.146「プログラムの小冊子」

Thorp (1960).「富の公式」はウィリアム・パウンドストーンが2005年に出した本のタイトルでもある。この本はブラックジャック、ルーレット、株式市場、そしてケリー基準に関するこの本と同じ題材をいくつか扱っている。

p.114「各フレームが正確にどのタイミングか」

www.edwardothorp.com でこのフィルムが見られる。

CHAPTER 4

p.118「新しい戦略」

Baldwin, et al (1956) を見よ。

p.123「畏怖すら感じられた」

ブラックジャックのルールとこの実験に関する私の元の報告は Thorp, *Beat The Dealer*, 1962, rev. ed. 1966に掲載してある。

CHAPTER 5

p.126「数学の上級講座」

測度論の講座だった。確率論や統計学の土台になる理論だ。

p.129「複数のデックの一部が配られると実現しうる場合の数は数百万通り」

52枚からなるデック1組の場合、Aの組み合わせは0枚、1枚、2枚、3枚、4枚の5通りあり、同じように2から9までのカードについてもやはりそれぞれ5通りある。10カウントのカードは0枚から16枚まで17通りで、手の組み合わせは全部で5×5×……5×17－1（1, 2, ……9それぞれが5通りだから5は9個並ぶ）通り、計算すると3300万通りを少し上回るぐらいだ。互いに異なる手がそれだけあるということである。（最後に1を引くのはどのカードも0枚の場合、つまり手にカードが1枚もない場合を排除するためである）。デックが8セットのゲームだと、これに相当する場合の数は33×……33×129－1で、だいたい6000兆（6の後にゼロが15個並ぶ）ある。

p.130「バカでかい資料室」

計算が好きな人向けに、戦略表を1つずつ、それぞれ1ドル札サイズの紙切れに書いたとしよう。1ドル札の体積を推定したら1.08立方センチメートルだった。だから戦略表全部で37立方メートル、1300立方フィートの大きさになる。デック8組だと戦略表は6.5立方キロメートル、つまり1.6立方マイルに及ぶ場所を占めることになる。

p.136「カジノの優位は0.21％」

その後ボールドウィンのグループは、カジノのエッジは自分たちが導

p.70「手のひらほどにも満たない」

列王記Ｉ、18:44。

p.83「次元解析」

Percy W. Bridgman, *Dimensional Analysis*, Yale University Press, New Haven, CT, 1922には慣れ親しんでいた。

p.87「ワシントンDCに乗り込んで」

2015年に孫のクレア・ゴールが同じコンテストで準決勝に進出した300人の1人になった。今ではインテル・サイエンス・タレント・サーチという名になり、競争はもっと厳しくなり、上位3人の賞金は15万ドルになった。1949年には優勝者1人に払われる賞金は1万ドルだった。

CHAPTER 3

p.103「標準的なアメリカのホイル」

ヨーロッパではホイルには緑の数字が1つだけだし、そのうえオッズはもっと有利だ。緑の数字が出ても、赤か黒に賭けていたプレイヤーは賭けたお金の半分を失うだけである。

p.104「定理1つで証明」

いちばんよく知られた例の1つは平面幾何のピタゴラスの定理である。定理によれば、直角三角形の斜辺の長さの2乗はほかの2辺の長さの2乗を足したものに等しい。たとえば、3辺の長さが3、4、5である三角形は直角三角形であり、$3^2 + 4^2 = 5^2$である。また、$12^2 + 5^2 = 13^2$と、別の直角三角形でも成り立つ。直角三角形は無数にあり、それら全部についてこの定理が成り立つけれど、無数にあるから1つ1つ確認することはできない。定理は一度にそれを全部証明する。

p.112「ゴムのOリング」

ファインマンはチャレンジャー号に使われていたのと同じ素材のゴムのOリングを氷水に入れ、ゴムのリングがチャレンジャー号の発射のときのように冷えるともろくなり、割れてしまう可能性が高いのを示した。ファインマンはこの話を Ralph Leighton ed, *Classic Feynman*, Norton, New York, 2006で語っている。

p.114「歳のいったお金持ちの学生」

名前をT. T. Thorntonという。

実際に2倍になるのは3.22年だ。収益率が8%を超えている場合、72の法則は2倍になるための年数を少なく見積もり、収益率が8%より高くなればなるほど誤差は大きくなる。

p.41「アラモ砦」

この大規模な戦闘と、その後日本軍の捕虜になった人たちが経験した苦境を、Eric Morris が *Corregidor: The American Alamo of World War II*, Stein and Day, New York, 1981で描いている。ペーパーバック版は Cooper Squire Press, New York, 2000。

CHAPTER 2

p.54「手術の設備」

こうした収容所での生活の恐ろしさは Agnes Keith, *Three Came Home: A Woman's Ordeal in a Japanese Prison Camp*, 1949, ペーパーバック版は 1985, Eland Books, London および Hippocrene Books, New York に描かれている。

p.59「まだ出ていた」

エドモンド・サイエンティフィック社、*Scientifics* 2000 *Catalog for Science and Engineering Enthusiasts*, page 31。

p.59「4000メートルの高さに」

Wendy Northcutt, *The Darwin Awards, Evolution in Action*, "Lawnchair Larry," pp. 280-81, Plume (Penguin), New York, 2002を見よ。

p.60「照明弾に取りつけ」

ひもを硝酸カリウム溶液に浸して乾かした。

p.64「材料と手順」

50年ほど経ってから、Ken Follett の小説 *The Man from St. Petersburg*（『ペテルブルグから来た男』、矢野浩三郎訳、集英社、1983年）を読んでいたら、テロリストである悪役がニトログリセリンを作るときに、私が子どものときに母の冷蔵庫でやったのと同じやり方をしているのに気づいた。

p.69「深さは平均1.5メートル」

www.digitalcollections.lmu.edu/cdm/ref/collection/chgface/id/294 を参照。

注

CHAPTER 1

p.21「一言も言葉を」

おかしなことに、私の息子も同じ経験をした。彼が言葉を話したのは、やっぱり3歳頃だった。それまでは1歳半ほど年上である彼のお姉さんが通訳だった。幼い2人組はいつも一緒で、彼が身振りや表情で何かを訴えると、彼女が彼の望みを果たした。

p.22「完成した文で」

Henriette Anne Klauser が *Writing on Both Sides of the Brain*, Harper, San Francisco, 1997, pp.36–38 で同じような話を書いている。どう促しても決して書こうとしなかった1年生が、7カ月の後に、突然流暢な文章を、堰を切ったように書き始めたそうだ。

p.23「インフルエンザが大流行」

1918年から1919年のインフルエンザの大流行で亡くなった人の数は、歴史上のどの疫病の流行よりも多く、また第一次世界大戦そのものの死亡者数より多い。

p.30「アメリカ版の数字の単位」

アメリカでもイギリスでも、million といえばゼロが6つ並ぶ。それより大きい単位は、アメリカでは1つ上になるたびにゼロが3つ増える。だから billion といえばゼロは9個、trillion ならゼロは12個だ。イギリスでは単位が1つ上になるたびにゼロは6個増える。だから billion ならゼロが12個、等々である。

p.31「標準偏差1個分」

標準偏差はデータが標準的には平均値からどれだけ離れているかを示す。

p.31「ニュース」

ナシーム・ニコラス・タレブの読みやすくて深い洞察のある著書『まぐれ』（ダイヤモンド社）を参照。

p.32「さっと暗算」

あとで出てくる72の法則を使うと、年収益率が24%の下で資金が2倍になるにはだいたい72/24 = 3年かかる。9年経てば倍々ゲームが3回だから、当初の資金はまず2倍、それから4倍、最後に8倍になる。でも、

[著者]

エドワード・O・ソープ（Edward O. Thorp）

数学教授にしてヘッジファンド・マネージャー、かつブラックジャック・プレイヤー。確率論の画期的な応用法を発見、カード・カウンティングを使えばブラックジャックでプレイヤーがカジノのエッジを克服し、有利に勝負できることを数学的に証明、ラスベガスで実証。1962年に『ディーラーをやっつけろ！』（パンローリング）を出版、同書は100万部を超えるベストセラーになる。ルーレットのゲームを征服すべく、情報理論の父、クロード・シャノンと史上初のウェアラブル・コンピュータを開発。金融市場での投資に数理的手法を持ち込み、市場のプレイヤーの一派、クオンツの始祖となる。彼のファンド運用は29年にわたり、その間、損に終わった四半期は1度もない。彼の戦略の一部は1967年に出版された『市場をやっつけろ』（未邦訳）でも公開されている。カリフォルニア州ニューポートビーチ在住。

[訳者]

望月衛（もちづき・まもる）

大和投資信託勤務。京都大学経済学部卒業、コロンビア大学ビジネススクール修了。CFA、CIIA。翻訳を趣味とし、訳書に『経済は「予想外のつながり」で動く』『ブラック・スワン』（ダイヤモンド社）、『社会学者がニューヨークの地下経済に潜入してみた』『ヤバい経済学』（東洋経済新報社）、『富・戦争・叡智』（日本経済新聞出版社）、監訳書に『反脆弱性』（ダイヤモンド社）など。

天才数学者、ラスベガスとウォール街を制す［上］
——偶然を支配した男のギャンブルと投資の戦略

2019年4月3日　第1刷発行
2024年5月24日　第4刷発行

著　者——————エドワード・O・ソープ
訳　者——————望月衛
発行所——————ダイヤモンド社
〒150-8409　東京都渋谷区神宮前6-12-17
https://www.diamond.co.jp/
電話／03·5778·7233（編集）　03·5778·7240（販売）

装丁デザイン————竹内雄二
カバーイメージ———Maksim Prasolenko/iStock
本文デザイン、DTP——岸和泉
校正———————鷗来堂
製作進行—————ダイヤモンド・グラフィック社
印刷———————三松堂
製本———————ブックアート
編集担当—————上村晃大

©2019 Mamoru Mochizuki
ISBN 978-4-478-10148-3
落丁・乱丁本はお手数ですが小社営業局宛にお送りください。送料小社負担にてお取替えいたします。但し、古書店で購入されたものについてはお取替えできません。
無断転載・複製を禁ず
Printed in Japan